Soziale Innovationen in der Führung

Jeanette Herzog · Michael Zirkler
Andreas Hertel

Soziale Innovationen in der Führung

Potenziale freisetzen durch Partizipation und Vertrauen

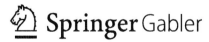

Jeanette Herzog
Hejcon GmbH
Goldach, Schweiz

Andreas Hertel
Olhão, Portugal

Michael Zirkler
Psychologisches Institut
Zürcher Hochschule für Angewandte
Wissenschaften
Zürich, Schweiz

ISBN 978-3-658-39117-1   ISBN 978-3-658-39118-8 (eBook)
https://doi.org/10.1007/978-3-658-39118-8

Die Deutsche Nationalbibliothek verzeichnet diese Publikation in der Deutschen Nationalbibliografie; detaillierte bibliografische Daten sind im Internet über http://dnb.d-nb.de abrufbar.

Springer Gabler
© Der/die Herausgeber bzw. der/die Autor(en), exklusiv lizenziert an Springer Fachmedien Wiesbaden GmbH, ein Teil von Springer Nature 2023

Lektorat/Planung: Ulrike Loercher
Springer Gabler ist ein Imprint der eingetragenen Gesellschaft Springer Fachmedien Wiesbaden GmbH und ist ein Teil von Springer Nature.
Die Anschrift der Gesellschaft ist: Abraham-Lincoln-Str. 46, 65189 Wiesbaden, Germany

Vorwort

Die Grundlagen für das vorliegende Buch wurden in einem Forschungsprojekt gelegt. Dieses war Teil eines größeren Forschungsprogramms der Zürcher Hochschule für Angewandte Wissenschaften (ZHAW) mit dem Titel „Gesellschaftliche Integration". Es mag überraschen, in diesem Zusammenhang an die Arbeitswelt zu denken, da Integration zunächst ein politisches, gesellschaftliches und soziales Thema zu sein scheint. Doch viele von uns arbeiten sieben, acht, neun oder mehr Stunden am Tag. Mit einem Vollzeitpensum verbringen wir also ein Drittel unserer berufstätigen Lebenszeit am Arbeitsplatz. Arbeitsräume sind Lebensräume. Das sollten also Orte sein, an denen wir uns aufgehoben fühlen, dazugehören und uns entwickeln können. Die allermeisten unserer Arbeitsplätze sind in Organisationen eingebettet, also in einen Mikrokosmos mit eigenen Zielen, Idealen, Werten, Strukturen, Prozessen und Kulturen. Innerhalb dieser Entitäten kooperieren wir arbeitsteilig mit anderen, um im Hinblick auf gemeinsame Ziele Wirkungen zu erzeugen bzw. Ergebnisse zu erzielen und aus Produkten oder Dienstleistungen für Menschen, andere Organisationen oder Märkte Wertschöpfung zu generieren. Über gegenseitige Erwartungen stehen Menschen wie Organisationen in einem Beeinflussungsprozess mit ihrer Umwelt. Organisationen tragen somit soziale Verantwortung, und gesellschaftliche Integration ist damit genauso ein organisationales Thema. Die Aufgabe von Führung ist es, diese Arbeits- und eben auch Lebensräume in Organisationen wesentlich zu gestalten.

Unser Forschungsprojekt widmete sich im Kern der Frage, ob und allenfalls wie die soziale Seite von Organisationen in Zukunft noch eine Rolle spielen wird in Zeiten zunehmender Spezialisierung und Fragmentierung. Außerdem wollten wir wissen, welche Funktion die Führung in den Organisationen der Zukunft spielen wird.

Zur Klärung unserer Fragen haben wir Daten bei Führungskräften erhoben, befragten Mitarbeitende und erarbeiteten Fallstudien in zwei Firmen, die wir im Hinblick auf unsere Fragestellung für vielversprechend hielten. Im Laufe des Projekts erkannten wir, dass Zusammengehörigkeit nur die eine Seite der Medaille ist, die andere Seite ist Selbstentfaltung. Darauf basiert auch die Theorie der Inklusion.

Diese beiden Faktoren Zusammengehörigkeit und Selbstentfaltung führen dazu, dass Menschen die Voraussetzungen finden, um in Arbeitsprozessen produktiv sein zu können. Beide Faktoren beschreiben jedoch auch das Spannungsfeld von Individualität und sozialer

Zugehörigkeit, welche gleichermaßen für die Zufriedenheit, die soziale Tragfähigkeit sowie für die positive Entwicklung von Menschen und Systemen bedeutsam sind.

Das Autor:innen-Team setzt sich zusammen aus Michael Zirkler, einem Vertreter der Wissenschaft, Andreas Hertel, einem erfahrenden Praktiker, sowie Jeanette Herzog, einer Grenzgängerin zwischen Wissenschaft und Praxis. Wir sind dankbar für die Möglichkeit, in einem Team von Menschen mit unterschiedlichen Potenzialen einen Rahmen geschaffen zu haben, innerhalb dessen eine hoffentlich maximale Entfaltung möglich war.

Wir hatten Unterstützung durch mehrere Personen, die an dieser Stelle namentlich erwähnt werden sollen und denen wir für ihre wertvollen Beiträge danken:

Toj Teesselink, die zunächst im Rahmen ihrer Studienarbeit mit uns zusammenarbeitete und unserem Team ein weiteres Jahr als Projektmitarbeiterin erhalten blieb. Sie unterstützte uns bei der Datenerhebung und -auswertung und vertiefte sich in das Thema Vertrauen.

Jonathan Pfister konnte im Rahmen seiner Studienarbeit vor allem zum Kapitel „Potenziale" beitragen.

Riccarda Pfister machte sich im Rahmen ihrer Masterarbeit bei der Datenerhebung und -auswertung in einem der beiden Praxisfälle verdient.

Sandra Hegger war im Kontext ihrer Studienarbeit einerseits um die Abbildungen besorgt und hat ein erstes Lektorat der Texte vorgenommen.

Frederik Fleischmann hat als wichtiger Impulsgeber und Sparringspartner die Grundidee des potenzialfokussierten Diagnose- und Entwicklungsmodells mitgestaltet.

Matthias Zabel vom Lektorat Freiburg hat das Manuskript bis zur Druckreife lektoriert und mit seinen zahlreichen Hinweisen auf sprachliche, formale und inhaltliche „Kleinigkeiten" zum gelungenen Produkt beigetragen.

Wir danken der Zürcher Hochschule für Angewandte Wissenschaften für die Finanzierung unseres Forschungsprojekts sowie dem Institut für Angewandte Psychologie für die finanzielle Förderung in der Endphase der Manuskripterstellung.

Ein herzliches Dankeschön gilt unseren Familien und insbesondere unseren Partner:innen Fabi und Remo, die uns für die Zeit des Schreibens den Rücken freigehalten haben, sowie unseren Kindern Alexia, Enea, Kiro, Iago und Nila.

Wir hoffen, mit dem vorliegenden Band einen weiteren Beitrag zum Verständnis für die bedeutsame soziale Seite von Organisationen zu leisten und den Führungskräften, Organisationsgestalter:innen und anderen interessierten Praktiker:innen inspirierende Handlungsimpulse mitgeben zu können.

Goldach, Schweiz	Jeanette Herzog
Zürich, Schweiz	Michael Zirkler
Olhão, Portugal	Andreas Hertel

Inhaltsverzeichnis

Einführung

1

Wie klein unsere Welt eigentlich ist, merken wir meist dann, wenn wir große Dinge vorhaben. (Ernst Ferstl)

Zusammenfassung

Wir stehen an der Schwelle zu einer wichtigen Veränderung. Führung erfindet sich gerade neu, um mit den Herausforderungen unserer Zeit umzugehen. Einige Pionier:innen sind da schon unterwegs, andere brechen gerade auf. Soziale Innovationen in der Führung sind dafür notwendig. Mit diesem Buch wollen wir aufzeigen, welche neuen Spielformen von Führung erkennbar werden und in welche Richtung sich Führung entwickelt. Außerdem möchten wir auch einen Beitrag gegen die potenzielle Entfremdung am Arbeitsplatz leisten. Arbeit ist ein zentraler Bestandteil unseres Lebens, entsprechend sorgsam sollten die Bedingungen gestaltet werden. Werden die Bedürfnisse der Menschen gleich gewichtet wie die Bedürfnisse der Organisation, bedeutet dies auch ein Überdenken der starken Gewichtung wirtschaftlicher Gewinnmaximierung und eine Hinwendung zu einem (sozial) nachhaltigeren Wirtschaften.

1.1 Motivation und Zielsetzung

Anlass für dieses Buch war die Beobachtung, dass sich Führungskräfte zunehmend Sorgen um ihre soziale Bindung zu ihren Mitarbeitenden sowie deren Verbundenheit untereinander machen. Eine aktuelle Gallup-Studie hat diesbezüglich interessante Ergebnisse erbracht. Es wurden 1500 Personen in Deutschland nach ihrer emotionalen Bindung zu ihrem Arbeitgeber befragt. In den Antworten berichten 17 Prozent der Personen von einer hohen emotionalen Bindung, 83 Prozent empfinden hingegen eine geringe oder gar keine emotionale Bindung. 60 Prozent der Befragten sahen sich binnen Jahresfrist nicht mehr in derselben Firma. Diese sogenannte Wechselbereitschaft ist insbesondere bei den Personen hoch, die wenig bis keine Bindung zu ihrem Arbeitgeber empfinden. Menschen mit hoher Bindung sind eher bereit zu bleiben und fühlen sich zudem weniger gestresst (Gallup, 2022). Die Sorge der Führungskräfte um die soziale Bindung ihrer Mitarbeitenden ist also berechtigt. Gestresste, wechselbereite und lose gebundene Personen sind keine engagierten und schon gar keine zufriedenen Mitarbeitenden.

In unserer Forschungsarbeit haben wir zudem festgestellt, dass Hierarchien immer mehr unter Druck geraten. Es finden diesbezüglich bereits diverse Experimente statt. Der Trend geht in die Richtung, dass Führung auf verschiedene Rollen verteilt wird, wodurch die Beteiligung der Mitarbeitenden an der gemeinsamen Steuerungsaufgabe zunimmt. Das erfordert wohl mehr Verantwortungsübernahme, führt aber – hoffentlich – auch zu mehr Commitment, Engagement und zu mehr Potenzialentfaltung oder eben *Flourishing* (Seligman & Schuhmacher, 2014). Der Trend hat, obwohl häufig aus wirtschaftlichen Überlegungen heraus betrieben, das Potenzial, einen Beitrag zur Humanisierung der Arbeit zu leisten. Diese hat aber natürlich ihren Preis: Mitarbeitende müssen sich mehr einlassen, erklären, beteiligen. Was einigen sehr willkommen ist, bedeutet für andere eine Zumutung. Die Verteilung von Führung kann aber durchaus als eine Einladung verstanden werden, Beziehungen neu zu gestalten. Denn auf Basis von vertrauensvollen, sicheren Beziehungen kann gemeinsame Problemlösung, Potenzialentfaltung und damit Entwicklung erfolgen. Wir plädieren in diesem Buch also für eine beziehungs- und entwicklungsorientierte Führung.

Wir stehen an der Schwelle zu einer wichtigen Veränderung. Führung erfindet sich gerade neu, um mit den Herausforderungen unserer Zeit umzugehen. Einige Pionier:innen sind da schon unterwegs, andere begeben sich gerade auf den Weg. Es besteht dabei eine Notwendigkeit zu sozialen Innovationen in der Führung. Mit diesem Buch wollen wir aufzeigen, welche neuen Spielformen von Führung erkennbar werden und in welche Richtung sich Führung entwickelt. Außerdem möchten wir auch einen Beitrag gegen die potenzielle Entfremdung am Arbeitsplatz leisten. Arbeit ist ein zentraler Bestandteil unseres Lebens, entsprechend sorgsam sollten ihre Bedingungen gestaltet werden. Im Sinne der Aufklärung und Emanzipation formulieren wir dabei den Anspruch, dass wir uns Führung im eigenen Professionsbereich nicht abnehmen lassen, sondern Verantwortung für die eigene Führung sowie jene unserer Sozialsysteme übernehmen.

1.2   Soziale und funktionale Aspekte unter einen Hut bringen

In der heutigen Arbeitswelt ist ein Zusammenspiel von unterschiedlichen Talenten und Erfahrungen möglich und auch nötig, um komplexe Aufgaben bewältigen zu können. Die Bedeutung von Zusammenarbeit über Distanzen hinweg nimmt spätestens seit den 2000er-Jahren zu (Bell & Kozlowski, 2002). Eine Vielzahl an Informationskanälen in

Echtzeit oder zeitversetzt ermöglicht es uns, räumlich verteilt zu arbeiten, aber dennoch schnell auf die gleichen Informationen zugreifen zu können und uns mit Kund:innen oder Partner:innen abzustimmen. Gerade bei komplexen Aufgaben ist es erfolgsentscheidend, diese Chancen der globalisierten Märkte und Arbeitswelten nutzen zu können (Antoni & Syrek, 2017).

> In a world of increasing change and complexity, diversity provides the variety of perspectives and experiences that can benefit organizations and the communities in which those organizations reside. (Shore et al., 2018, S. 186)

Die Zusammenarbeit von unterschiedlichen Menschen kann jedoch zu Konflikten, Ressourcenverschwendung, Missverständnissen, Unfairness und damit zu Verunsicherung und Ineffizienz im Unternehmen führen (Thomas & Ely, 1996). Gelingt die Kooperation, werden Ressourcen freigesetzt, die in Kreativität und Innovation münden (Ferdman & Deane, 2014). Darüber hinaus entstehen mehr Flexibilität, persönliches und unternehmerisches Wachstum und eine bessere Anpassungsfähigkeit an Marktbedingungen (Thomas & Ely, 1996).

Aufgrund der mobil-flexiblen Arbeit verliert aber der Arbeitsplatz als Ort der Sozialisation und Solidarisierung an Bedeutung. Der Organisation droht damit die Gefahr der Fragmentierung und sozialen Entropie. Unter sozialer Entropie wird dabei eine Vereinzelung des Individuums verstanden, das sich immer weiter von sozialen Bindungen entfernt und auf sich selbst zurückgeworfen Überforderung und Vereinsamung erlebt. Infolgedessen besteht die Gefahr, dass Mitarbeitende zunehmend auf ihre Funktionsanforderungen reduziert werden und psychologische und soziale Aspekte des Zusammenseins und Zusammenarbeitens vernachlässigt werden. Konsequenz dieser Entfremdung ist eine Ent-Bündelung der funktionalen und sozialen Kräfte mit weitreichenden Folgen für den wirtschaftlichen Erfolg und die integrierenden Funktionen von Organisationen. Akzentuiert wird dies dadurch, dass Menschen innerhalb einer Organisation aufgrund erhöhter Mobilität und Globalisierung oft nicht mehr demselben Milieu entspringen, sondern eben divers sind. Gesellschaftliche Integration stellt sich nicht von selbst her, sondern bedarf rahmender bzw. zusammenhaltender Kräfte. Führung hat eine wesentliche Steuerungsfunktion zur Integration sozialer Systeme, indem sie für Orientierung und Ausrichtung an gemeinsamen Werten und Zielen sorgt sowie unterstützende strukturelle Rahmenbedingungen schafft. Sie hat dabei auch eine ethische Verantwortung. Denn soziale Integration kann übertrieben werden, so dass am Ende autoritäre Systeme resultieren, die alles und jeden inkludieren und die meisten Freiheitsgrade binden. Führung muss also aus einer ethischen Position heraus eine Balance zwischen Zusammengehörigkeit und Selbstentfaltung finden.

Führung hat aufgrund der beschriebenen funktionalen und sozialen Herausforderungen die Verantwortung, unternehmerisch-funktionale und menschlich-soziale Bedürfnisse unter einen Hut zu bringen. Dabei helfen ambidextre, also „beidhändige" Fähigkeiten, deren oberstes Prinzip es ist, die eine Seite nicht gegen die andere auszuspielen. Das Ziel ist vielmehr, gegenseitiges Verständnis für grundlegende Bedürfnisse zu schaffen, um die Sicht auf das Gemeinsame freizulegen.

Organisationen wie Menschen wollen prosperieren und brauchen dafür Unterstützung. Eine Organisation kann Rahmenbedingungen schaffen, die vertrauensvolle, starke zwischenmenschliche Beziehungen fördern. In diesen Beziehungen entsteht Raum für Potenzialentfaltung. Die Menschen wiederum nutzen ihre Potenziale, um die Organisation darin zu unterstützen, ihre Ziele zu erreichen. Im Idealfall überschneiden sich dabei die Ziele von Organisationen und ihren Mitarbeitenden in ausreichendem Maße, um gemeinsames Commitment zu erzeugen.

Werden die Bedürfnisse der Menschen gleich gewichtet wie die Bedürfnisse der Organisation, bedeutet dies auch ein Überdenken der starken Gewichtung wirtschaftlicher Gewinnmaximierung und eine Hinwendung zu einem (sozial) nachhaltigeren Wirtschaften. Ressourcen werden nicht über Gebühr beansprucht, sondern verträglich und verantwortungsvoll eingesetzt. Darüber hinaus leisten Organisationen einen wichtigen Beitrag zur Integration von Menschen und zum Umweltschutz. Soziale Innovationen in der Führung, wie wir sie in diesem Buch beschreiben, sollen dabei helfen, die Perspektiven zu erweitern und Potenziale für eine nachhaltige Entwicklung zu nutzen. Wie wir uns die Umsetzung in der Praxis vorstellen, zeigt unser potenzialfokussiertes Diagnose- und Entwicklungsmodell Abschn. 5.4. Um den Transfer in die Praxis zu veranschaulichen, illustrieren wir die theoretischen Darstellungen in Kap. 6 mit anonymisierten Zitaten aus unserer eigenen Forschungsarbeit. Wir baten 2019 und 2020, noch vor der Pandemie, im Rahmen einer ZHAW-Studie 18 Führungspersonen aus Deutschland und der Schweiz zu qualitativen Interviews. Wir fragten sie nach ihrem Führungsverständnis und nach neuen oder veränderten Führungsfunktionen im zunehmend digitalisierten Umfeld. Dabei interessierte uns besonders, welche Bedeutung sie dem sozialen Zusammenhalt in ihren Teams beimessen und wie sie diesen aus ihrer Führungsrolle heraus unterstützen können (Zirkler & Herzog, 2021). Zudem illustrieren wir anhand von zwei realen, in der Darstellung jedoch anonymisierten Fallbeispielen, welche Spielformen sozialer Innovationen in der Führung bereits zu beobachten sind Kap. 7, 8.

1.3   Aufbau des Buches

Zunächst leiten wir die gesellschaftspolitischen Entwicklungen her, welche den Zeitgeist prägen, so dass Führung heute vor neuen bzw. veränderten Herausforderungen steht. Danach zeigen wir auf, was wir unter sozialen Innovationen in der Führung verstehen und welche Voraussetzungen dafür bestehen Kap. 2.

Dann werfen wir ein Schlaglicht auf den Begriff des Potenzials. Was ist Potenzial, wer hat Potenzial und unter welchen Gesichtspunkten kann Potenzial betrachtet werden? Dabei wird klar, dass Potenzialentfaltung in unterschiedliche und scheinbar gegensätzliche Richtungen gehen kann Kap. 3.

Weiter thematisieren wir, welche organisationalen und menschlichen Bedürfnisse adressiert werden müssen, um individuelle und kollektive Potenzialentfaltung zu ermöglichen – und wie Führung die scheinbar paradoxen Anforderungen jonglieren kann, indem sie Beziehungen in den Mittelpunkt rückt und damit Raum für Entwicklung schafft Kap. 4.

In Kap. 5 erläutern wir zunächst, was wir unter Entwicklung verstehen, und zeigen auf, welche Rolle Führung dabei einnimmt. Dann führen wir das potenzialfokussierte Diagnose- und Entwicklungsmodell ein. Es hilft dabei, organisationale Rahmenbedingungen zu beschreiben und zu verändern, um Beziehungsgestaltung und Potenzialentfaltung zu unterstützen Kap. 5.

Wir fokussieren anschließend darauf, wie mit Vertrauen, psychologischer Sicherheit und spezifischen Kommunikationsmethoden die Beziehungsqualität zwischen Menschen und damit die Potenzialentfaltung unterstützt werden kann. Die Lernwege werden durch Zitate aus unserer Forschungsarbeit illustriert Kap. 6.

Ein erster Praxisfall zeigt auf, wie eine außergewöhnliche Organisation dem Bedürfnis nach Zusammengehörigkeit und Vertrauen gerecht zu werden versucht, ohne dabei Autoritätsansprüche zu erheben Kap. 7.

Der zweite Praxisfall veranschaulicht, wie eine Organisation versucht, die Balance zwischen Zusammengehörigkeit und Selbstentfaltung zu halten, indem sie sichere Räume schafft Kap. 8.

Literatur

Antoni, C. H., & Syrek, C. (2017). Digitalisierung der Arbeit: Konsequenzen für Führung und Zusammenarbeit. *Gruppe Interaktion Organisation. Zeitschrift für Angewandte Organisationspsychologie (GIO), 48*(4), 247–258. https://doi.org/10.1007/s11612-017-0391-5

Bell, B., & Kozlowski, S. W. J. (2002). A typology of virtual teams. Implications for effective leadership. *Group & Organization Management, 27*(1), 14–49.

Ferdman, B. M., & Deane, B. (Hrsg.). (2014). *Diversity at work: The practice of inclusion.* Jossey-Bass. https://doi.org/10.1002/9781118764282

Gallup. (2022). *Engagement index 2021.* https://www.gallup.com/de/engagement-index-deutschland.aspx

Seligman, M. E. P., & Schuhmacher, S. (2014). *Flourish – wie Menschen aufblühen: Die positive Psychologie des gelingenden Lebens* (2. Aufl.). Kösel.

Shore, L. M., Cleveland, J. N., & Sanchez, D. (2018). Inclusive workplaces: A review and model. *Human Resource Management Review, 28*(2), 176–189. https://doi.org/10.1016/j.hrmr.2017.07.003

Thomas, D. A., & Ely, R. J. (1996). Making differences matter: A new paradigm for managing diversity. *Harvard Business Review, 74*(5), 79–91. https://www.tib.eu/de/suchen/id/BLSE%3ARN012961066

Zirkler, M., & Herzog, J. (2021). Inclusive Leadership: Die Gestaltung von Zusammengehörigkeit als zentrale Herausforderung in der digitalen Arbeitswelt. *Wirtschaftspsychologie, 23*(3), 6–31.

Von der alten zur neuen Ordnung

2

Probleme kann man niemals mit derselben Denkweise lösen, durch die sie entstanden sind. (Albert Einstein)

Zusammenfassung

Unser modernes Weltbild ist geprägt von einer Fokussierung auf das Individuum, welches Freiheit besitzt und diese Freiheit nutzen soll. Darin liegt die „neue Normativität" begründet. In der Leistungsgesellschaft wird das Motiv der Zielerreichung zentral, die Meritokratie belohnt dabei die Verdienste des Einzelnen. Dem gegenüber steht eine soziale Bindung des Menschen, der weder alleine existieren noch komplexe Arbeitsprozesse allein bewältigen kann. Das Spannungsfeld zwischen „Singularisierung" und „Sozialisierung" bildet sich auch in der heutigen Arbeitswelt ab. *New Work* steht hier als Schlagwort für eine mögliche Lösung des Spannungsfeldes und setzt eine „neue Normativität" in der Gestaltung von Organisationen und dort insbesondere auch für die Führungsarbeit in Gang. Dem entsprechend entsteht ein Druck auf soziale Innovationen, welche die Art und Weise des Arbeitens und Führens verändern.

2.1 Zwischenräume und Übergänge

Systeme sorgen für soziale Ordnung und setzen einen Rahmen für das Handeln und Denken der Menschen. Das war und ist so in gesellschaftlichen wie religiösen Systemen und in der Arbeitswelt. Diese sozialen Ordnungssysteme sind immer auch Machtapparate mit

© Der/die Autor(en), exklusiv lizenziert an Springer Fachmedien Wiesbaden GmbH, ein Teil von Springer Nature 2023
J. Herzog et al., *Soziale Innovationen in der Führung*,
https://doi.org/10.1007/978-3-658-39118-8_2

einer Tendenz zum Selbsterhalt, welche dazu benutzt werden, bestimmte Vorstellungen politisch durchzusetzen bzw. Kontrolle auszuüben. Jedes Ordnungssystem produziert aber auch Probleme, die letztlich Entwicklungen anstoßen. Dadurch werden bestehende alte Systeme durch neue abgelöst. Diese Ablösung verläuft über lange Zeiträume und ist geprägt von Prozessmusterwechseln (Kruse, 2020). Das sind Übergänge von einem stabilen Muster zu einem anderen. Tendenziell ist zu beobachten, dass Veränderung in immer kürzeren Zeiträumen stattfindet (Rosa, 2020).

Prozessmusterwechsel erzeugen Zwischenräume, innerhalb derer sich die Möglichkeit für Innovationen bietet. Dazu gehören auch soziale Innovationen Abschn. 2.4. Sie aktivieren aber auch konservative, teilweise reaktionäre Kräfte, die das Bestehende bewahren wollen. Prozessmusterwechsel als Zwischenräume sind somit geprägt von Spannungen. Die „neuen" Ordnungen sind als Reaktionen auf die „alten" zu verstehen, auf die sie sich notwendigerweise beziehen und von denen sie sich unterscheiden wollen und müssen. Soziale Ordnungen erzeugen normative Kraft, sie bilden ein Orientierungssystem, innerhalb dessen sich Menschen ausrichten. Die „neue" Normativität unterscheidet sich in diesem Punkt nicht von der „alten". Und es darf erwartet werden, dass auch sie früher oder später wieder abgelöst wird durch künftige Innovationen.

Im aktuellen Prozessmusterwechsel gewinnt das Individuum an Möglichkeiten. Einzelstimmen finden dank technologischer Entwicklung schneller und breiter Gehör. Allerdings verlangt die „neue" Normativität auch, dass sich der oder die Einzelne die Möglichkeiten des weiten Rahmens erschließt, sich entscheidet, begründet, erklärt.

2.2   Der Zeitgeist in der Gesellschaft

2.2.1   Persönliche Freiheit

Die individuelle Freiheit ist in vielen Staaten der westlichen Welt implizit oder explizit verfassungsmäßig verbrieft. Besonders deutlich ist dies im Grundgesetz der Bundesrepublik Deutschland gefasst. In dessen Artikel 2, Absatz 1 heißt es: „Jeder hat das Recht auf die freie Entfaltung seiner Persönlichkeit, soweit er nicht die Rechte anderer verletzt und nicht gegen die verfassungsmäßige Ordnung oder das Sittengesetz verstößt."

Die Schweizerische Verfassung befasst sich in Artikel 2 mit der Chancengleichheit: „[Die Schweizerische Eidgenossenschaft] sorgt für eine möglichst große Chancengleichheit unter den Bürgerinnen und Bürgern." In Artikel 10 des Grundgesetzes der Bundesrepublik Deutschland ist „das Recht auf persönliche Freiheit" verbrieft.

Relevant ist in diesem Zusammenhang auch die Präambel der Schweizerischen Verfassung, welche explizit darauf verweist, dass nur frei ist, wer die Freiheit auch gebraucht, das heißt, sich an den Rechten und Pflichten bzw. Verantwortungen orientiert. Freiheiten prinzipiell zu haben und sie zu nutzen sind offenbar zwei verschiedene Dinge.

Präambel

[…]

im Bestreben, den Bund zu erneuern, um Freiheit und Demokratie, Unabhängigkeit und Frieden in Solidarität und Offenheit gegenüber der Welt zu stärken,

im Willen, in gegenseitiger Rücksichtnahme und Achtung ihre Vielfalt in der Einheit zu leben,

im Bewusstsein der gemeinsamen Errungenschaften und der Verantwortung gegenüber den künftigen Generationen,

gewiss, dass frei nur ist, wer seine Freiheit gebraucht, und dass die Stärke des Volkes sich misst am Wohl der Schwachen.

(Bundesverfassung der Schweizerischen Eidgenossenschaft)

Individuelle Freiheit kann sich (gut) entfalten in einem „geschützten" Rahmen, innerhalb dessen die Rechte gewahrt sind und durch starke Institutionen gesichert werden. Man könnte also argumentieren, dass eine politische und institutionelle Reife Voraussetzung zur Entfaltung von Freiheiten des Individuums sind. Mit anderen Worten: Ein klares Regelwerk ermöglicht durch seine Grenzsetzungen erst das „freie" Spiel der Individuen.

In den demokratischen Verfassungen wird ein Handlungsrahmen aufgespannt, in dem das Individuum Schutzrechte genießt, welche die persönliche Entfaltung grundsätzlich ermöglichen. Ob und wie das Individuum diese Möglichkeiten nutzen kann, hängt dann von weiteren Faktoren ab, die durch die jeweilige Kultur, historische und ökonomische Verhältnisse (Bauman, 2003), informelle soziale Regelwerke (Bourdieu, 2021) sowie durch Faktoren wie Intelligenz, Persönlichkeit oder Sozialkapital (Jurt, 2012; Putnam, 1995, 2000) bestimmt werden.

Hinzu kommt eine „normative Kraft des Faktischen" (Jellinek, 1914, S. 337 ff.), die Individuen unterschiedliche Chancen auf Bewusstsein und Realisierung ihrer persönlichen Lebensvorstellungen einräumt. So ist es etwa für Migrant:innen häufig schwieriger, ihre persönlichen Potenziale zu entfalten, auch wenn sie die jeweilige Sprache sehr gut sprechen und sozial gut integriert sind. Alleine die Herkunft und die Migrationsgeschichte sorgen oft „faktisch" dafür, dass sich diesen Menschen weniger Möglichkeiten eröffnen. Man traut ihnen weniger zu, hat größere Vorbehalte, kann sich von stereotypischen Klischees nicht befreien.

Und schließlich kann, Zygmunt Bauman (2003) folgend, zwischen „subjektiver" und „objektiver" Freiheit unterschieden werden. Im einen Fall ginge es dann um das *Gefühl*, frei zu sein, im anderen darum, nach bestimmten äußeren Kriterien frei zu sein, also Chancengleichheit zu erfahren (vgl. Bauman, 2003, S. 26 f.). Dabei sieht Bauman (2007) die Akteure in der modernen Gesellschaft als vermeintlich frei an. Dazu schreibt er: „Je größer die Freiheit des Einzelnen ist, desto weniger Einfluss hat er auf die Welt. Je mehr Wahlfreiheit man uns zugesteht, desto weniger kommt es auf unsere Entscheidungen an und desto weniger können wir das Spiel und die Spielregeln bestimmten" (Bauman, 2007, S. 109).

2.2.2 Leistungsgesellschaft

Persönliche Freiheit trifft auf eine Leistungsgesellschaft, bzw. die Leistungsgesellschaft ist das Spielfeld, auf dem die persönliche Freiheit agieren kann (Sandel, 2020). Das zentrale Versprechen der Leistungsgesellschaft besteht darin, dass sich individuelle Leistung lohnt. Wer sich nur genug anstrengt, seine Talente erkennt und nutzt, sie konsequent bewirtschaftet und vermarktet, der wird am Ende erfolgreich sein. Die Kehrseite bedeutet allerdings auch, dass jene, die es nicht verstehen, „etwas aus sich zu machen", Verlierer:innen der Leistungsgesellschaft sein werden. Bauman (2005) bezeichnet sie provokativ als „menschlichen Abfall", den die moderne Gesellschaft produziert. Das steht in krassem Widerspruch zum ursprünglichen Gedanken in den Verfassungstexten, die von Verantwortung gegenüber künftigen Generationen, gegenseitiger Rücksichtnahme und Achtung von Vielfalt sowie dem Wohle von Schwächeren sprechen. Gleichzeitig zeigt es die Grenzen und Spannungen der Leistungsgesellschaft.

Als Vorbilder und Ikonen dienen heute die „Tech-Milliardäre", die es in jungen Jahren von der Garagenfirma zum Weltimperium und damit zu sagenhaftem Reichtum bringen, wie etwa Jeff Bezos, Bill Gates, Mark Zuckerberg oder Steve Jobs. Oder auch die sogenannten Influencer, welche die Selbstinszenierung zur Meisterschaft bringen und die Sehnsüchte einer jungen Generation nach Aufstieg und Erfolg auf den sozialen Medien vorführen.

Beispiel

Wenn wir uns eine kleine Insel vorstellen, die von zehn Menschen bewohnt wird, und zwei von ihnen entscheiden sich dazu, 1000 % mehr Ressourcen zu reklamieren und zu nutzen, als sie für ein „gesundes" Leben brauchen, dabei acht Menschen in Armut zurücklassen oder sogar in Kauf nehmen, dass sie sterben, würden wir das als Akt der „persönlichen Freiheit" dieser beiden bezeichnen oder als solchen der sozialen Gewalt gegenüber den anderen? (McLeish et al., 2014, S. 162 f.) (Übersetzung durch die Autor:innen). ◄

Deutliche Kritik an der Idee der Leistungsgesellschaft (Meritokratie) kommt von Michael Sandel (2020). Danach ist nicht nur die Praxis der Meritokratie mit ihren Auswegen und Schleichwegen („back door" und „side door"), die sich Zugang zur Ausbildungsinstitutionen und Jobs mit Geld (und Beziehungen) verschaffen, fragwürdig. Die Praxis ließe sich durch Verbesserungen der Chancengleichheit anpassen. Sandel bezweifelt jedoch die Idee der Meritokratie insgesamt aus moralischen und politischen Gründen (Sandel, 2020, S. 24 ff.).

In ähnlicher Weise äußert sich auch Iris Bohnet in einem Interview in der ZEIT:

Gerade im deutschsprachigen Raum gibt es noch den Mythos der Meritokratie, also dass Leistung entscheidend für Karriere und Gehalt ist. Leider gibt es immer noch zu viel Evidenz, die zeigt, dass Seilschaften häufig wichtiger als Leistung sind, aber man denkt, wir seien gleichberechtigt, bei uns gäbe es wirklich Chancengleichheit. (Krause, 2022)

Die in der neuen Normativität geforderte Flexibilität wurde bereits von Richard Sennett in seinen ausführlichen Fallstudien stark kritisiert:

> Mit dem Angriff auf starre Bürokratien und mit der Betonung des Risikos beansprucht der flexible Kapitalismus, den Menschen, die kurzfristige Arbeitsverhältnisse eingehen, statt der geraden Linie einer Laufbahn im alten Sinne zu folgen, mehr Freiheit zu geben, ihr Leben zu gestalten. In Wirklichkeit schafft das neue Regime neue Kontrollen, statt die alten Regeln einfach zu beseitigen – aber diese neuen Kontrollen sind schwerer zu durchschauen. (Sennett, 2010, S. 11)

Konkurrenzdenken, Einzelkämpfertum und Entfremdung scheinen die unvermeidliche

Definition
Der Begriff der *Leistungsgesellschaft* wurde bereits 1961 von David McClelland eingeführt (McClelland, 1967). Aus psychologischer Sicht führt er den Willen zur Leistung auf das menschliche Leistungsmotiv zurück, welches vor allem in einer protestantischen Leistungsethik seinen Nährboden zur Entfaltung fand. Zur Illustration greift McClelland u. a. auf die Figur des griechischen Gottes Hermes zurück, dessen „spirit" als „little dynamo" beschrieben wird, der keine Zeit verschwendet und immer in Bewegung ist, seine Möglichkeiten geschickt nutzt und innovativ ist (McClelland, 1967, S. 303). Menschen mit hoher Leistungsorientierung waren in der Zeit der alten Griechen häufig verdächtig, weil man in ihnen eine Bedrohung der bestehenden sozialen Ordnung sah („Emporkömmlinge") und ihnen unterstellte, dass sie ihre Erfolge mit unlauteren Mitteln erreichten (McClelland, 1967, S. 301 ff.)
Die Grundidee geht jedoch schon auf Adam Smith (Winter & Rommel, 2003) zurück, welcher das „Wohl der Nationen" in seinem 1776 erschienenen Werk als einen ökonomischen Mechanismus verstand, der auf „unsichtbare" Weise dafür sorgt, dass die egoistischen Bemühungen der Einzelnen in der Summe zum Wohlstand für alle führen. Wichtig war für Smith der Umstand, dass die Einzelakteur:innen ihr Handeln nicht intentional auf eine kollektive Ebene der Wohlstandsmehrung ausrichten, sondern dass dies eben weitgehend unreflektiert („invisible hand") geschehe.

Kehrseite einer unbedingten Leistungsgesellschaft zu sein. Noreena Hertz (2020) zufolge lassen sich in Westeuropa und bei gut ausgebildeten Menschen extrem hohe Arbeitszeiten beobachten. Aber auch im Bereich „einfacherer" beruflicher Tätigkeiten gibt es eine Tendenz, den Lebensunterhalt mit zwei oder drei Jobs bestreiten zu müssen (Hertz, 2020, S. 138 ff.). Zusätzlich signalisieren „open plan"-Bürolandschaften die prinzipielle Austauschbarkeit von Menschen schon durch ihr Konzept, keinen fixen Arbeitsplatz mehr zu haben, in keinen stabilen Gruppen zu arbeiten. Und die zunehmende Digitalisierung (Homeoffice) führt dazu, dass die Möglichkeiten für (informellen) Austausch eher schwinden bzw. die Qualität der Kommunikation abnimmt (Hertz, 2020, S. 128 ff.).
Leistung ist zweifellos notwendig für eine prosperierende Gesellschaft. Es scheint jedoch an der Zeit, im Sinne einer neuen Normativität unsere Leistungsgesellschaft um Qualitäten wie Sinnhaftigkeit, Kooperation, Inklusion und Nachhaltigkeit zu erweitern Kap. 4.

2.2.3 Individualisierung

Von Henry Ford ist der Satz überliefert, es sei ihm egal, welches Auto Kund:innen kaufen wollen, solange es ein Modell T in der Farbe schwarz sei. Bekanntermaßen war das schwarze Modell T das einzige, das Ford zu dieser Zeit angeboten hat. Nachdem zu Beginn der Massenfertigung die Hersteller bestimmt hatten, welche Waren und Dienstleistungen angeboten wurden, verschob sich im Laufe der Zeit der Fokus auf das „individuelle" Bedürfnis der Kund:innen. Jetzt galt es herauszufinden, welche unterschiedlichen Bedürfnisse existierten und wie man sie am besten befriedigen konnte. War es am Anfang schon genug, überhaupt ein Automobil auf den Markt zu bringen, ging es später darum, sich von anderen Herstellern zu differenzieren. Und diese Differenzierung musste sich an den Bedürfnissen orientieren.

Andererseits standen auch zunehmend Mittel zur individualisierten Fertigung zur Verfügung, welche es erst möglich machten, differenziert auf Wünsche einzugehen. Wer das konnte, hatte einen Vorteil am Markt.

Im Verlaufe der Entwicklung kann man eine zunehmende Verschiebung von Produzenten und Konsumenten zu sogenannten *Prosumenten* beobachten, das heißt, die Kund:innen selbst werden Teil des Wertschöpfungsprozesses. Das hat auch damit zu tun, dass die Variantenvielfalt und die Individualisierung ein Maß angenommen haben, welches einseitig durch die Anbieter nicht mehr sinnvoll bedient werden kann.

Wir stecken heute mitten in dieser Entwicklung von *Self Services*. Mehr und mehr Leistungen erbringen wir selbst mit Hilfe von Systemen und Werkzeugen. So boomen die Möglichkeiten, bei den Banken die Finanzen selbst zu verwalten, Zugtickets werden via App selbst gelöst, aber auch HR-Dienstleistungen werden durch Führungskräfte selbst bezogen.

Andreas Reckwitz beschreibt aus soziologischer Sicht die Individualisierung bzw. die „Singularisierung" wie folgt: „Wohin wir auch schauen in der Gesellschaft der Gegenwart: Was immer mehr erwartet wird, ist nicht das Allgemeine, sondern das Besondere. Nicht an das Standardisierte und Regulierte heften sich die Hoffnungen, das Interesse und die Anstrengungen von Institutionen und Individuen, sondern das Einzigartige, das Singuläre" (Reckwitz, 2019, S. 7). Beispielhaft führt er die Reiseziele an, welche heute einzigartig sein sollen, fernab vom Massentourismus. Ironischerweise werden diese dann via Social Media den Followern mitgeteilt, so dass sie ihre Einzigartigkeit sofort verlieren, weil jetzt alle dorthin wollen.

Jedenfalls findet nach Reckwitz ein radikaler Bruch mit der „sozialen Logik des Allgemeinen" (Reckwitz, 2019, S. 15) statt, welche lange Zeit vorherrschend war. Ökonomie und Technologie werden heute zu „Singularisierungsgeneratoren", zu „paradoxen Agenten des massenhaft Besonderen" (Reckwitz, 2019, S. 15). Durch die zunehmende Individualisierung und Singularisierung sowie durch die wachsende Zahl an Optionen erhöhen sich die Spannungen, welche das Individuum irgendwie auflösen muss.

Beispiel

Beispielhaft lässt sich dies an den Themen Klimaschutz und Mobilität veranschaulichen: Die Entwicklungen des Massentourismus haben es ermöglicht, heute zu vergleichsweise günstigen Preisen an verschiedene Orte der Welt zu reisen. Städtetrips nach New York übers Wochenende, Shoppingtouren nach Mailand, Partyausflüge nach Osteuropa usw. werden unternommen, weil sie aufgrund des Angebots möglich und ökonomisch – zum Teil jedenfalls – rational sind. Auf der anderen Seite hat sich die Erkenntnis durchgesetzt, dass solches Verhalten in besonderem Maße zum Klimawandel beiträgt, ein Problem, das am Ende alle betrifft.

Sobald wir uns den möglichen Optionen ausgesetzt sehen, stehen wir vor der Frage, ob wir „es" tun sollen oder nicht. Es sei denn, wir hätten generell für uns entschieden, die Optionen einzuschränken, etwa nur noch Ziele ins Auge zu fassen, die mit dem Zug erreichbar sind, oder unsere Freizeitgestaltung gänzlich auf das Fahrrad abzustellen.

In einem aufschlussreichen Artikel im SPIEGEL (Diekmann, 2022) wird Bezug genommen auf eine Befragung zum Klimaschutz. Darin wird unterschieden zwischen wirksamen Maßnahmen und solchen, die befürwortet werden. Es zeigt sich dann, dass die Befragten diejenigen Maßnahmen als wirksam bewerten, die sie auch befürworten. Das sind ausgerechnet jene Maßnahmen, die keinen individuellen Verzicht resp. keine individuelle Einschränkung bedeuten würden, wie etwa mehr Forschung oder günstigere Preise im öffentlichen Nahverkehr. Hingegen werden von Expert:innen höhere Preise für Kraftstoffe sowie Verschärfungen von CO_2-Grenzwerten als die wirksamsten Maßnahmen vorgeschlagen. Derartige Regulierungen sind effektive Treiber zur Änderung von Prozessmustern. Anders ausgedrückt sind dies veränderte Spielregeln, die dazu führen, dass anderes Handeln und neue Ordnungen möglich werden. ◄

Der Individualisierungsdruck ist gewaltig, und er wird durch die globale Industrie der Aufmerksamkeitsökonomie kapitalisiert. Instagram, TikTok und weitere soziale Medien führen dazu, dass die Darstellung und Belohnung von „Einzigartigkeit" wichtiger Teil des sozialen Status bzw. der sozialen Sehnsucht werden.

Der Zeitgeist macht natürlich auch vor der Arbeitswelt nicht halt. Heute gibt es keine Garantien und keine Probleme mehr, sondern „Chancen" oder „Herausforderungen" für jene, die sich den jeweiligen Bedingungen und oft unklaren Anforderungen anpassen können, also jene, die flexibel und agil ihr Leistungsversprechen am Markt platzieren und glaubhaft verkaufen können. In der organisationsbezogenen Soziologie liest sich das als „flexible Spezialisierung", „Subjektivierung der Arbeit", „Entgrenzung von Arbeit", „Projekt" oder „unternehmerisches Selbst" (Reckwitz, 2019, S. 181).

2.3   Zeitgeist in der Arbeitswelt

Der Zeitgeist in der Arbeitswelt spiegelt den der jeweiligen Gesellschaft wider. Er ist geprägt von den gegenwärtigen Entwicklungen, welche mit den Begriffen Flexibilisierung (Sennett, 2010), Beschleunigung (Rosa, 2020; Virilio, 1999, 2015), Automatisierung/Digitalisierung (Neufeind et al., 2018) beschrieben werden können. Daraus folgen Erwartungen an das Individuum: Verantwortung, unternehmerisches Denken und Handeln (Bröckling, 2007), rasche Anpassungsleistungen, Performance, Innovation.

In diesem Zusammenhang hat auch das Akronym VUCA Konjunktur erfahren. VUCA steht für Volatility, Uncertainty, Complexity und Ambiguity (Bennis & Nanus, 1985). Der Begriff ist eine Bezeichnung für unübersichtliche Verhältnisse. Langfristige Planungen haben wenig Sinn und werden durch iteratives Vorgehen in kürzeren zeitlichen Zyklen abgelöst. Das entspricht ganz dem Zeitgeist, der sich in agilen Arbeitsmethoden wie *Scrum* oder *Design Thinking* konkretisiert. Als parallele Entwicklung kann die systemische Arbeitsweise verstanden werden, welche in „Schleifen" vorgeht, beobachtet, Hypothesen aufstellt, diese testet, handelt, die Reaktionen beobachtet, modifizierte Hypothesen aufstellt … eine laufende Arbeit in und an der Vorläufigkeit.

In den Zonen der kreativen Wissensarbeit wird die Orientierung am Sinn wichtig. Die zentrale Idee dabei ist, dass das, was das Individuum als sinnvoll erlebt, in der jeweiligen Arbeit maximalen Raum zur Erfüllung finden soll. Beziehungsweise soll die Arbeitstätigkeit als sinnvoll erlebt werden, sich auf etwas Sinnvolles beziehen. Jedenfalls soll die Arbeit nicht beliebig, gar „Bullshit" (Frankfurt, 2014) sein, sondern im Gegenteil irgendwie bedeutsam. Auf diese Weise soll eine maximale Bewirtschaftung der Kreativpotenziale möglich gemacht werden, was durch das Versprechen von Freiheit kompensiert werden soll. Ohne Zweifel liegen hier viele Chancen und Möglichkeiten für Einzelne, doch vollkommen klar ist auch, dass diese Chancen einen Preis haben.

Für die berufliche Entwicklung des Individuums bedeutet das, das Selbst als „Projekt" zu verstehen. Der zugehörige Ansatz heißt „Life Design" (Schreiber, 2020, S. 147 ff.): „Stabilität und Sicherheit resultieren nicht mehr primär aus einer stabilen und planbaren Laufbahn, sondern aus einer kohärenten und kontinuierlichen Lebensgeschichte auf der Basis einer flexiblen Identität. In der Beratung werden Klientinnen als Autorinnen gesehen, die ihre eigene Geschichte betrachten, erzählen und erklären (Selbst als Projekt)" (Schreiber, 2020, S. 148).

Bauman spricht von der „Kommodifizierung" der Arbeit, ihrer Verwandlung in eine Ware (Bauman, 2007, S. 125 ff.) und sieht einen gewaltigen Druck auf das Individuum, sich den Marktgegebenheiten anzupassen. Um eine „gefragte Ware" zu bleiben, müssten Arbeitskräfte „flexibel, gut ausgebildet" und so wertvoll sein, dass es sich niemand leisten kann, sie zu entlassen oder schlecht zu behandeln (Bauman, 2007, S. 127).

„Wenn der Warenfetischismus die menschliche, allzu menschliche Substanz der Industriegesellschaft verbergen sollte, so ist es die Aufgabe des Individualfetischismus, die kommerzielle und nichts als kommerzielle Realität der Konsumgesellschaft zu verschleiern" (Bauman, 2007, S. 134).

Die neue Normativität verlangt entsprechend, mit der „Freiheit" umzugehen, sie zu nutzen, die eigene Berufung zu finden und ihrer Realisierung geschickt einen Weg zu bahnen. In der Konsumgesellschaft verortet Bauman (2007) eine „Furcht davor, sich nicht anpassen zu können", und schließlich eine Notwendigkeit des Einzelnen zu gehorchen, um frei zu sein (Bauman, 2007, S. 126). Damit wird noch einmal der Bogen zu den Idealen der Nutzung der Freiheit geschlagen, wie sie hier zu Beginn am Beispiel der Schweizer Verfassung illustriert wurden (frei ist nur, wer die Freiheit auch nutzt).

Dem Zeitgeist folgend werden immer mehr Menschen ihre Kreativität und Schaffenskraft dafür einsetzen, anderen Leistungsangebote zur Verfügung zu stellen, die jene im Sinne der neuen Normativität selbst nutzen sollen. Dazu gehören im weitesten Sinne alle Selfservices und Informationsbeschaffungswerkzeuge (Datenpools, Suchmaschinen).

2.3.1 New Work und „neue" Organisationen

New Work, New Organizing, neue Organisationen (Groth et al., 2021; Laloux, 2015; Neufeind et al., 2018; Robertson, 2016) sind Ausdruck des Zeitgeistes in der Gesellschaft, der Wirtschaft und der Arbeitswelt. Wenn von „neuer Arbeit" die Rede ist, muss man sich fragen, wie sie sich von der alten Arbeit unterscheidet, von der sie sich abgrenzen will.

Es ist in diesem Zusammenhang interessant, dass der Begriff des Managements kaum noch relevant zu sein scheint. Vielmehr werden die Steuerungsprozesse von der Hand (lat. *manus* = Hand) in Systeme verlegt. Management mutiert zur Führung, welche nicht mehr anweist oder kontrolliert (das tut sie notfalls auch noch), sondern vielmehr der Entfaltung der persönlichen Potenziale einen angemessenen Raum schafft und sie in Verbindung mit anderen Individuen bringt, sie also ausreichend sozialisiert.

Der Begriff *New Work* selbst geht auf Bergmann (2004) zurück, der allerdings ganz anderes im Sinn hatte. Er wollte den entfremdeten Fabrikarbeiter:innen in Zeiten zunehmender Rezession und Arbeitsknappheit einen neuen Sinn geben. Der Begriff hat sich schließlich verselbstständigt und gilt heute eher als Schlagwort für eine Abkehr von Autorität, Hierarchie, Zwang. Doch die schöne neue Arbeitswelt gilt nicht für alle gleichermaßen. Und diejenigen, die im Moment davon profitieren, müssen die Konsequenzen dafür in Kauf nehmen (Anpassung, hohe Arbeitsleistungen, sich laufend im Spiel halten usw.).

New Work ist ein Versprechen: Alles wird besser! Neue Organisationen stellen dafür die „neuen" Räume und Prozesse zur Verfügung – auch das ein Versprechen. Gleichzeitig geht es in einer kapitalistischen Arbeitsgesellschaft um Profit. Viele soziale Innovationen im Bereich von Arbeit und Organisation stammen aus dem Start-up-Bereich oder von Sozialunternehmungen, bei denen, jedenfalls ökonomisch, mit Blick auf den Profit (noch) nicht sehr viel auf dem Spiel steht, oder die den Profit nicht an den Anfang ihrer Überlegungen stellen. Sie sind vielmehr an einer „Sache" interessiert, die sie als sinnvoll verstehen und die sie mit „Purpose" aufladen, bzw. daran, wie die „Sache" realisiert wird, unter welchen Bedingungen also die Leistungserbringung erfolgt.

Es ist gut, wenn Organisationen besser werden wollen, aber das werden sie nicht alleine dadurch, dass sie ihre Interessen verschleiern oder ihre Zumutungen versüßen. In diesem Zusammenhang erfordern New Work und neue Organisationen eine ausführliche Diskussion über eine mögliche ethische Neupositionierung unter den erschwerten Bedingungen einer globalisierten Wirtschaft (Ortmann, 2010).

2.3.2   Neue Führung für neue Arbeit

Neue Führung für neue Arbeit entspricht dem Zeitgeist. Sie stellt das Individuum mit seinem Potenzial in den Mittelpunkt und sorgt dafür, dass sich beides möglichst gut entfalten kann und in den Wertschöpfungsprozess einbringen lässt. Sie hat eine klare normative Seite hinsichtlich der Frage, was jetzt nicht (mehr) stattfinden und was neu auf jeden Fall stattfinden soll.

Neue Führung ist gekennzeichnet durch Eigenschaften wie: emotional intelligent, fachkundig, sachorientiert auf der einen Seite und mitfühlend, ermöglichend, energetisierend auf der anderen. Sie mutiert damit eher zur Koordination von selbstbestimmten und dennoch zielorientierten Individuen. Ferner sorgt sie für notwendige Abstimmungen und Entscheidungen, letztere trifft sie mindestens partizipativ oder gar in gemeinschaftlichen, gleichberechtigten Entscheidungsprozessen wie beispielsweise dem Konsent[1] Kap. 7. Führung setzt nicht mehr auf Positionsmacht, sondern auf Sinn. Sie kann erklären, Einsichten erzeugen und damit sinnvoll agieren. Damit werden auch schwierige Entscheidungen nachvollziehbar und potenziell besser akzeptiert.

Die gemeinsame Ausrichtung wird über den Purpose (Sinn) organisiert, der im idealen Fall mit den sinnstiftenden Momenten des Individuums übereinstimmt oder zumindest sehr hohe Gemeinsamkeiten aufweist. Die Herausarbeitung und Verdeutlichung des gemeinsamen Purpose gehört zu den wesentlichen Aufgaben der neuen Führung.

► Unter dem Begriff *Führung* werden sowohl Rollen als auch Machtstrukturen, Funktionen und Verantwortlichkeiten eines Organisationssystems subsumiert. Stark vereinfacht formuliert soll Führung den Rahmen für die Kooperation in der Gruppe und die Mobilisierung, Ausrichtung bzw. Steuerung der gemeinsamen Kräfte zur Weiterentwicklung und zum Erreichen bestimmter (zum Teil durchaus unterschiedlicher) Ziele dienen.

In einem Beitrag über die digitale Transformation und die damit einhergehenden Anforderungen an die Führungskräfte wird der Gründer des World Economic Forum (WEF) Klaus Schwab zitiert, welche Fähigkeiten die Führungskräfte von morgen seiner Ansicht nach brauchen:

---

[1] https://sociocracy30.org.

We need leaders who are emotionally intelligent and able to model and champion co-operative working. They'll coach, rather than command; they'll be driven by empathy, not ego. The digital revolution needs a different, more human kind of leadership. (Artley, 2018)

Auch der Schweizer Digitalisierungsexperte Joël Luc Cachelin geht davon aus, dass die Digitalisierung eine Re-Definition von Führung verlangt. „Wer den digitalen Wandel erfolgreich bewältigen will, sollte auch seine Führungskultur innovieren" (Cachelin, 2015, S. 50). Als neue Führungsaufgaben sieht er unter anderem, positive Emotionen durch positive Visionen zu multiplizieren, Entwicklungen von Menschen zu begleiten sowie Selbstführung und Netzwerkentfaltung zu betreiben. Er erhebt den Anspruch auf eine Führung, die Mitarbeitende einfühlsam coacht, positive Visionen und Emotionen verbreitet und als Vorbild für gute Kooperation dient.

Wir stellen fest, dass sich Führungsfunktionen angesichts der zunehmenden Komplexität in der Arbeitswelt entbündeln und entlang spezifischer Funktionen stärker differenziert werden. Damit einher geht der Trend, die Führungsfunktionen auf verschiedene Rollen bzw. Personen zu verteilen. Damit verabschiedet sich die „neue" Führung endgültig vom heroischen Image der „charismatischen Führungsperson".

2.4   Soziale Innovationen in der Führung

Right now, your company has 21st-century, Internet enabled business processes, mid-20th-century management processes, all built atop 19th-century management principles. Without transformation in our management DNA (…) the power of the Web to transform the work of management will go unexploited. (Hamel, 2007, S. 255)

Das Zitat von Gary Hamel bringt die Notwendigkeit zur Modernisierung der Organisationsgestaltung auf den Punkt: Die praktizierten Prinzipien und Methoden der Vergangenheit reichen nicht mehr aus, um in der Dynamik des digitalen Zeitalters wirksam zu steuern. Viele Organisationen beginnen zu erkennen oder haben erkannt, dass die bisher kultivierte Art und Weise zu organisieren, zu wirtschaften und zu arbeiten vor großen Umwälzungen steht. Sie spüren diesen Veränderungsdruck und beginnen sich mit der Frage zu beschäftigen, wie sie Agilität, Lean Production und Selbstorganisation für sich adaptieren können. Teilweise geht mit der rationalen Erkenntnis, welche strukturellen Vorteile von selbstorganisierten partizipativen Ansätzen ausgehen, gar die Intention einher, eine Wirtschaft zu gestalten, in der Mensch, Planet und Profit im Einklang sind. Hier wird ein anderes Spielfeld aufgebaut, das neuen, nachhaltigeren Ideen folgt.

Innovationen sind neue Technologien, „die helfen, unsere Bedürfnisse besser zu befriedigen und unsere sozialen Probleme besser zu lösen" (Zapf, 1994, S. 28–29). Soziale Innovationen sind eine besondere Form von Entwicklungen, die lange Zeit im Schatten technischer Entwicklungen standen. Technische und soziale Innovationen gehen jedoch oft Hand in Hand. Dabei ermöglicht ein veränderter Zeitgeist Innovationen, wie auch diese zu einem sich wandelnden Zeitgeist beitragen.

Ein Beispiel für eine „soziale Innovation" ist der Aufbau der Lesekompetenz während der technischen Innovation des Buchdrucks (Baecker, 2008). Vor der Verbreitung der Schrift als Massenmedium und bei einer sehr geringen Verfügbarkeit von Schriften war es wenig sinnvoll, dass viele Menschen lesen konnten. Nach der Erfindung von Gutenberg um 1450 standen Drucksachen zunehmend zur Verfügung, was eine soziale Entwicklung der Alphabetisierung der Bevölkerung auslöste. Heute wird von „digital literacy" gesprochen, also der Fähigkeit, mit digitalen Werkzeugen umgehen zu können, analog zu einer Lesefähigkeit, die es ermöglicht, schriftliche Informationen zu erfassen. ◄

„Soziale Innovationen sind neue Wege, Ziele zu erreichen, insbesondere neue Organisationsformen, neue Regulierungen, neue Lebensstile, die die Richtung des sozialen Wandels verändern, Probleme besser lösen als frühere Praktiken und die es deshalb wert sind, nachgeahmt und institutionalisiert zu werden" (Zapf, 1989, zitiert nach Rammert, 2010, S. 43). Der aktuelle Zeitgeist ist geprägt von technischen Innovationen rund um die Digitalisierung. Um die Herausforderungen des 21. Jahrhunderts zu bewältigen, braucht es soziale Innovationen in der Führung. Anstelle von einzelnen, zentralen Führungspersonen an der Spitze einer Hierarchiepyramide stehen netzwerkartige Kooperationsbeziehungen. Anstelle von überwiegend transaktionalen Verhältnissen stehen empathische, vertrauensvolle Beziehungen.

Wir schlagen soziale Innovationen in der Führung vor, die eine neue oder andere Art und Weise beschreibt, wie Menschen miteinander arbeiten können, so dass Organisationen dynamikrobuster, nachhaltiger und menschlicher auf die Herausforderungen der VUCA-Welt reagieren können – nämlich durch bewusste Gestaltung förderlicher Rahmenbedingungen, um eine leistungsfähige Zusammenarbeit auf Basis von empathischen Beziehungen zu ermöglichen. Dabei werden die Beziehungen der Menschen nicht primär funktional betrachtet, sondern es wird anerkannt, dass ihnen ein Selbstzweck innewohnt. In Beziehung zu stehen ist ein grundlegendes Bedürfnis von uns Menschen.

Das ist kein neuer Gedanke. Wir sind nicht die Ersten, die auf die Wichtigkeit von Beziehungen am Arbeitsplatz hinweisen. Tatsächlich ist dies der Kern von *Positive Organizational Scholarship,* das der Positiven Psychologie entspringt (Cameron et al., 2003) und seither an Bedeutung gewinnt. Daraus haben sich diverse andere Führungsansätze entwickelt, welche die Bedeutung der Beziehung zwischen Führungsperson und Mitarbeitenden beschreiben (Greenleaf et al., 1996; Pruzan & Pruzan Mikkelsen, 2007; Schein & Schein, 2018; Schulte et al., 2021). Diese Ansätze beruhen jedoch auf einem klassischen Verständnis einer vorgesetzten Führungsperson und unterstellten, geführten Personen. Hierarchien formen Beziehungen. Zentralisierte Führung eröffnet nämlich Machtkorridore, die soziale Distanzen aufbauen. Hinzu kommt, dass eine breitere Verteilung von Verantwortung, der Einbezug von vielfältigen Perspektiven und Flexibilität auf allen Ebenen der Organisation dabei helfen, die komplexen Probleme der VUCA-Welt zu lösen. Hierarchische Systeme haben sich über viele Jahre bewährt. In der neuen Arbeitswelt jedoch stoßen sie an Grenzen.

Doch auch den Gedanken an selbstorganisierte, netzwerkartige Strukturen haben andere vor uns aufgegriffen (Laloux, 2015; Robertson, 2016). In unserem Buch vereinen wir die beiden Elemente zu einem neuen Konzept, das im Kern vielmehr eine Haltung als eine Handlungsanweisung ist: beziehungs- und entwicklungsorientierte Führung als gemeinsame Aufgabe, die zum Ziel hat, individuelle und kollektive Potenzialentfaltung zu ermöglichen Kap. 4.

▶   Soziale Innovationen zeigen sich dort, wo menschliche und organisationale Bedürfnisse differenziert betrachtet und berücksichtigt werden.

Soziale Innovationen in der Führung brauchen einen organisationalen Rahmen, in dem sie gedeihen können. Wir sind davon überzeugt, dass in einem beziehungs- und entwicklungsorientierten Umfeld Führung eine kollektive Aufgabe ist. Die Mitarbeitenden übernehmen mehr Verantwortung für sich selbst, füreinander und für die Organisation. Rollenklarheit, spannungsbasiertes Arbeiten sowie sinnstiftende gemeinsame Ziele strukturieren dabei die Kollaboration, deren Ziel es ist, Lösungen zu gestalten, die für alle Betroffenen akzeptabel und tragbar sind. Es ist ganz natürlich, dass dabei auf der Sach- und auf der Beziehungsebene Störungen entstehen. Ein beziehungsorientiertes Umfeld ist keineswegs nur von Konsens geprägt. Vielmehr ist hier auch Platz für gesunde Kontroversen und Klärungen in Sachthemen. Wichtig ist hierbei, dass am Ende Klarheit und ein Bekenntnis zur Entscheidung entstehen. Auf der Beziehungsebene entstehen ebenfalls ständig Konflikte, diese werden in beziehungs- und entwicklungsorientierten Systemen jedoch bewusst thematisiert.

Definition

Der Begriff *Spannung* (engl. tension) wird in der Soziokratie und Holakratie verwendet. Er bezeichnet eine Fragestellung, die Aufmerksamkeit auf sich zieht. Um diese Fragestellung in Richtung einer Lösung zu führen, sind nächste Schritt erforderlich. Die Lücke zwischen dem aktuellen Zustand und einem positiven Unterschied in der Zukunft wird als Spannungsverhältnis erlebt. Spannungen sind in diesem Sinne Hinweise auf Potenziale.

Daher sind Spannungen auch keineswegs nur negativ, auch wenn es zunächst so scheinen mag. Vielmehr können sie auf innovative Ideen oder neue Handlungsoptionen hinweisen: zum Beispiel, dass ein Projekterfolg gebührend gefeiert werden sollte.

Wir sind ständig umgeben von Spannungen und nehmen diese wahr. Spannungsbasiertes Arbeiten ist daher eine wichtige Fähigkeit, die es uns ermöglicht, Spannungen bewusst wahrzunehmen, um ein Thema konstruktiv auf einen Lösungsweg zu bringen.

Auftretende Spannungen sind somit stets Treiber von Veränderung. Daher ist es wichtig, sie bewusst und systematisch zu nutzen. Dadurch gestaltet sich eine evolutionäre Entwicklung hin zu immer neuen Lösungen. Die Qualität eines sozial innovativen Systems im Sinne dieses Buches besteht deshalb darin, aus dem Zustand der Störung zeitnah in einen produktiven Normalzustand zu finden. Und das immer wieder. Jede Person in einer Organisation ist Teil einer fortwährenden Entwicklungsspirale Kap. 5.

Zoomen wir aus dem System einer einzelnen Organisation hinaus, erkennen wir, dass sich diese Muster auch übergeordnet zeigen. Aus dieser Perspektive lassen sich Wechselwirkungen auf Umfeld- und Umweltebenen erkennen. Störungen auf dieser Ebene sind politische Konflikte oder Klimakatastrophen. Das wirft die Frage auf, welche sozialen Innovationen notwendig sind, um regeneratives und lebensdienliches Wirtschaften und Leben auf internationaler und damit globaler Ebene zu ermöglichen. Dies sind Herausforderungen für die internationale Gemeinschaft, die von sozialen Innovationen in der Führung profitieren könnte.

Die Idee der lebensdienlichen Organisation basiert auf jener der *Positiven Organisation* (Quinn, 2015). Kennzeichen einer lebensdienlichen Organisation (Zirkler, 2019) ist die gleichzeitige Beachtung innerer und äußerer Bedürfnisse. Nach innen deckt sie die biologischen, psychologischen, politischen, sozialen, ökonomischen und spirituellen Bedürfnisse der beteiligten Menschen ab (Sharma, 2013), nach außen jene von Kund:innen, Märkten, Lieferanten und allen weiteren Stakeholdern. Sie spielen also mit anderen Worten eine legitime kapitalistische Gewinnlogik nicht gegen die Bedürfnisse von Einzelnen und Gruppen aus.

Mit Blick auf die 17 Nachhaltigkeitsziele der Vereinten Nationen (Sustainable Development Goals, SDG) haben sich kürzlich mehrere Gruppierungen aus Universitäten, Zivilgesellschaft und Unternehmen aufgemacht, deren Umsetzung genauer zu untersuchen. Sie haben entsprechend die Inner Development Goals (IDG) formuliert, welche als soziale Innovationen zur Umsetzung der Nachhaltigkeitsziele aufgefasst werden können.

Soziale Innovationen im Sinne dieses Buches weiten den Blick auf Möglichkeiten zur Entfaltung von Potenzialen.

Literatur

Artley, J. (2018). *How to be a leader in the Fourth Industrial Revolution.* World Economic Forum. https://www.weforum.org/agenda/2018/01/how-to-be-a-leader-in-the-fourth-industrial-revolution/. Zugegriffen am 28.03.2020.

Baecker, D. (2008). *Studien zur nächsten Gesellschaft* (2. Aufl.). Suhrkamp.

Bauman, Z. (2003). *Flüchtige Moderne.* Suhrkamp.

Bauman, Z. (2005). *Verworfenes Leben.* Hamburger Edition.

Bauman, Z. (2007). *Leben in der flüchtigen Moderne.* Suhrkamp.

Bennis, W. G., & Nanus, B. (1985). *Leaders: Strategies for taking charge.* Harper & Row.

Bergmann, F. (2004). *Neue Arbeit, neue Kultur* (S. Schuhmacher, Übers.). Arbor.

Bourdieu, P. (2021). *Die feinen Unterschiede* (28. Aufl.). Suhrkamp.

Bröckling, U. (2007). *Das unternehmerische Selbst: Soziologie einer Subjektivierungsform.* Suhrkamp.

Cachelin, J. L (2015). *Führen im digitalen Zeitalter.* https://www.wissensfabrik.ch/pdfs/digitalleadership.pdf. Zugegriffen am 19.08.2020.

Cameron, K. S., Dutton, J. E., & Quinn, R. E. (Hrsg.). (2003). *Positive organizational scholarship. Foundation of a new discipline.* Berrett-Koehler Publishers.

Diekmann, F. (1. Januar 2022). Die widersprüchlichen Einstellungen der Deutschen. *Der Spiegel.* https://www.spiegel.de/wirtschaft/klimaschutz-und-die-widerspruechlichen-einstellungen-der-deutschen-ich-bin-ja-dafuer-aber-a-3cb34cd2-ad33-4c37-b775-6c1b629afddd

Frankfurt, H. G. (2014). *Bullshit.* Suhrkamp.

Greenleaf, R. K., Frick, D. M., & Spears, L. C. (1996). *On Becoming a servant leader: The private writings of Robert K. Greenleaf.* Wiley.

Groth, T., Krejci, G. P., & Günther, S. (Hrsg.). (2021). *New organizing.* Carl-Auer.

Hamel, G. (2007). *The future of management.* Harvard Business School Press.

Hertz, N. (2020). *The lonely century: A call to reconnect.* Hodder & Stoughton.

Jellinek, G. (1914). *Allgemeine Staatslehre.* O. Häring. http://archive.org/details/allgemeinestaats00jelliala. Zugegriffen am 10.01.2022.

Jurt, J. (2012). Bourdieus Kapital-Theorie. In M. M. Bergman, S. Hupka-Brunner, T. Meyer & R. Samuel (Hrsg.), *Bildung – Arbeit – Erwachsenwerden: Ein interdisziplinärer Blick auf die Transition im Jugend und jungen Erwachsenenalter* (S. 21–41). Springer Fachmedien. https://doi.org/10.1007/978-3-531-19071-6_2

Krause, K. (3. Januar 2022). Iris Bohnet: „Dass Leistung entscheidend für die Karriere ist, ist ein Mythos". *Die Zeit.* https://www.zeit.de/arbeit/2021-12/iris-bohnet-geschlechtergerechtigkeit-arbeitsmarkt-paritaet-interview

Kruse, P. (2020). *Next practice – erfolgreiches Management von Instabilität: Veränderung durch Vernetzung* (9., um ein Geleitwort erweiterte. Aufl.). GABAL.

Laloux, F. (2015). *Reinventing organisations: Ein Leitfaden zur Gestaltung sinnstiftender Formen der Zusammenarbeit.* Vahlen.

McClelland, D. C. (1967). *The achieving society.* The Free Press.

McLeish, B., Berkowitz, M., & Joseph, P. (Hrsg.). (2014). *The zeitgeist movement defined.* The Zeitgeist Movement.

Neufeind, M., O'Reilly, J., Ranft, F., Network, P., & Zentrum, D. P. (2018). *Work in the digital age: Challenges of the fourth industrial revolution.* Rowman & Littlefield.

Ortmann, G. (2010). *Organisation und Moral: Die dunkle Seite.* Velbrück Wissenschaft.

Pruzan, P., & Pruzan Mikkelsen, K. (2007). *Leading with wisdom. Spiritual-based leadership in business.* Routledge.

Putnam, R. D. (1995). Bowling Alone: America's declining social capital. *Journal of Democracy, 1*(6), 65–78. http://www.socialcapitalgateway.org/content/paper/putnam-r-d-1995-bowling-alone-americas-declining-social-capital-journal-democracy-6-1-. Zugegriffen am 14.06.2022.

Putnam, R. D. (2000). *Bowling alone: The collapse and revival of American community.* Simon & Schuster.

Quinn, R. E. (2015). *The positive organization: Breaking free from conventional cultures, constraints, and beliefs.* Berrett-Koehler Publishers.

Rammert, W. (2010). Die Innovationen der Gesellschaft. In J. Howaldt & H. Jacobsen (Hrsg.), *Soziale Innovationen* (S. 21–51). VS Verlag für Sozialwissenschaften.

Robertson, B. (2016). Holacracy: Ein revolutionäres Management-System für eine volatile Welt. Vahlen.

Reckwitz, A. (2019). *Die Gesellschaft der Singularitäten: Zum Strukturwandel der Moderne.* Suhrkamp.

Rosa, H. (2020). *Beschleunigung* (12. Aufl.). Suhrkamp.

Sandel, M. J. (2020). *The tyranny of merit.* Farrar.

Schein, E. H., & Schein, P. A. (2018). *Humble leadership.* Berrett-Koehler.

Schreiber, M. (2020). *Wegweiser im Lebenslauf.* W. Kohlhammer.

Schulte, V., Steinebach, C., & Veth, K. (2021). *Achtsame Führung. Schlüsselelemente für das Management im 21. Jahrhundert*. Schäffer-Poeschel.

Sennett, R. (2010). *Der flexible Mensch: Die Kultur des neuen Kapitalismus* (8. Aufl.). Berliner Taschenbuch.

Sharma, S. (2013). *Wisdom & consciousness from the East. Life, living & leadership*. IBA Publications.

Virilio, P. (1999). *Fluchtgeschwindigkeit*. Fischer.

Winter, H., & Rommel, T. (2003). *Adam Smith für Anfänger. Der Wohlstand der Nationen* (2. Aufl.). DTV.

Zapf, W. (1989). Über soziale Innovationen. *Soziale Welt, 40*(1/2), 170–183. JSTOR. http://www.jstor.org/stable/40878048. Zugegriffen am 05.01.2022.

Zapf, W. (1994). *Modernisierung, Wohlfahrtsentwicklung und Transformation: Soziologische Aufsätze 1987 bis 1994*. Edition Sigma.

Zirkler, M. (2019). Entwurf einer lebensdienlichen Organisation. In D. Süss & C. Negri (Hrsg.), *Angewandte Psychologie: Beiträge zu einer menschenwürdigen Gesellschaft* (S. 57–68). Springer. https://doi.org/10.1007/978-3-662-58409-5_5

Potenziale

3

Zuhören ist das großartigste Werkzeug, das wir haben, um das Potenzial anderer Menschen zu erschließen. (Carl Ransom Rogers)

Zusammenfassung

Ein Potenzial ist ein (noch) nicht realisierter Unterschied zwischen einem aktuellen und einem möglichen Zustand. Die Entfaltung von Potenzial erfolgt stets im Kontext mit inneren Faktoren wie Talent, Lernfähigkeit oder Motivation und äußeren Faktoren wie einem Organisationsumfeld oder Beziehungen. Je nach Haltung derjenigen Personen, die äußere Faktoren gestalten, wird Potenzialentfaltung unterschiedlich erfolgen. In diesem Kapitel wird anhand von psychologischen Paradigmen aufgezeigt, dass ein humanistischer, ökonomischer, unternehmerischer oder sozialer Blickwinkel auf Potenziale zu unterschiedlichen Chancen und Risiken führen wird. Das humanistische Paradigma greift den Aspekt der Selbstverwirklichung auf. Auf die Selbstoptimierung in der heutigen Zeit geht das ökonomische Paradigma genauer ein. Das unternehmerische Paradigma konzentriert sich auf eine Unternehmenskultur, die sich mit den Themen Innovationskraft und förderliche Faktoren für die Arbeitsmotivation beschäftigt. Die Summe aus dem individuellen und dem kollektiven Potenzial wird im sozialen Paradigma genauer beschrieben. Abschließend wird das Spannungsfeld der Potenzialentfaltung thematisiert, das die Vereinbarkeit der Paradigmen impliziert.

J. Herzog et al., *Soziale Innovationen in der Führung*,
https://doi.org/10.1007/978-3-658-39118-8_3

Das Wort Potenzial gründet auf dem lateinischen Wortstamm *potentia*, was Stärke oder Macht bedeutet. Gemeinhin wird unter Potenzial „die Gesamtheit aller vorhandenen, verfügbaren Mittel, Möglichkeiten, Fähigkeiten, Energien" verstanden (Potenzial, 2021), die bisher aber noch nicht genutzt werden. „Potenzial bedeutet die Fähigkeit zur Entwicklung und eine noch nicht ausgeschöpfte Möglichkeit zur Entfaltung" (Lueger, 2014, S. 8). Potenziale sind damit noch nicht realisierte Unterschiede. Potenzial steckt also in jeder Person, jedem Team und jeder Organisation. Es beschreibt eine Möglichkeit und kein Versprechen: Potenziale entfalten sich nicht von allein, sondern bedürfen einer gewissen Unterstützung, um tatsächlich eine positive Wirkung zu erzielen. Potenzial zeichnet sich zudem dadurch aus, dass es nicht direkt beobachtbar ist, sondern nur über Indikatoren erschlossen werden kann (Büttner, 2014).

Potenzial ist also nicht direkt sichtbar, Leistung hingegen schon. Sie wird als Arbeit definiert, die in einer bestimmten Zeiteinheit verrichtet wurde. Eine maximale Leistung ist dann erreicht, wenn sie in höchstmöglicher Qualität in möglichst kurzer Zeit erbracht wird (Brohm-Badry et al., 2017). Damit ist Leistung messbar und sie bringt dem Unternehmen einen direkten Mehrwert im Hinblick auf seine Ziele. Doch Leistungen werden jeweils retrospektiv beurteilt, während Potenzial Auskunft darüber gibt, was zukünftig möglich sein könnte (Obermann, 2019). Übrigens werden Menschen, die aktuell hohe Leistung zeigen und hohes Potenzial für das betreffende Unternehmen bergen, unter dem Begriff *Talents* oder *High Potentials* zusammengefasst (von Dewitz, 2006; Steinweg, 2009). Die Bezeichnung bestimmter Menschen als „Talente" unterscheidet sich vom klassischen Talentbegriff, der eine genetisch angelegte Begabung beschreibt, die durch kontextuelle Einflüsse gefördert werden kann (Kallenbach, 2016, S. 25).

Talent ist also angeboren, braucht aber ein förderliches Umfeld, damit es das Potenzial hat, sich in der Zukunft in Leistung niederzuschlagen. Es ist damit die Aufgabe von Arbeitgebern, ein Umfeld bereitzustellen, in dem Menschen ihre Talente entwickeln und damit ihre Potenziale ausschöpfen können. „Potenzial unterscheidet sich also von Talent in seiner vorhandenen Möglichkeit zur Entfaltung, in seiner Nutzbarkeit. Ein Talent hat demnach auch nur im richtigen Umfeld Potenzial" (Kallenbach, 2016, S. 26). Das allein genügt jedoch nicht. Denn selbst wenn das Talent groß und das Umfeld ideal ist, wird eine Person ihr Potenzial nicht in Leistung ummünzen, wenn die Motivation dazu fehlt.

Nehmen wir Roger Federer. Er hatte unbestritten schon als Kind Talent für Tennis. Hätte er jedoch lieber Schach als Tennis gespielt, wäre aus ihm wohl kaum einer der bedeutendsten Tennisspieler geworden. Aber er liebte das Ballspiel. Hinzu kommt, dass seine Eltern ihm von Anfang an ein Umfeld ermöglichten, in dem er sein Talent ausbilden konnte.

Im Organisationskontext kommt ein weiterer Faktor hinzu, der die Potenzialentfaltung fördert oder hemmt: die Lernagilität, die aus fünf Dimensionen – mentale Agilität, soziale Agilität, Veränderungsagilität, Ergebnisagilität und Selbstreflexion – zusammengesetzt ist (Kallenbach, 2016). Im Wesentlichen geht es dabei um die Fähigkeit, in einem volatilen Umfeld lern- und leistungsfähig zu bleiben. Wie viel Potenzial eine Person, ein Team oder ein Unternehmen hat, zeigt sich also an drei individuellen Faktoren (Talent, Motivation und Lernagilität) und einem Kontextfaktor.

Leistung und gerade auch Potenzial sind im Arbeitskontext verständlicherweise interessante Größen. Die Suche nach dem Potenzial beginnt also meist schon vor der eigentlichen Rekrutierung. Der Markt an potenziellen Talenten resp. Talenten mit Potenzial wird systematisch analysiert, von der Schule bis in die sozialen Medien, Big Data sei dank

(Vollrath, 2018). Im Rekrutierungsprozess werden in Assessments die Potenziale der Be-
werber:innen ermittelt und Potenzialanalysen sowie Talent-Management geben Auskunft
über die zukünftigen Kapazitäten der bestehenden Mitarbeitenden und fördern diese gezielt. Diese Tools verfügen zwar über Indikatoren, sind meist jedoch kaum evidenzbasiert
und werden auch nicht regelmäßig überprüft (Liebenow et al., 2017). Auch die Potenzial-
vorhersage ist keine exakte Wissenschaft. Es gibt kein eindeutiges Instrument, das
menschliches Potenzial zu erfassen vermag. Forschung bezüglich der Messbarkeit des
Potenzials von Mitarbeitenden beschränkt sich derzeit häufig auf Studien, die innerhalb
eines Landes oder einer Region durchgeführt werden. Metastudien oder Forschungen, die
über Landesgrenzen hinausgehen, sind selten bis gar nicht vorhanden.

3.1 Die Haltung hinter der Potenzialförderung

Organisationen versprechen sich von der Potenzialentfaltung einen Mehrwert. Und sie verfügen über den Kontextfaktor über bedeutende Einflussmöglichkeiten auf das Potenzial von
Einzelnen und Teams. Dabei macht es einen Unterschied, mit welchem Fokus resp. welcher
Haltung das vorhandene Potenzial entfaltet werden soll. Denn das menschliche Potenzial
kann je nach Blickwinkel verschieden gehandhabt und gefördert werden. Abraham Harold
Maslow (1908–1970) begann als einer der ersten Psychologen, sich damit auseinanderzu-
setzen, was ein Mensch braucht, um sein volles Potenzial entfalten zu können (Celestine,
2021). Er veränderte damit im Übrigen auch den Fokus vom pathologischen zum gesunden
Menschen und prägte das Menschenbild der humanistischen Psychologie und damit die
Haltung, den Menschen als ganzheitliches Wesen zu betrachten (Müller, 2020).

Unternehmerische Ansätze der Potenzialentfaltung sehen in Mitarbeitenden primär Leis-
tungserbringer:innen. Zwischenmenschliche und intrapsychische Bedürfnisse bleiben dabei
häufig auf der Strecke. Der Einfluss der Leistungsgesellschaft auf das Privatleben zeigt sich im
ökonomischen Paradigma der Selbstoptimierung. Des Weiteren spielen auch soziale Bedürfnisse eine zentrale Rolle im Arbeitsleben. So äußern 31 % der Befragten einer Studie von
Workhuman (2021), sich seit der Corona-Pandemie isolierter zu fühlen. 59 % gaben an, weniger
zwischenmenschliche Kontakte zu erleben, wobei 24 % äußerten, weniger motiviert zu sein.

In den folgenden Abschnitten liegt der Fokus jeweils auf einem anderen psychologischen Paradigma. Es wird aufgezeigt, welche Fokusse im Hinblick auf die Potenzialentfaltung eingenommen werden können und welche Chancen und Risiken sich dabei zeigen.
Daran wird deutlich, welche Menschenbilder hinter den Haltungen stehen und wie sich
diese in der Organisationskultur zeigen.

3.2 Das humanistische Paradigma

Der Begriff der Selbstverwirklichung geht auf Georg Wilhelm Friedrich Hegel (1770–1831)
zurück. Hegel war ein deutscher Philosoph, der als wichtigster Vertreter des deutschen
Idealismus gilt (Martin, 2020). Er selbst setzte Selbstverwirklichung mit Autonomie
gleich. Heute wird es umgangssprachlich eher als die Tendenz, eigene Bedürfnisse auszu-

leben, aufgefasst. Wer sich selbst verwirklicht, ist privilegiert und erreicht in Maslows (1943) Bedürfnispyramide die höchste Stufe. Gerade in der westlichen Welt streben vor allem jüngere Generationen immer stärker nach Selbstverwirklichung.

Das humanistische Menschenbild beinhaltet sechs Thesen. Eine davon postuliert, dass der Mensch nach Autonomie und Selbstverwirklichung strebt. Laut Carl Rogers (1951), einem bedeutenden Vertreter der humanistischen Psychologie und Begründer der klienten-orientierten Psychotherapie, ist das Potenzial des menschlichen Individuums einzigartig. Kein anderes Lebewesen entwickelt sich in Abhängigkeit von der Persönlichkeit des Einzelnen (Kriz, 2000). So zeichnet sich der Mensch dadurch aus, dass er die Fähigkeit zur Reflexion und dadurch zur Veränderung eigener Persönlichkeitsanteile besitzt, was aber nur im Austausch mit anderen möglich ist (Müller, 2020). Dabei verfügt der Mensch über die einzigartige Tendenz der Aktualisierung: Er will sich ständig weiterentwickeln. Menschen wollen und müssen gemäß Rogers ihre maximale Kapazität erreichen, was die vollständige Nutzung des Potenzials zur Folge hätte. Zentral für Rogers ist dabei, dass ihm zufolge die menschliche Natur zum Guten tendiert. Dies führe dazu, dass ein Individuum das eigene größtmögliche Maß an Selbstgestaltung erreichen möchte. Ein Endzustand an Entwicklung kann gemäß Rogers nicht erreicht werden, Veränderung passiert lebenslang. Das Potenzial, inwiefern die Selbstaktualisierung ständig weitergeführt wird, spielt dabei auch bei Rogers eine zentrale Rolle. Dies zu wissen und im Arbeitskontext zu berücksichtigen könnte für einige Mitarbeitende einen Durchbruch in der sonst monotonen Arbeitswelt bedeuten.

Rogers spricht weiter von einer Tendenz zur Selbstverwirklichung, die nichts weniger als Glück verheißt. Selbstverwirklichung finde dann statt, wenn die Vorstellung des „idealen Selbst" einer Person mit der Vorstellung des „realen Selbst" übereinstimmt. Die entscheidende Frage ist also, ob es mir gelingt, die Person zu sein, die ich sein möchte. Gelingt es mir, meinen Idealen und Werten nachzuleben? Kann ich meine Stärken nutzen und meine Schwächen akzeptieren? Wenn das ideale Selbst nicht mit dem realen Selbst übereinstimmt, hemmt dies gemäß Rogers die Möglichkeit zur Selbstverwirklichung. Das lässt sich leicht nachvollziehen, da es viel Kraft kostet, ein Idealbild zu verfolgen. Wer hingegen authentisch in sich ruht, hat Raum, um zu lernen und eigene Bedürfnisse auszuleben.

3.3   Das ökonomische Paradigma

> Der Mensch, der nach Erfolg strebt, strebt gleichermaßen danach, sein Potenzial zu erkennen und zu entfalten, um dadurch das zu steigern, was er persönlich unter Erfolg versteht. (Lueg, 2003)

Ungenutztes Potenzial wird häufig als verschwendete Ressource angesehen, und so wird besonders im ökonomischen Paradigma großer Wert darauf gelegt, möglichst das komplette Potenzial auszuschöpfen, mit dem Ziel, das Optimum zu erreichen.

Die Trendforscher Mühlhausen und Wippermann (2013) bezeichnen das 21. Jahrhundert als Zeitalter der Selbstoptimierung. Es obliegt hiermit also dem Individuum, möglichst viel daran zu setzen, sich selbst immer weiter zu bringen und sämtliche Lebensbereiche zu optimieren. Fenner (2020) definiert Selbstoptimierung als „kontinuierliche[n] Prozess der ständigen Verbesserung der persönlichen Eigenschaften und Fähigkeiten mittels Selbstthematisierung, rationaler Selbstkontrolle und permanenter Rückmeldungen hin zur bestmöglichen persönlichen Verfassung". Was daran deutlich wird, ist ein ständiger Wunsch nach mehr: nach einem besseren und effizienteren Selbst. Zufriedenheit oder Akzeptanz scheinen einer Resignation gleichzukommen, denn es gibt schließlich immer etwas zu verbessern. Nicht nur Arbeitsplätze und Prozesse fallen der Optimierung zum Opfer. Auch Mitarbeitende werden angehalten, sich kontinuierlich zu verbessern, ja gar zu optimieren. So werden immer weiter neue und bessere Lösungen gesucht. Ein Begriff, der diesen Zustand beschreibt, ist der des *Homo oeconomicus*. Angelehnt an den *Homo sapiens* beschreibt er einen Menschen, der die Nutzenmaximierung als oberstes Ziel anstrebt und deshalb stets rational entscheidet, um seine Bedürfnisse zu befriedigen. Zwischenmenschliches oder Emotionales spielt hierbei eine untergeordnete Rolle. So entscheidet sich ein Arbeitnehmer beispielsweise gemäß dem Homo oeconomicus für die Arbeitsstelle, bei welcher Lohn und Arbeitsinhalt stimmen, unabhängig davon, ob die Mitarbeitenden einen sympathischen Eindruck hinterlassen haben. In den Wirtschaftswissenschaften wird der Begriff des Homo oeconomicus nicht als Menschenbild betrachtet, sondern modelliert lediglich das menschliche Verhalten, das für den gewinnorientierten Arbeitsmarkt ideal wäre. Das Bild auf den Menschen als Leistungspotenzial sollte dennoch kritisch betrachtet werden. Auch scheinen diesbezüglich kulturelle Unterschiede zu bestehen. So kann es kein grundsätzliches Menschenbild geben, welches unser Verhalten prognostizieren könnte. Bis anhin gibt es kein Modell, dass die Komplexität des Menschen umfassend darstellen kann. Dennoch ist es ein interessanter Anreiz, die Entscheidungen des Menschen durch die Brille der Ökonomie zu betrachten. Dies tut unter anderem auch Bröckling (2007). Er sieht in seinem Werk das unternehmerische Selbst, die Ökonomisierung immer weiter voranschreiten. Dies meint, dass Mechanismen, welche im Arbeitskontext der Regulation dienen, ihren Weg ins Privatleben finden und dort die Wettbewerbsgesellschaft weiter vorantreiben.

Das ist heute Realität. Die Selbstoptimierung hat alle Bereiche des Privatlebens erreicht: Smartwatches überwachen unter anderem die Anzahl der Schritte, die Herzfrequenz und die Sauerstoffversorgung – mit dem Ziel, Leistung zu messen und Entwicklungspotenzial aufzuzeigen. Zudem füllen Selbstoptimierungsratgeber die Regale der (digitalen) Buchhandlungen. Der Fokus liegt auf dem idealen Selbst. Es ist ein Porträt, das gegen außen möglichst kantenlos daherkommt und mit Perfektion beeindrucken will. Eine Konfrontation mit dem Ist-Zustand und vermeintlich idealen anderen birgt damit Frustrationspotenzial, und Unzufriedenheit wird zum Courant normale. „What gets measured gets done", ist ein Leitsatz, welcher die Optimierung weiter unterstützt. Denn nur, wenn etwas auch wirklich gemessen werden kann, gibt es eine Möglichkeit, es weiter zu optimieren. Der Mensch als solches ist jedoch zu komplex, als das sämtliche Facetten messbar wären. Gerade die Emotionen, welche die menschliche Existenz stark definieren, kommen häufig zu kurz und werden als Nebensache abgetan. Wer sich selber optimiert, will auch Emotionen im Griff haben, stets rationale Entscheidungen fällen und konstant sehr gute Leistung liefern – und das unabhängig von der emotionalen Ausgangslage – so zumindest

scheint die Wunschvorstellung der Leistungsgesellschaft. Dies führt erneut zu einer Klassengesellschaft. Der Begriff *High Potentials* wird für Personen mit einem besonders hohen Potenzial verwendet. Weinert (2018) definiert sie wie folgt:
High Potentials sind Mitarbeitende, die:

1. bislang durch eine hohe Leistungsprägung positiv aufgefallen sind,
2. das Potenzial zeigen, zukünftig erfolgskritische Positionen bekleiden zu können und zu wollen,
3. die Werte des Unternehmens als Rollenvorbilder sichtbar und glaubhaft vorleben.

Da es sich bei Angestellten häufig nicht um homogene Gruppen handelt, wird vermehrt der Fokus auf Personen mit High Potential gelegt. Sie werden gefördert und gelten als „Shining Stars" eines Unternehmens (Weinert, 2018, S. 37). Die wohl besten Voraussetzungen im ökonomischen Paradigma bringen Arbeitnehmende mit, welche den Wunsch nach ständiger Selbstoptimierung verinnerlicht haben sowie die Kriterien für High Potentials erfüllen.

3.4   Das unternehmerische Paradigma

Mitarbeiter sind keine Unternehmer, aber in dem Maße, in dem man sie dazu anhält, wie Unternehmer zu agieren, wird dieses Verhaltensmodell zur sozialen Norm und beeinflusst das Handeln. (Bröckling, 2007, S. 63)

Lebenslanges Lernen ist für die heutige Gesellschaft zu einer Selbstverständlichkeit und dadurch zu einer Pflicht geworden. Mitarbeitende werden motiviert, sich ständig weiterzubilden, um damit auf dem Arbeitsmarkt als attraktiv wahrgenommen zu werden. Im Vergleich zu früher gibt es wesentlich weniger Lebensarbeitsstellen, also Jobs, die Leute über Jahrzehnte hinweg an einen einzigen Arbeitgeber binden. Heute ist die Auswahl an Stellen und auch der Druck, Erfahrungen in verschiedenen Bereichen vorweisen zu können, zu groß. Ähnlich wie beim ökonomischen Paradigma liegt auch hier der Fokus auf der Optimierung. Der Unterschied ist, so Bröckling (2007), dass von den Mitarbeitenden verlangt wird, dass sie wie Unternehmer:innen denken. Effizienz und Kosten-Nutzen werden als höchstes Gut betrachtet. Dabei wird immer mehr von den Mitarbeiter:innen verlangt, ständig erreichbar zu sein und das Wohl der Firma zur Priorität zu erklären. Die Rolle des Entrepreneurs nehmen meist die Gründer:innen oder führenden Personen einer Firma ein, während einfache Angestellte als Intrapreneure bezeichnet werden. Sie denken zwar mit, haben aber primär eine ausführende Rolle mit deutlich weniger Entscheidungskompetenz. Dennoch steht und fällt eine Firma mit der Innovationskraft der eigenen Mitarbeitenden. Gleichzeitig setzen Firmen Ideen der eigenen Mitarbeitenden häufig nur schleppend oder gar nicht um. Anreize werden häufig von außen gesucht (Sherf et al., 2019). Deshalb schlägt Arnold (2017) vor, fünf bis zehn Prozent des Forschungs- und Entwicklungsbudgets einer Firma gleichmäßig auf alle Mitarbeitenden zu verteilen und ihnen dabei völlige Freiheit zu geben, es in interne Innovationsprojekte zu investieren. Mitarbeitende erhalten somit An-reize, sich eigene Gedanken zu machen, und das Unternehmen zeigt Vertrauen, indem es ihnen einen Teil der Forschungsfinanzen anvertraut. Damit fördert es die Potenzialentfal-tung der eigenen Mitarbeitenden. Die Komplexität scheint in einer Balance zwischen dem Vorteil durch Innovation für Unternehmen sowie der Möglichkeit der Mitarbeitenden, eige-nes Potenzial auszuleben, zu liegen. Moderne und inspirierende Arbeitsplätze, wie sie bei-spielsweise Google zur Verfügung stellt, lassen die Herzen insbesondere von jüngeren Menschen höherschlagen. Moderne Arbeitsplätze, gesundes Essen sowie Freizeitangebote bei gutem Gehalt scheinen einen idealen Arbeitsort auszumachen. Dennoch zeigt sich auch dort ein durchwachsenes Bild: Auf der Onlineplattform Quora (2021) gibt es zahlreiche Rückmeldungen von ehemaligen und derzeitigen Mitarbeitenden, die sich über den immen-sen Druck und die ständige Erreichbarkeit beklagen. Zusätzlich wird bemängelt, dass über-qualifizierte Mitarbeitende für wenig anspruchsvolle Jobs rekrutiert werden, die Mitarbei-tenden dann aber große Hoffnung hegen, bald intern aufzusteigen. Dass ein Arbeitgeber nicht mehr nur noch mit strukturellen Rahmenbedingungen punkten kann, sondern es zu-sätzlich ein Investment in die Unternehmenskultur braucht, zeigt eine aktuelle Studie:

In der Studie von Swibeco (2021), in welcher über 2100 Mitarbeitende in der Schweiz zu ihrer Arbeitsmotivation in Zeiten von Homeoffice befragt wurden, gaben 30,6 % als wichtigsten Faktor für Motivation und Arbeitszufriedenheit ein Klima des Vertrauens an. Für 28,9 % ist die Anerkennung ihrer Arbeit die höchste Motivation und 18,5 % wünschen sich Gegenleistungen des Arbeitgebers Abb. 3.1. Das Arbeitsumfeld wurde von 11,2 % und eine sinnvolle Tätigkeit auszuüben von 10,7 % als Hauptmotivation für Arbeitszufrie-denheit angegeben. Die Wichtigkeit des Arbeitsumfelds könnte bei einer Rückkehr ins Büro wohl wieder zunehmen, doch zeigt sich deutlich, dass Arbeitgebende gut daran tun, ins Arbeitsklima und in den Umgang mit Mitarbeitenden zu investieren.

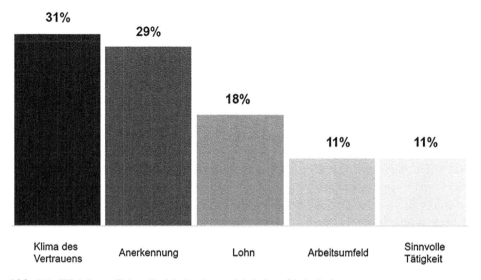

Abb. 3.1 Wichtigster Faktor für Motivation und Arbeitszufriedenheit

3.5   Das soziale Paradigma

Employees achieve their fullest potential when they feel appreciated, connected, and empowered for who they are and what they do. (Eric Mosley)

Der Mensch ist ein soziales Wesen. Es wird davon ausgegangen, dass Menschen durch Konfrontation, aus dem Verhalten von anderen, deren Meinungen und Einstellungen in ihren eigenen Schemata beeinflusst werden (Hewstone & Martin, 2014). Der Mensch verändert sich also durch soziale Interaktionen. Nachfolgend werden das individuelle Potenzial und das kollektive Potenzial, welches sich aus der Summe der individuellen Potenziale ergibt, vertieft.

Individuelles Potenzial erhält je nach kulturellem Kontext unterschiedliche Bedeutung. Vor allem in den westlichen Gesellschaften liegt der Fokus auf der einzelnen Person und damit auf dem individuellen Potenzial. Dieses wurde in den letzten Jahrhunderten immer stärker betont und gefördert. Der Mensch entwickelte sich vom Stammesmitglied zum Einzelkämpfer. Wer im westlichen Kontext aufblüht und etwas erreichen möchte, versucht vor allem sich selbst zu fördern und weiterzubringen. Die individuelle Kreativität ist dabei ein Schlüsselwerkzeug. Sie verleiht dem Individuum die Möglichkeit, neue Wege zu gehen und in Verbindung mit viel Engagement einen hohen Status zu erreichen. Doch das individuelle Potenzial kann langfristig nur dann entfaltet werden, wenn Kompromissbereitschaft an den Tag gelegt und ein prosozialer Umgang gepflegt wird. Das Interesse daran, individuelles Potenzial auszuschöpfen, ist groß. Die wissenschaftliche Studienlage ist jedoch überschaubar.

Doch was ist, wenn es gar nicht darum geht, lediglich das eigene Potenzial auszuschöpfen, sondern andere darin zu unterstützen, deren Potenzial zu entfalten? Der Fokus würde so deutlicher auf der Zusammengehörigkeit liegen. Grant (2013) postuliert, dass jedes Team Geber, Tauscher und Nehmer als Mitarbeitende hat. Nehmer (Taker) versuchen ganz im Sinne des Homo oeconomicus, jeglichen Nutzen zu optimieren, nehmen also mehr, als sie geben. Tauscher (Matcher) leben nach dem Motto „Wie du mir, so ich dir", und pflegen somit einen ausgeglichenen Austausch mit ihren Mitarbeitenden. Geber (Giver) streben das Wohl aller als höchstes Ziel an, legen den Fokus dann aber mehr darauf, ihre Mitarbeitenden zu unterstützen. Ein Großteil der Arbeitnehmenden, so Grant, sind Tauscher. In seinem Buch „Geben und Nehmen, warum Egoisten nicht immer gewinnen und hilfsbereite Menschen weiterkommen", führt Grant (2013) eine Studie mit Ärzt:innen, Ingenieur:innen und Verkäufer:innen durch. Darin schnitten Geber zugleich als erfolgreichste, aber auch schlechteste Kategorie ab. Das erstaunt. Betrachten wir diese Geber also genauer:

Grant unterscheidet zwischen erfolgreichen und nicht erfolgreichen Mitarbeitenden. Die erfolglosesten Geber wurden ausgenutzt und konnten ihre Zeit und ihre Ressourcen nicht so einteilen, dass sowohl sie als auch ihre Mitarbeitenden davon profitierten. Erfolgreiche Geber zeichneten sich dadurch aus, dass sie signifikant großzügiger mit ihren Zeitressourcen waren als Tauscher und Nehmer. Sie stellten sicher, dass ihre eigenen Interessen nicht zu kurz kamen, indem sie eine optimale Balance zwischen Abgrenzung und Hilfestellung fanden. Sie nutzten erfolgreiche Strategien, halfen ihren Mitarbeitenden und verbesserten so nicht nur den Umsatz des Unternehmens, sondern auch die Teamqualität. Außerdem brachten sie andere dazu, zu Gebern zu werden. Wenn nun Mitarbeitende anfangen, zu Gebern zu werden, steigert dies nicht nur ihr individuelles Potenzial, sondern auch das kollektive. Denn ihr Fokus liegt nicht mehr lediglich darauf, sich selbst weiterzuentwickeln, sondern das gesamte Team. Somit liegt die Verantwortung, ihr Potenzial auszuleben, auch bei den Arbeitnehmenden selbst. Denn es wird zu einer Entscheidung, ob wir den Fokus darauf legen, uns selbst besser darzustellen oder das gesamte Team weiterzubringen.

Das kollektive Potenzial ist die Summe des individuellen Potenzials. Dass sich Menschen großmehrheitlich über ihr individuelles Potenzial definieren, ist für westliche Leser:innen vermutlich logisch. Tajfel und Turner (1979) haben jedoch die Theorie der sozialen Identität entwickelt. Diese besteht aus vier verschiedenen Konzepten: soziale Vergleiche und soziale Distinktheit, soziale Identität und soziale Kategorisierung. Die soziale Identität als solche wird dann relevant, wenn eine Person Teil einer Gruppe ist und damit einen Teil des eigenen Selbstwertgefühls über die Gruppe definiert. So hat die soziale Identität maßgeblich einen Einfluss darauf, ob Potenzial ausgeschöpft werden kann. Menschen brauchen den sozialen Austausch und wachsen häufig gerade in diesem Kontext über sich hinaus. Die vereinte Innovationskraft schafft neue Möglichkeiten, bedingt aber Verantwortungsübernahme von jedem Mitglied der Gruppe. Das kollektive Potenzial ist also abhängig davon, inwiefern die soziale Identität in einer Gruppe ausgelebt werden kann. Das kollektive Potenzial sollte gegenüber der kollektiven Intelligenz abgegrenzt werden. Letztere wurde von Williams Woolley et al. (2010) als „die generelle Fähigkeit einer Gruppe, eine große Bandbreite an Aufgaben meistern zu können" (S. 686) beschrieben. Damit ist die kollektive Intelligenz als ein Leistungsmerkmal zu betrachten, das nur in der Retrospektive beurteilt werden kann, wenn die Aufgabe erledigt ist. Es stützt sich auf zwei unabhängige Dimensionen: eine sozio-emotionale (z. B. psychologische Sicherheit) und eine sozial-kognitive (z. B. soziale Wahrnehmung). Ersteres zielt darauf ab, dass alle Gruppenmitglieder ihre Perspektiven, Ideen und Meinungen einbringen können. Das zweite verweist auf die Fähigkeit, sich auf andere einzulassen und Beiträge von anderen annehmen zu können (Feldusen, 2021).

Das kollektive Potenzial hingegen verweist darauf, was in Zukunft möglich sein könnte. Hier spielen zusätzliche Faktoren eine Rolle. Anlagen und Sozialisation sind genauso wichtig wie beispielsweise Arbeitszufriedenheit oder Teamklima. Eine Kombination der beiden Modelle könnte richtungsweisend nicht nur für ein besseres Miteinander, sondern auch für eine Optimierung des Arbeitsumfeldes sein. Denn die kollektive Intelligenz richtet den Fokus nicht auf das Zwischenmenschliche, wohingegen das kollektive Potenzial durch die kollektive Intelligenz einen messbaren Anteil erhält. Feldusen (2021) beschreibt:

> Kollektive Intelligenz entsteht offensichtlich nicht allein durch Quantität, d. h. die schiere Masse, die einen mathematischen Durchschnitt näher an die Wahrheit bringt. Und intelligente Lösungen entstehen offenbar auch nicht allein durch ein Mehr an Daten oder optimierten Prozessen. Vielmehr entsteht kollektive Intelligenz durch die *Qualität menschlicher Begegnung und ihres Design- bzw. Organisationsprozesses*. Entscheidend ist, wie wir uns und anderen zuhören, Unterschiede wahrnehmen und verarbeiten, aufeinander eingehen, uns auf neue Perspektiven einlassen, miteinander Lösungen verhandeln, uns und dem Prozess der Interaktion Aufmerksamkeit schenken. (S. 369)

Carl R. Rogers' berühmtes Zitat: „Zuhören ist das großartigste Werkzeug, das wir haben, um das Potenzial anderer Menschen zu erschließen" postuliert, dass Zuhören ein Schlüssel zur Potenzialentfaltung anderer ist. Ergänzen wir nach Feldusen, dass wir auch uns selbst zuhören sollten, um unser eigenes Potenzial freizusetzen. Wenn Menschen lernen, sich selbst und anderen besser zuzuhören, wirkt sich dies nicht nur auf die kollektive Intelligenz, sondern auch auf das kollektive sowie individuelle Potenzial maßgeblich aus.

3.6   Spannungsfeld der Potenzialentfaltung

Die Stanford-Professorin Carol S. Dweck (2012) wirft einen neuen Blick auf die Potenzialentfaltung. Sie postuliert, dass unser Mindset ausschlaggebend dafür ist, ob wir unser Potenzial bestmöglich entfalten können. Dabei unterscheidet sie zwischen einem statischen und einem wachstumsorientierten Mindset. Personen mit einem statischen (fixed) Mindset tendieren dazu, ihr Potenzial von ihren Fähigkeiten abhängig zu machen. Möglich ist nur, was ich in diesem Moment auch zu tun vermag. Besser, so Dweck, ist jedoch ein wachstumsorientiertes (growth) Mindset. Dieses geht davon aus, dass Fähigkeiten weiterentwickelt werden können und Fehler dazu da sind, um zu lernen. Dies führe dazu, dass Personen Herausforderungen suchen, diese in Angriff nehmen und damit eine konstruktive Entwicklungsperspektive entsteht. Nur so könne das volle Potenzial entfaltet werden. Wer Angst hat, Fehler zu machen, oder sich auf seinen derzeitigen Fähigkeiten ausruht, kann im heutigen schnelllebigen Arbeitsumfeld schnell den Anschluss verlieren.

Auch Personen mit viel Potenzial limitieren sich mit dem statischen Mindset zu sehr oder lernen beispielsweise nur, um ein Lob zu erhalten. Erhalten sie das Lob, sinkt ihre Motivation, weiter in ein Thema zu investieren, und so bleibt das Potenzial unausgeschöpft. Dies kann dazu führen, dass Selbstoptimierung auf externe Bestätigung angewiesen ist. Bleibt diese aus, sinkt nicht nur die Motivation, sondern eventuell auch das Selbstwertgefühl. Doch selbst wenn ein Mensch für sein Potenzial immer wieder gelobt wird, könnte dies mit der Selbstentfaltung konfligieren. Wenn nämlich das Ziel lediglich darin besteht, immer leistungsfähiger und effizienter zu werden, so hat dies, rein biologisch gesehen, ein natürliches Limit. Die Belastungsfähigkeit sinkt mit dem Alter, und so wäre der Fokus auf die Selbstaktualisierung, angepasst an die Lebensphase, sowie eine Selbstentfaltung mit Fokus auf ein prosoziales und empathisches Miteinander langfristig der verheißungsvollere, befriedigendere sowie erfolgreichere Weg.

Die Paradigmen der Potenzialentfaltung sind scheinbar unvereinbar. Während eine Weiterbildung beispielsweise mit der Motivation der Selbstaktualisierung in Angriff genommen werden könnte, wäre der Hintergedanke der Selbstoptimierung ein anderer. Im einen Fall strebt die Person nach mehr Wissen um der Erkenntnis willen, im anderen Fall nach Fortschritt und Status. Die Motivation hinter der Weiterbildung wird folglich das Erleben und das Verhalten beeinflussen. Je nach Menschenbild prägt dies nun auch, wie mit Mitarbeitenden umgegangen wird und inwiefern sie ihr Potenzial im Arbeitskontext ausleben können. Im Organisationskontext haben das humanistische, ökonomische, unternehmerische und soziale Paradigma ihre Berechtigung. Die zentrale Herausforderung ist es, die vier unterschiedlichen Ansätze der Potenzialentfaltung gemeinsam zu denken, ohne sie gegeneinander auszuspielen.

Literatur

Arnold, H. (2. Mai 2017). Führungsexperimente. *Wie Sie Ihre Mitarbeiter zu Innovation anregen.* https://www.handelszeitung.ch/archiv/wie-sie-ihre-mitarbeiter-zu-innovationen-anregen. Zugegriffen am 29.09.2021.

Bröckling, U. (2007). *Das unternehmerische Selbst, Soziologie einer Subjektivierungsform.* Suhrkamp.

Brohm-Badry, M., Peifer, C., & Greve, J. M. (Hrsg.). (2017). *Positiv-Psychologische Forschung im deutschsprachigen Raum – State of the Art.* Pabst Science Publishers.

Büttner, G. (28. Januar 2014). *Individuelle Potenziale erkennen, verstehen und fördern.* Diesterweg-Schulwerkstatt, Goethe-Universität Frankfurt.

Celestine, N. (27. Februar 2021). *Abraham Maslow, his theory & contribution to psychology.* https://positivepsychology.com/abraham-maslow/

von Dewitz, A. (2006). *Die Gestaltung eines leistungsstarken Arbeitsverhältnisses durch „Talent Relationship Management": Ein praxisorientiertes Konzept für mittelständische Unternehmen.* Shaker.

Dweck, C. S. (2012). *Mindset – Changing the way you think to fulfill your potential.* Constable & Robinson.

Feldusen, B. (2021). Kollektive Intelligenz und Psychologische Sicherheit: Haben wir Intelligenz im Gefühl? *Organisationsberatung, Supervision, Coaching, 28,* 355–371. https://doi.org/10.1007/s11613-021-00719-2

Fenner, D. (22. Juni 2020). *Selbstoptimierung.* https://www.bpb.de/gesellschaft/umwelt/bioethik/311818/selbstoptimierung

Grant, A. (2013). *Give and take: Why helping others drives our success.* Viking.

Hewstone, M., & Martin, R. (2014). Sozialer Einfluss. In K. Jonas, W. Stroebe & M. Hewstone (Hrsg.), *Sozialpsychologie: Eine Einführung* (6. Aufl., S. 359–408). Springer Medizin.

Kallenbach, I. (2016). *Führen in der Gesunden Organisation. Außergewöhnliche Leistung durch Potenzialentfaltung.* Schäffer-Poeschel.

Kriz, J. (2000). Humanistische Psychologie. In *Lexikon der Psychologie.* https://www.spektrum.de/lexikon/psychologie/humanistische-psychologie/6752. Zugegriffen am 06.10.2021.

Liebenow, D., von Bernstorff, C., Uedelhoven, S., & Nachtwei, J. (2017). Der Dreiklang fundierter Potenzialanalysen: KAI. *HR Consulting Review, 8,* 1–5.

Lueg, E. (2003). *Das Potenzial der Persönlichkeit.* https://www.mindcodex.de/files/seminare/media/Publikationen/Potenzial_Persoenlichkeit.pdf. Zugegriffen am 15.09.2021.

Lueger, G. (2014). *Die Potenzialfokussierte Schule.* Solution Management Center

Martin, C. G. (2020). Deutscher Idealismus (VI): Georg Wilhelm Friedrich Hegel. Die Verwandlung von Metaphysik in Logik. In J. Urbich & J. Zimmer (Hrsg.), *Handbuch Ontologie* (S. 126–137). J.B. Metzler. https://doi.org/10.1007/978-3-476-04638-3_16

Maslow, A. H. (1943). A theory of human motivation. *Psychological Review, 50,* 370–396.

Mühlhausen, C., & Wippermann, P. (2013). *Healthstyle 2 – Ein Trend wird erwachsen: Das Zeitalter der Selbstoptimierer.* New Business.

Müller, T. (28. September 2020). *Humanistische Psychologie: Das versteht man darunter.* https://praxistipps.focus.de/humanistische-psychologie-das-versteht-man-darunter_124949

Obermann. (2019). *Was ist eigentlich Potenzial? Erkenntnisse aus der Psychologie.* https:// obermann-consulting.de/was-ist-eigentlich-potenzial-erkenntnisse-aus-der-psychologie/. Zugegriffen am 15.09.2021.

Potenzial. (2021). In *Duden.* https://www.duden.de/rechtschreibung/Potenzial. Zugegriffen am 25.11.2021.

Rogers, C. R. (1951). *Client-centered therapy.* Houghton Mifflin Company.

Sherf, E. N., Tangirala, S., & Venkataramani, V. (2019). Why managers do not seek voice from employees: The importance of managers' personal control and long-term orientation. *Organization Science, 30*(3), 446–447. https://doi.org/10.1287/orsc.2018.1273

Steinweg, S. (2009). *Systematisches Talent-Management: Kompetenzen strategisch einsetzen.* Schäffer-Poeschel.

Swibeco. (2021). *Was motiviert die Arbeitnehmer*innen in Zeiten von Homeoffice?* Swibeco. https://www.swibeco.ch/app/uploads/2021/06/20210607_Swibeco_PM_Studie_DE.pdf. Zugegriffen am 29.09.2021.

Tajfel, H., & Turner, J. (1979). An integrative theory of intergroup conflict. In W. G. Austin & S. Worchel (Hrsg.), *The social psychology of intergroup relations* (S. 33–37). Brooks/Cole.

Vollrath, V. (2018). *Arbeitswelt der Zukunft. Trends – Arbeitsraum – Menschen – Kompetenzen.* In H. R. Fortmann & B. Bolocek (Hrsg.), *Talent Management in Zeiten der Digitalisierung* (S. 167–191). Springer Gabler.

Weinert, S. (2018). *Das High Potential Management: Wie Unternehmen erfolgskritische Stellen gezielt und richtig besetzen können.* Springer Gabler. https://doi.org/10.1007/978-3-658-19977-7

Williams Woolley, A., Chabris, C. F., Pentland, A., & Hashimi, N. (2010). Evidence of a collective intelligence factor in the performance of human groups. *Science, 330,* 686–688. https://doi.org/10.1126/science.1193147

Workhuman. (2021). *One year into COVID: The pandemic's impact on how we work* (S. 1–14). Workhuman. https://www.workhuman.com/resources/return-to-work/one-year-into-covid-the-pandemics-impact-on-how-we-work. Zugegriffen am 09.10.2021.

Inklusive Haltung macht den Unterschied

4

Die Rolle von Bedürfnissen und Beziehungen in der Potenzialentfaltung

Think yin and yang, where both types of behaviors are good and necessary, and each is completed by the other. (Robert B. Kaiser)

Zusammenfassung

Damit individuelle und kollektive Potenzialentfaltung ermöglicht werden kann, müssen die Bedürfnisse der Mitarbeitenden und der Organisation wahrgenommen und berücksichtigt werden. Organisationen sind herausgefordert, ambidextre Fähigkeiten zu entwickeln, damit sie dem Bedürfnis nach Existenzsicherung und Wachstum gerecht werden. Das Bedürfnis der Mitarbeitenden besteht darin, sich innerhalb einer Gemeinschaft sicher zu fühlen und gleichzeitig über die Freiheit zur Selbstentfaltung zu verfügen. Dieses optimale Maß an Inklusion widerspiegelt die existenzielle Bedeutung von Beziehung zu anderen. Inklusive Führung will die beiden Dimensionen der Inklusion „Zusammengehörigkeit" und „Einzigartigkeit" in der Organisation fördern und nutzen. Das Faktorenmodell der Zusammengehörigkeit und das Konzept der Einzigartigkeit zeigen Chancen und Risiken der Inklusion für die Organisation und die Menschen auf. Inklusion kann als Haltung verstanden werden, welche Denk- und Verhaltensmuster von Führungspersonen herausfordert. Die Entwicklung neuer Perspektiven, welche von Kooperation, Vertrauen und psychologischer Sicherheit geprägt sind, entfalten ihre Wirkung in den Beziehungen, Kulturen, Strukturen, Prozessen und Strategien der Organisationen. Praxistipps am Ende des Kapitels zeigen mögliche Lernwege zur Auseinandersetzung mit dem Konzept inklusiver Führung auf.

© Der/die Autor(en), exklusiv lizenziert an Springer Fachmedien Wiesbaden GmbH, ein Teil von Springer Nature 2023
J. Herzog et al., *Soziale Innovationen in der Führung*,
https://doi.org/10.1007/978-3-658-39118-8_4

In den vorhergehenden Kapiteln haben wir aufgezeigt, dass gesellschaftliche und technologische Entwicklungen einen immensen Einfluss auf die Arbeitswelt und auf Führung haben. Um in einem Umfeld, geprägt von Volatilität, Unsicherheit, Komplexität und Mehrdeutigkeit (Stichwort VUCA Abschn. 2.3), bestehen zu können, sind die Organisationen darauf angewiesen, die vorhandenen Kräfte bestmöglich zu nutzen. Gleichzeitig gehen die Entwicklungen einher mit veränderten resp. akzentuierten Bedürfnissen von Menschen, die am Arbeitsplatz Zugehörigkeit und Selbstentfaltung suchen. Für die Potenzialentfaltung spielt es eine zentrale Rolle, welche Bedürfnisse in den Mittelpunkt gerückt werden. Denn Potenzialentfaltung kann zumindest unter vier Gesichtspunkten betrachtet werden Kap. 3. Die vier Sichtweisen sind im Organisationskontext gleichermaßen berechtigt – und stehen doch in einem Spannungsverhältnis zueinander. Es ist unmöglich, gleichzeitig der humanistischen, unternehmerischen, ökonomischen und sozialen Maxime gerecht zu werden. Dennoch ist es für Organisationen erforderlich, sich in alle vier Richtungen zu entwickeln, um den Bedürfnissen der Organisation und der Menschen gerecht zu werden. Dieses Kapitel thematisiert, welche grundlegenden Bedürfnisse adressiert werden müssen, um individuelle und kollektive Potenzialentfaltung zu ermöglichen, und wie Führung lernen kann, die scheinbar widersprüchlichen Anforderungen zu bedienen.

4.1   Bedürfnisse der Organisation

Organisationen haben zwei grundlegende Bedürfnisse: Existenzsicherung und Wachstum. Der Begriff der Ambidextrie, der im ursprünglichen Sinne „Beidhändigkeit" bedeutet, wird hierfür verwendet. Klassischerweise wird organisationale Ambidextrie als die Fähigkeit eines Unternehmens verstanden, „einerseits das Kerngeschäft stetig weiterzuentwickeln, gleichzeitig aber auch neue Wege und Denkweisen zu etablieren und so sicherzustellen, dass Veränderungen im Umsystem rechtzeitig erkannt und die sich dadurch bietenden Chancen für die Zukunft genutzt werden" (Schneeberger & Habegger, 2020, S. 105). Ambidextrie meint damit den „beidhändigen" Umgang mit Exploitation und Exploration.

Exploitation beschreibt das Aktivitätsmuster, mit den vorhandenen Mitteln und Möglichkeiten das Überleben der Organisation zu sichern. Damit gemeint ist das Erwirtschaften des kostendeckenden Grundumsatzes mit einem möglichst effizienten Kerngeschäft. Hier findet sich das ökonomische Paradigma wieder, das auf Selbstoptimierung und Leistungsdruck abzielt Abschn. 3.3. Eine Möbelschreinerei wird sich also darum bemühen, den Fertigungsprozess ihres meistverkauften Produktes, zum Beispiel eines Stuhls aus Buchenholz, zu optimieren und den vorhandenen Kundenstamm und Lieferantenkreis zu pflegen.

Exploration beschreibt das Muster, mit dem eine Organisation versucht, neue Geschäftsfelder zu erschließen, neue Fähigkeiten zu entwickeln, neue Produkte zu entwerfen oder neue Kooperationen einzugehen. Dieses unternehmerische Paradigma verlangt nach Innovationen Abschn. 3.4. Der Möbelschreiner wird sich also neben der Produktion von Stühlen aus Buchenholz auch darum bemühen, das Angebot zu erweitern: die Stühle in einem anderen Material und einer neuen Form anzubieten, passende Tische herzustellen, neue Märkte für die Stühle zu erschließen oder gar eine Software zu entwickeln, mit der sich Möbel-Arrangements planen lassen, und diese in der Holzbranche anzubieten.

Exploitation und Exploration können und müssen simultan ausgeführt werden. Beide Aktivierungsmuster befriedigen ein Grundbedürfnis der Organisation und sind wechselseitig aufeinander angewiesen. Ohne ein profitables Kerngeschäft ist keine Entwicklung oder Erweiterung möglich, da schlicht die Mittel dazu fehlen. In aller Regel reicht ein profitables Kerngeschäft auch nicht aus, um ein überdauerndes Bestehen der Organisation garantieren zu können. Bestehende Produkte müssen optimiert, erweitert sowie neue Produkte antizipiert werden.

Die Herausforderung besteht nun darin, beiden Aktivierungsmustern gerecht zu werden, denn sie erfordern jeweils unterschiedliche Führungs- und Unternehmenskulturen sowie eine andere Organisationsstruktur:

- Exploitative Tätigkeiten werden durch eine eher hierarchische, transaktionale Führungskultur und eine funktionale, zentralisierte Organisationsstruktur unterstützt.
- Explorative Aktivitäten erfordern eine Führungskultur, die Kompetenzen und Verantwortung delegiert, Freiheiten lässt und einen kooperativen Führungsstil fördert. Die Organisationsstruktur soll interdisziplinär, dezentralisiert und informell sein (Fojcik, 2015, S. 22).

Beide Aktivitätsmuster in einer Organisation zu vereinen, führt zu Spannungsmomenten, die durch ambidextre Fähigkeiten entspannt werden sollen. Im Kern dieser Fähigkeiten steht, ein Bewusstsein dafür zu entwickeln, dass beide Muster nebeneinander bestehen müssen und nicht miteinander konkurrieren dürfen. Organisationale Ambidextrie erfordert weiter, dass die Wertschätzung für beide Muster vorgelebt und in Organisationskultur und -struktur verankert wird (Schneeberger & Habegger, 2020).

4.2 Bedürfnisse der Mitarbeitenden

Damit Menschen ihr Potenzial entfalten können, sind sie auf zwei Grundbedingungen angewiesen: Sie brauchen die Sicherheit einer Gemeinschaft und gleichzeitig die Freiheit zur Selbstentfaltung. Damit unterscheiden sich die Bedürfnisse der Menschen im Kern nicht von den Bedürfnissen der Organisation, was letztlich wenig überrascht, da Organisationen lebendige Systeme sind. Menschen wie Organisationen geht es im Kern um Sicherheit und Entwicklungsmöglichkeiten. Sicherheit finden die Mitarbeitenden in der Zugehörigkeit zu Gruppen wie einem Team, einer Abteilung oder einer Organisation. Hieran knüpft das soziale Paradigma der Potenzialentfaltung an Abschn. 3.5. Das humanistische Paradigma rückt die Selbstentfaltung der einzelnen Menschen in den Fokus, dafür braucht es individuelle Gestaltungsfreiräume innerhalb der Gemeinschaften Abschn. 3.2.

Der bekannte deutsche Neurobiologe Gerald Hüther (2019) nutzt den Begriff einer „individualisierten Gemeinschaft", um zu beschreiben, dass Menschen die einzigen Lebewesen sind, die die Fähigkeit, Aufmerksamkeit gemeinsam auf etwas richten zu können, besonders weit entwickelt haben.

So können wir als Gemeinschaft etwas entdecken und aufklären, wenn einer von uns einen Anfang für eine solche Entdeckung gemacht hat. Ebenso gut können wir gemeinsam etwas gestalten, etwas bauen oder entwickeln, was sich einer von uns ausgedacht hat. Und wir können uns auch gemeinsam um etwas kümmern, wenn einer von uns bemerkt hat, dass etwas unsere Unterstützung braucht. Deshalb sind wir die einzigen Lebewesen, die in einer individualisierten Gemeinschaft verborgene Potenziale der einzelnen Mitglieder wie auch der Gemeinschaft zur Entfaltung bringen können. (Hüther, 2019, S. 49)

Die erste Erkenntnis daraus ist, dass Potenzialentfaltung Gemeinschaft braucht, also ein In-Beziehungen-Stehen zu anderen Menschen unter bestimmten Rahmenbedingungen. Die zweite Erkenntnis ist, dass diese Beziehungen und Rahmenbedingungen Raum zur Selbstentfaltung lassen müssen.

Diese Gedanken sind nicht neu. Marilynn B. Brewer beschrieb schon vor 30 Jahren die Wichtigkeit der anderen für die eigene Identität. Das Ich entwickelt sich gemäß der *Optimal Distinctiveness Theory* aus einer grundlegenden Spannung zwischen dem Bedürfnis nach Bestätigung und Ähnlichkeit mit anderen und dem Bedürfnis nach Einzigartigkeit und Individualität (Brewer, 1991, S. 477). In ihrem Modell zeigt sie, wie die beiden Bedürfnisse auf der Dimension „Inklusion" interagieren Abb. 4.1. Wird in einer bestimmten Situation der Grad der Inklusion, also des Dazugehörens, von einer Person als hoch eingeschätzt, steigt ihr Bedürfnis nach Individualisierung. Schätzt die Person den Grad der Inklusion hingegen als niedrig ein, steigt ihr Bedürfnis nach Zugehörigkeit zu einer Gruppe. An beiden Polen der Dimension Inklusion droht ein Verlust von Sicherheit und Selbstwertgefühl. Wer stark individualisiert ist, läuft Gefahr, isoliert und stigmatisiert zu werden. Vollständige Entdifferenzierung jedoch bietet keine Grundlage für Vergleiche oder Selbstdefinition. Brewer schließt daraus, dass wir Menschen uns unwohl fühlen in sozialen Situationen, in denen wir uns zu sehr oder zu wenig von den anderen unterscheiden. Der Punkt der optimalen Unterscheidung wird erreicht, wenn sich eine Person einer Kategorie oder Gruppe zuordnet, in der sie ihren Grad an Inklusion gerade so hoch einschätzt, dass ihre Bedürfnisse nach Individualisierung und Zugehörigkeit gleich groß sind (Brewer, 1991).

Gerald Hüther beschreibt die Suche nach dem optimalen Inklusionszustand als ein wichtiges Ziel:

Zeitlebens sucht jeder Mensch nach Beziehungen, die es ihm ermöglichen, sich gleichzeitig als verbunden und frei zu erleben. Nur wenn diese beiden Grundbedürfnisse gestillt werden können, ist ein Kind – und später ein Erwachsener – in der Lage, die in seinem Gehirn bereitgestellten vielfältigen Vernetzungsangebote auf immer komplexer werdende Weise zu nutzen und ein entsprechend komplexes Gehirn zu entwickeln. (Hüther, 2019, S. 46)

Potenzialentfaltung braucht also ein optimales Maß an Inklusion. Und Inklusion erfährt der Mensch in Beziehungen zu anderen. Bevor wir nun genauer betrachten, was inklusive Führung heißt und was sie verspricht, wollen wir einen Blick auf die existenzielle Bedeutung von Beziehungen werfen.

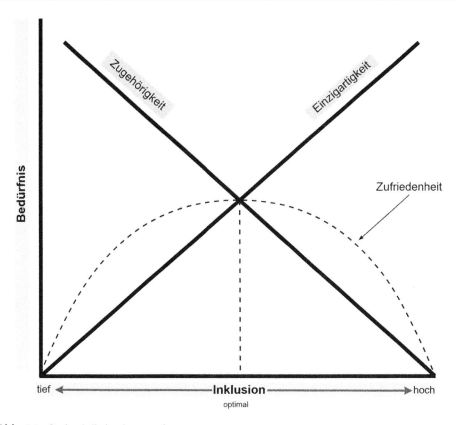

Abb. 4.1   Optimal distinctiveness theory

4.3   Das Selbst und die Anderen

„Im Anfang ist die Beziehung", heißt es bei Martin Buber (Buber, 1995, S. 18) und „der Mensch wird am Du zum Ich" (Buber, 1995, S. 28). Er verweist damit auf den untrennbaren und wechselseitigen Zusammenhang des Individuums (Ich) mit seinen Beziehungen, ohne die sich das Ich nicht entwickeln, sich nicht definieren kann.

Das Individuum wird in dem Moment zum Selbst, in dem es sich (selbst) zum Gegenstand seiner Betrachtung macht. Beim Kleinkind beginnt die Auseinandersetzung mit sich selbst, wenn es sein eigenes Antlitz im Spiegel erkennt. Mit der Zeit wird das Nachdenken über sich selbst differenzierter. Die Reflexionsfähigkeit gilt als wichtige Kompetenz. Dies wird deutlich in Begriffen wie Selbsterkenntnis, Selbstkonzept, Selbstwirksamkeit, Selbstführung, Selbstbewusstsein usw.: „All unser Denken und Handeln ist durch eine Beziehung geprägt, die wir notwendigerweise zu uns selbst haben und die jeden von uns zu einem Selbst macht" (Larmore, 2017, S. 24). Gleichzeitig steht das Individuum in Beziehung zu anderen, und mit Hilfe dieser Beziehungen werden Selbstkonzepte definiert: „Wenn ich mich zu dem anderen hinwende, werde ich einzig, der Eine, das unersetzliche Selbst, das ich bin" (Bauman, 1995, S. 120).

Das Ich steht in Beziehung zu sich selbst. Und das Selbst steht wiederum in Beziehung zu anderen. Bei der interpersonalen Beziehung geht es also nicht darum, „mich und den anderen zusammenzudenken, sondern einander gegenüberzustehen" (Bauman, 1995, S. 111). Damit wird auch die Ambivalenz zwischen „Ich" und „Du" bzw. „Wir" deutlich. Das Ich verlangt nach Abgrenzung und Eigenständigkeit, das Du ruft nach Nähe und (intimer) Beziehung, das Wir nach Gemeinschaft und kollektiver Verpflichtung.

Die Spannungen sind programmiert: Einerseits wird das „unternehmerische Selbst" ausgerufen (Bröckling, 2007), das seine Potenziale erkennen und bewirtschaften soll, andererseits geht es ohne die anderen gar nicht in einer Welt mit hoher Spezialisierung und Arbeitsteilung sowie intensiver Kooperation und Kollaboration. Und jenseits der Funktionalität stellen sich zusätzliche Fragen der Werte, Normen, Prinzipien, Kulturen usw. auch innerhalb einer „freien" Marktwirtschaft.

In der Praxis nerven die anderen zwar immer wieder durch „Störungen", wenn sie aber (wie im pandemiebedingten Lockdown) ganz verschwinden, fehlen sie auch und werden vermisst. Dass sie genau dann für den jeweiligen Zweck verfügbar sind, wenn sie gerade gebraucht werden, ist realitätsfremd.

Potenzial bedeutet in diesem Zusammenhang mehr als berufsbezogene Performance, es bedeutet auch ein Verständnis dafür zu entwickeln, was es heißt, mit anderen zusammen in einer Welt zu leben und diese zu gestalten. Die eigene Potenzialentfaltung kann nur in der Gemeinschaft realisiert werden, alles andere macht wenig Sinn; sie hat ihre moralischen Grenzen dort, wo sie die Entfaltung anderer beschränkt. Sein eigenes Glück also auf dem Rücken anderer (der Gemeinschaft) zu realisieren kann kein Konzept der Zukunft sein.

4.4   Inklusive Führung als Grundkompetenz in der Organisation

Immer mehr Organisationen versuchen sich das Wissen um den Einfluss von inklusiven Beziehungen auf die Potenzialentfaltung zunutze zu machen, indem sie in inklusive Führungs- und Organisationsentwicklung investieren.

Dahinter stecken zwei gleichermassen berechtigte Motive:

1. Business Case: Inklusion verspricht individuelle und kollektive Potenzialentfaltung auf allen Ebenen der Organisation, was sich in Leistungssteigerung abbildet.
2. Social Justice Case: Inklusion ermöglicht einer Vielfalt von Menschen Teilhabe und Entfaltungsmöglichkeiten, was soziale Nachhaltigkeit und Gerechtigkeit fördert.

Inklusive Führung hat in den vergangenen Jahren denn auch viel Aufmerksamkeit erhalten. Erstmals wurde das Konstrukt von Ingrid Nembhard und Amy Edmondson (2006) als „Leader Inclusiveness" vorgeschlagen. Diese umfasst „words and deeds by a leader or

Abb. 4.2 Inklusion

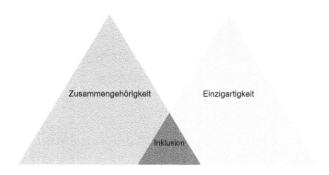

leaders that indicate an invitation and appreciation for others' contributions" (S. 947). Leader Inclusiveness wird als das Verhalten von Führungspersonen beschrieben, das versucht, aktiv die Perspektiven und Meinungen von Menschen einzuholen, die sonst in Diskussionen oder bei Entscheidungen nicht gehört werden. Carmeli et al. (2010) ordnen dieses neue Führungskonzept der Relational Leadership Theory nach Uhl-Bien (2006) zu, in der es im Kern darum geht, qualitativ hochwertige Beziehungen unter Mitarbeitenden und zwischen Mitarbeitenden und Führungskräften herzustellen. Aus dieser Zusammenführung entstand eine neue Definition: „Inclusive Leadership refers here to leaders who exhibit openness, accessibility, and availability in their interactions with followers" (Carmeli et al., 2010, S. 250). Später wurde Inclusive Leadership unter Rückgriff auf die Optimal Distinctiveness Theory von Brewer weiter ausgearbeitet als ein Verhalten von Führungspersonen, das zum Ziel hat, dass sich die einzelnen Mitarbeitenden als Teil eines Teams oder einer Organisation empfinden, dabei aber ihre Einzigartigkeit nicht aufgeben müssen (Shore et al., 2011). Inklusion kann also als Schnittstelle zwischen den Dimensionen „Zusammengehörigkeit" und „Einzigartigkeit" verstanden werden Abb. 4.2. Nachfolgend zeigen wir anhand von bestehender Literatur und eigener Forschung auf, wie die beiden Dimensionen der Inklusion in Organisationen gefördert werden können. Dabei streichen wir sowohl heraus, welchen Nutzen Inklusion für Organisationen und Menschen verspricht, als auch, wo die Grenzen des Konzeptes liegen.

4.4.1 Zusammengehörigkeit

Zusammengehörigkeit kann und muss organisiert werden. Eine Führungsperson kann mit bestimmten Verhaltensweisen zur Entstehung eines Zusammengehörigkeitsgefühls beitragen, indem sie die Gruppenmitglieder unterstützt sowie Gerechtigkeit und Gleichberechtigung für alle Beteiligten sicherstellt. Weiter kann sie Rahmenbedingungen schaffen, die es ermöglichen, relevante Entscheidungen gemeinsam zu fällen (Mor Barak, 2000; Mor Barak et al., 1998; Randel et al., 2018; Shore et al., 2018). Zirkler und Herzog (2021) identifizieren sechs Elemente, die Zusammengehörigkeit fördern, und integrierten sie in

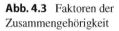

Abb. 4.3 Faktoren der
Zusammengehörigkeit

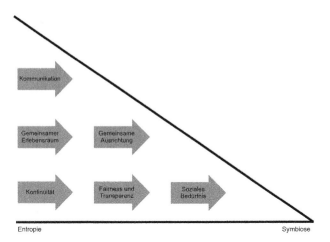

ein Faktorenmodell der Zusammengehörigkeit Abb. 4.3. Die Skala der Verbundenheit
reicht im Modell von Entropie (totaler Losgelöstheit, Ungebundenheit) bis zur sym-
biotischen Verschmelzung (existenzielle Abhängigkeit). Die sechs Faktoren bestimmen,
wie stark einander zugehörig sich Menschen fühlen:

1. **Soziales Bedürfnis**: Das grundlegende Bedürfnis danach, sich anderen Menschen nahe
   zu fühlen, kann individuell sehr unterschiedlich sein.
2. **Gemeinsame Ausrichtung**: Gemeinsame Ziele, Werte und Normen schaffen Identifikation mit der Organisation oder dem Team und bündeln Kraft. Gleichzeitig markieren Ziele,
   Werte und Normen auch die Grenzen der Zusammengehörigkeit, nämlich dann, wenn die
   individuellen Vorstellungen unvereinbar mit den kollektiven sind – oder umgekehrt.
3. **Fairness/Transparenz**: Entscheidungen werden transparent und nachvollziehbar erklärt; faire Verteilung von Lohn und Informationszugang; angemessene, bewältigbare
   Erwartungen an Menschen und Teams.
4. **Gemeinsamer Erlebensraum**: Möglichkeiten zur physischen und unmittelbaren Be-
   gegnung ermöglichen es, das Gegenüber besser zu „lesen". Es klären sich die Fragen
   nach Sympathie und emotionaler Nähe und damit bildet sich die Basis für Vertrauen.
   Begegnungen vor Ort stiften dabei in der Regel mehr Nutzen, da die Informationsdichte
   im Vergleich zum Online-Kontext größer ist, z. B. in Form von Nonverbalem und Körpersignalen. Es bietet sich auch an, einander in unterschiedlichen Umfeldern zu begegnen (Arbeitsplatz, Feierabend-Treffen, Weiterbildungen, Pausen, Ausflügen, etc.).
5. **Kontinuität**: Soziale Beziehungen bedürfen einer zeitlichen Steuerung. Eine gewisse
   Stabilität in der Teamkonstellation unterstützt die Vertrauensbildung, und ein regelmäßiges Angebot an gemeinsamen Erlebensräumen ermöglicht es, die Vertrauensbasis zu
   erhalten resp. zu erneuern.
6. **Kommunikation**: Beziehungen entstehen aus kommunikativen Interaktionen. Kommunikationsräume müssen geschaffen und strukturiert werden: Wer spricht mit wem,
   wann, wo, wie und wozu.

Von den sechs Faktoren sind insbesondere die letzten drei stark abhängig vom digitalisierten Arbeitskontext, da sie der Ent-Zeitlichung und Ent-Räumlichung unterliegen. Gleichzeitig bilden Kommunikation, gemeinsamer Erlebnisraum und Kontinuität die Grundbedingungen für Interaktion und damit für Beziehungsgestaltung und Vertrauensaufbau. Vertrauen bildet die Basis für funktionierende Kollaboration Abschn. 6.1.

Der Faktor soziales Bedürfnis ist von Mensch zu Mensch unterschiedlich. Je höher das Affiliationsbedürfnis einer Person ist, desto enger wird sie sich an eine Gruppe binden. Dieser Faktor ist daher nicht direkt steuerbar. Die anderen fünf Faktoren in unserem Modell sind jedoch gestaltbar durch Führung. Dieser kommt damit eine große Bedeutung in der Organisation von Zusammengehörigkeit zu (Zirkler & Herzog, 2021).

Zu beachten ist dabei, dass das Ausmaß an Zusammengehörigkeit zur Gruppe und zur Aufgabe passen muss. Ein Zuviel an Zusammengehörigkeit kann zu persönlichen Verstrickungen, Beziehungsballast und damit zu unprofessionellen Entscheidungen führen. Auch sachliches Feedback, realistische Erwartungen oder die Integration von neuen Mitarbeitenden werden durch zu viel oder unreflektierte Zusammengehörigkeit erschwert (Zirkler & Herzog, 2021).

4.4.2   Einzigartigkeit

Das Bedürfnis nach Einzigartigkeit erhält in der Literatur weniger Aufmerksamkeit als die Zusammengehörigkeit. Dasselbe Phänomen lässt sich in der Praxis beobachten (Zirkler & Herzog, 2021). Ein möglicher Grund dafür könnte sein, dass Zusammengehörigkeit aktiv organisiert werden muss und kann, Einzigartigkeit hingegen vor allem Freiraum, Sicherheit und Ermutigung braucht. Inklusive Führungspersonen achten konsequent darauf, dass Andersartigkeit im Team und der Organisation nicht diskriminiert wird. Sie versteht Diversität explizit als Mehrwert und zeigt den Mehrwert jedes einzelnen Teammitglieds mit seinen Perspektiven, Stilen, Herangehensweisen und Erfahrungen auf, und sie verfügt über die Fähigkeit, Konflikte konstruktiv zu managen. Dabei hilft ihr, dass sie zu jedem Teammitglied eine empathische, tragende Beziehung unterhält. Inklusive Führungspersonen unterstützen zudem jede Person darin, sich bestmöglich einbringen zu können, indem sie für entsprechende Rahmenbedingungen sorgen (Randel et al., 2018; Roberson, 2006; Winters, 2014). Eine simple Möglichkeit wäre beispielsweise, in Teambesprechungen gewisse Fragestellungen zunächst individuell zu beantworten, schriftlich festzuhalten und danach reihum zu besprechen. Das entschleunigt den Prozess und entlastet eher schüchterne Menschen von der Notwendigkeit spontaner Wortäußerungen – eine hilfreiche Technik gerade bei Meinungsumfragen oder zur Ideensammlung.

Damit Menschen ihre Einzigartigkeit innerhalb einer Gemeinschaft oder eben eines Teams ausleben können und Organisationen von neuen Ideen profitieren, braucht es sichere Räume, in denen die weit verbreitete Angst vor Zurückweisung, Beschämung und Ausgrenzung möglichst reduziert oder gar ausgeschlossen wird. Hier knüpft die inklusive Idee an das Konzept der psychologischen Sicherheit an (Edmondson, 2020) Abschn. 6.2.

Eine kritischere Perspektive auf das Konzept der Einzigartigkeit werfen Jansen et al. (2014). Sie postulieren, wer Einzigartigkeit unterstreicht, werde denjenigen nicht gerecht, die sich nicht so sehr von anderen unterscheiden. Dadurch kann ein Individualisierungsdruck, wie ihn Reckwitz (2019) beschrieben hat, losgetreten werden Abschn. 2.2.3. Alternativ schlagen Winters et al. (2014) das Konzept der Authentizität vor, das es den Menschen erlaubt, einfach sie selbst zu sein, ohne anders oder eben unterschiedlich sein zu müssen. Hinzu kommt, dass Einzigartigkeit bei geringer Gruppenzugehörigkeit dazu führt, dass die Hilfsbereitschaft innerhalb der Gruppe abnimmt, es Verständigungs- und Vertrauensprobleme gibt oder Menschen vor allem auf ihren eigenen Vorteil bedacht sind und selbstsüchtig handeln (Brewer, 1991; Zirkler & Herzog, 2021). Insgesamt führt ein unausgewogenes Verhältnis von Zugehörigkeit und Einzigartigkeit zu Verunsicherung und reduziert das Selbstwertgefühl (Brewer, 1991).

4.4.3   Inklusion als Haltung in der Beziehungsgestaltung

Die Wirkungsforschung und Konzeptarbeit zum Thema inklusive Führung ist sicherlich noch jung und bedarf einer breiteren Abstützung. Insbesondere das weitverbreitete Verständnis von Führung als ein bestimmtes Verhalten einer hierarchisch vorgesetzten Person greift heute in vielen Organisationen und Teams zu kurz. Die Entwicklung zeigt, dass Führungsarbeit aufgrund von Digitalisierungs- und Flexibilisierungstrends zunehmend unabhängig von Zeit, Raum und Person wird (Zirkler & Herzog, 2021). Führungsimpulse können demnach unterschiedlichsten Ursprungs sein und sie können sich in Strukturen, Kulturen oder Funktionen manifestieren. „Jedes Teammitglied kann also Führung übernehmen" (Zirkler & Herzog, 2021, S. 25). An der Stelle erhält inklusive Führung eine umfassendere Bedeutung, die sich von der Führungsperson löst. Führung wird zur Funktion, die entlang von Kompetenzen, Aufgaben und Rollen eingesetzt wird. Menschen führen und folgen wechselseitig bedürfnis- und nutzenorientiert. Führung als solche wird damit inklusiv (Wulffli, 2015). Führungskompetenzen werden zu Grundkompetenzen und Inklusion wird zur Haltungsfrage (Herzog, 2020; Zirkler & Herzog, 2021). Das Führen von und damit auch die Verantwortung für inklusive Beziehungsgestaltung obliegt damit allen Mitarbeitenden einer Organisation.

In der Folge rückt auch die Beziehung zum eigenen Selbst in den Vordergrund, denn inklusive Führung beginnt mit der eigenen Person. „Inclusion starts with our selves – recognizing and honoring the various components, characteristics, and identities that combine in each of us to make a whole person" (Ferdman & Robert, 2014, S. 95). Um andere anerkennen zu können, müssen wir uns also zunächst selbst (an)erkennen. Das heißt, dass wir die uns inhärenten Erfahrungen, Interessen und Werte kennen und wertschätzen. Es heißt auch, Verantwortung dafür zu übernehmen, man selbst zu sein, und keine Energie und Ressourcen darauf zu verschwenden, jemand anderes zu sein. Sich als vollständige Person wahrzunehmen und auszuleben, ermöglicht es, seine Potenziale auszuschöpfen und seinen Beitrag für die diverse Gruppe oder Organisation zu maximieren (Ferdman, 2014).

Gallegos (2014) gebraucht den Begriff der *Allophilia*, um das Kernkonzept von inklusiver Führung zu beschreiben (S. 188). Gemeint ist eine Führung, die auf der Grundlage von Fürsorge, Mitgefühl und Wertschätzung basiert und genährt wird von Offenheit, Austausch, ehrlichem gegenseitigen Interesse und gemeinsamen Zielen (Gallegos, 2014). Ein vielversprechendes Konzept für diverse Arbeitsteams im dynamischen globalen Umfeld.

> Inclusive leadership and cultures of inclusion hold great promise for new ways of relating, sense making, and creativity. The shift from cultures of individuality to collectivism, from isolation to collaboration, and from competition to mutuality can tap resources and energy needed to address the challenges to come. Fostering deeper relationships, modeling courage, and embracing our humanity with humility are key ingredients of inclusive organizations. As we embrace paradox, we move forward into the unknown, confident that we are building a foundation of partnership, continuous learning, and shared ownership that will carry us through any storm – together. (Gallegos, 2014, S. 198)

4.5   Beziehungen ebnen neue Wege

In der Führungsliteratur wurde die Bedeutung der Beziehungen am Arbeitsplatz für die Potenzialentfaltung längst erkannt. Sie spielt gerade im Bereich des *Positive Organisational Scholarship* eine Schlüsselrolle. Es ist die Qualität der Beziehungen, die erklärt, „why people flourish or flounder" (Dutton & Heaphy, 2003, S. 263). Jane Dutton und Emily D. Heaphy (2003) beschreiben Beziehungen als dynamisches, lebendiges Gewebe, das zwischen zwei Menschen besteht, die miteinander in Kontakt stehen. In Beziehung zu sein bedeutet, dass sich die Menschen gegenseitig beeinflussen. Die Qualität der Verbindungen zeichnet sich aus durch eine größere emotionale Belastbarkeit, Resilienz, ein Verständnis für gegenseitige Abhängigkeiten, Offenheit für neue Ideen und Einflüsse sowie die Fähigkeit, unerwünschtes Verhalten zu stoppen. Menschen mit hochwertigen Verbindungen erleben (Dutton & Heaphy, 2003):

- ein Gefühl der Vitalität und Lebendigkeit
- ein Gefühl der Wertschätzung
- ein Gefühl der Gegenseitigkeit
- ein gesteigertes Wohlbefinden
- weniger Stress

Die Qualität dieser Verbindungen wird daran gemessen, wie „life-giving" oder „life-depleting" eine Interaktion zwischen Menschen ist (Dutton & Heaphy, 2003, S. 263). Es geht also um das subjektive Erleben von Begegnungen, die entweder Energie freisetzen oder rauben können. Eine hochwertige Verbindung beschreiben Dutton und Heaphy als ein gesundes Blutgefäß, durch das lebenswichtige Nährstoffe fließen. Es ist flexibel, stark und resilient. In einer minderwertigen Verbindung können Menschen wohl interagieren und interdependent arbeiten, das Bindegewebe ist jedoch beschädigt. „With a low-quality connection, there is a little death in every interaction" (Dutton & Heaphy, 2003, S. 263).

Einen Vorschlag für unterschiedliche Beziehungsqualitäten am Arbeitsplatz machen auch Schein und Schein (2018, S. 24):

- Level Minus 1 steht für eine völlig unpersönliche Beziehung, die geprägt ist von Dominanz und Zwang; anzutreffen in ausbeuterischen Arbeitsverhältnissen oder Gefangener-Wärter-Beziehungen.
- Level 1 beschreibt transaktionale, bürokratische Beziehungen, wie sie im Dienstleistungssektor häufig sind oder in den meisten Formen von professioneller Hilfsbeziehung gepflegt werden.
- Level 2 steht für persönliche, kooperative und vertrauensvolle Beziehungen, wie sie in effektiven Teams beobachtbar sind.
- Level 3 beschreibt gefühlsmäßig intime gegenseitige, hilfsbereite Beziehungen, die mit Freund:innen oder Familienmitgliedern oder auch in Hochleistungsteams gepflegt werden.

Das Beziehungslevel muss dabei zur Arbeit passen. Je mehr Kollaboration, Kommunikation und Vertrauen gefragt ist, desto wichtiger sind vertrauensvolle, persönliche Beziehungen (Schein & Schein, 2018). Schein und Schein vertreten damit eine funktionellere Betrachtung der Arbeitsbeziehung als Dutton und Heaphy oder Vertreter:innen der inklusiven Haltung, die Partizipation, Wohlbefinden und Zugehörigkeit in den Vordergrund rücken. Und doch kommen beide Seiten zu demselben Schluss:

> Employee engagement, empowerment, organizational agility, ambidexterity, innovation … all of this can flourish in the rapidly changing world when the fundamental relationship between leaders and followers, helpers and clients, and providers and customers becomes more personalized and cooperative. (Schein & Schein, 2018, S. 1)

Individuelle und kollektive Potenzialentfaltung basiert auf vertrauensvollen Arbeitsbeziehungen. Darauf bauen neben inklusiver Führung auch zahlreiche weitere neuere Führungsansätze auf:

- Humble Leadership (Schein & Schein, 2018)
- Servant Leadership (Greenleaf et al., 1996; Schnorrenberg et al., 2014)
- Achtsame Führung (Schulte et al., 2021)
- Spiritual-based Leadership (Pruzan & Pruzan Mikkelsen, 2007)
- Authentische Führung (Cotter-Lockard, 2017; Smith, 2019)
- Empowering Leadership (Furtner, 2016; Schröder et al., 2021)
- Werteorientierte Führung (Schanze & Schuster, 2014; Zirkler & Kotrubczik, 2012)
- Sustainable Leadership (Avery & Bergsteiner, 2011)

Die unterschiedlichen Ansätze einer bescheidenen, achtsamen, dienenden oder ermöglichenden Führung eint, dass Führungspersonen ihren Mitarbeitenden auf der Basis von Werten und Sinnhaftigkeit eine sichere Bühne bauen. Die Mitarbeitenden spielen darauf nicht nur die Hauptrollen, sie übernehmen auch die Drehbuchgestaltung und die Regie. Die Führung hält sich zurück, gibt Raum, überträgt Verantwortung, souffliert wo nötig, schlägt Brücken, nimmt wechselnde Perspektiven ein und unterstützt damit Potenzialentfaltung.

Greifen wir hier nun den Gedanken auf, dass Führungskompetenzen in Organisationen immer mehr zu Grundkompetenzen reifen – die Arbeitswelt wäre eine andere. In Organisationen fände ein kultureller Wandel statt von Angst zu Mut, von Bewahren zu Lernen, von Konkurrenz zu Kooperation. Die Beziehungsqualität befände sich mindestens im Bereich von Level 2, eher noch Level 3 nach Schein und Schein (2018). Wie in Beziehungen zu guten Freund:innen erachten wir dann die Bedürfnisse der anderen als genauso wichtig wie die eigenen. Das Ziel ist nicht mehr, die eigenen Bedürfnisse maximal zu befriedigen, sondern eine Balance zu finden, in der die Bedürfnisse aller Beteiligten ausreichend befriedigt sind. Auf dieser Basis werden neue Lösungen und damit Entwicklung möglich.

Nehmen wir zwei Schwestern, die sich um eine Orange streiten. Sie können sich nicht einigen, wer die Frucht erhält. Da kommt die Mutter, schneidet sie in zwei Hälften und reicht je eine Hälfte einem Mädchen. Das eine Mädchen presst sich aus seiner Hälfte einen Orangensaft und wirft die Schale weg. Das andere Mädchen reibt die Schale, backt einen Kuchen und wirft das Fruchtfleisch weg. Hätten sich die Kinder über ihre Intentionen und Bedürfnisse ausgetauscht, anstatt Forderungen zu stellen, hätte das eine Kind die Schale bekommen und das andere den ganzen Saft auspressen können. Die Orange wäre besser genutzt gewesen und es wäre kein Konflikt entstanden. Der organisationale Alltag ist gewiss komplexer als dieses vielzitierte Beispiel unbekannten Ursprungs. Dennoch zeigt es anschaulich, wie ein offener, empathischer Austausch über Absichten und Bedürfnisse eine oftmals bessere Nutzung von Potenzial ermöglicht. Und selbst wenn keine Lösung gefunden werden kann, sind wir in der Regel bereit, für eine Person, die uns wichtig ist, auch zu verzichten oder gemeinsam mit dieser Person neue Wege zu finden. Qualitativ hochwertige Beziehungen fühlen sich nicht nur gut an, sie eröffnen auch neue Möglichkeiten. Wenn die eine Schwester für ihren Kuchen jetzt zusätzlich zur Orangenschale noch den Saft gebraucht hätte, hätte die andere Schwester sich womöglich bereiterklärt, Apfelsaft zu trinken. Dafür hätten die beiden dann den Kuchen geteilt.

Die vier Paradigmen der Potenzialentfaltung – ökonomisch, unternehmerisch, sozial und humanistisch – erscheinen bei genauerer Betrachtung der Bedürfnisebene nicht mehr gegensätzlich, sondern komplementär und einander bedingend. Organisationen bedürfen der Exploitation und Exploration genauso, wie Mitarbeitende ein Gefühl von Zusammengehörigkeit und Einzigartigkeit benötigen. Das eine ohne das andere wäre destruktiv. Erst wenn die Bedürfnisse ausreichend befriedigt sind, können individuelle und kollektive Potenziale zum Nutzen von Organisationen und Menschen freigesetzt werden.

Die soziale Innovation in der Führung, für die wir hier eine Lanze brechen, beschreibt einen Wandel von einzelnen, zentralen Führungspersonen an der Spitze der Hierarchiepyramide hin zu netzwerkartigen Kooperationsbeziehungen, die geprägt sind von gegenseitigem Vertrauen und psychologischer Sicherheit. Die inklusive Haltung hilft dabei, den Mut aufzubringen, eigene liebgewonnene Denk- und Verhaltensmuster zu hinterfragen und den Horizont für neue Erfahrungen und Perspektiven zu öffnen. Aus *entwe-der – oder* wird *sowohl als auch*. Das wirkt sich grundlegend auf die Beziehungen, Kulturen und Rahmenbedingungen von Organisationen aus.

4.6   Denkanstöße für die Praxis

Selbstführung
Selbstführung kann dabei helfen, ein Verständnis für die eigenen Bedürfnisse zu entwickeln. Wie viel Zusammengehörigkeit brauche ich, wie sehr möchte ich meinen eigenen Weg gehen? Selbstführung richtet den Blick auf die eigenen, inneren Prozesse (Denken, Fühlen, Handeln) und beschäftigt sich mit dem Was, Wie und Warum unseres Handelns. Das Ziel von Selbstführung ist es, mit Hilfe von Reflexion herauszufinden, was mir dabei hilft, meinen (Arbeits-)Alltag so zu gestalten, dass ich mich wohlfühle und motiviert und leistungsfähig bin – auch wenn meine Pflichten hin und wieder mühsam erscheinen. Das nützt uns selbst und auch anderen. Denn wenn wir Strategien entwickelt haben, unsere Bedürfnisse im Alltag zu berücksichtigen, sind wir eher in der Lage, andere darin zu unterstützen, für sich ebenfalls ein förderliches Umfeld zu schaffen. Es gibt bereits einige Tools, um Selbstführung zu üben, eines davon haben wir in einem Forschungsprojekt entwickelt und getestet. Probieren Sie es aus: www.zhaw.ch/psychologie/selbstfuehrung.

Vielfalt anerkennen und pflegen
Organisationen sind oft vielfältig und widersprüchlich. Wir empfehlen, Diversität explizit anzuerkennen, wertzuschätzen und zu pflegen. Dadurch entsteht bei möglichst allen Personen ein Gefühl des Dazugehörens und Akzeptiertseins. Auf der Basis von Inklusion können wir vertrauensvolle, stabile Beziehungen zueinander aufbauen. Das tut uns Menschen gut und beugt zwischenmenschlichem Stress vor. Zudem ermöglichen es erst diese inklusiven Beziehungen, das Potenzial der Vielfalt auch wirklich zu nutzen. Denn Perspektivenvielfalt kann sich bei der Lösung von komplexen Problemen als entscheidender Faktor erweisen. Idee: Beziehen Sie Kolleg:innen in Entscheidungen oder Problemlösungen ein, die sie direkt betreffen. Schaffen Sie Meetingformate, in denen reihum alle ihre Meinung mitteilen können. Beurteilen Sie nicht, hören Sie zu. Gelingt es Ihnen nicht, eine Meinung nachzuvollziehen, fragen Sie so lange unterstützend nach, bis Sie ausreichend verstanden haben, was gemeint war. Machen Sie sich für alle einsehbare Notizen, das ist auch ein Zeichen der Wertschätzung. Bedanken Sie sich für den Input. Nehmen Sie sich Bedenkzeit. Treffen Sie eine Entscheidung. Gegebenenfalls möchten Sie noch nachfragen, ob es einen triftigen Grund gibt, warum die Entscheidung anders ausfallen müsste.

Zwischenmenschliche Beziehungen entwickeln und pflegen
Eine ZHAW-interne Erhebung hat ergeben, dass ein offenkundiges Bedürfnis der Menschen danach besteht, „gesehen zu werden" (Zirkler et al., 2020). Das lässt sich leicht auf andere Kontexte übertragen. Ein „Gesehen werden" wird in einer Level-2-Beziehung

(Schein & Schein, 2018) gelebt. Dabei geht es darum, sich für die betreffenden Menschen ganzheitlich zu interessieren und sie nicht nur transaktional als Arbeitskräfte zu sehen. Das „Ich sehe dich" bedeutet jedoch nicht zwangsläufig ein „Ich mag dich" oder „Ich möchte dein:e Freund:in sein", sondern eine respekt- und vertrauensvolle Verbindung, in der sich jede:r als ganze Person einbringen kann. Die ZHAW-Studie zeigt, dass gerade dieser Aspekt der Führungs- und Zusammenarbeit sehr bedeutsam ist, aber zu wenig Beachtung seitens der Führungskräfte erfährt (Zirkler et al., 2020). Wir empfehlen daher eine Entwicklung hin zu Level-2- oder sogar Level-3-Relationsships (Schein & Schein, 2018).

Begegnungen fördern
Beziehungsgestaltung braucht Begegnungsräume (Zirkler & Herzog, 2021). Daher empfiehlt es sich, gezielt Formate anzubieten, in denen Raum für Einzelfeedbacks und Teamreflexion ist. Darüber hinaus braucht es Raum für informelle, absichtslose Begegnungen. Denn informelle Kommunikation schafft die Grundlage für Beziehungen und Verbundenheit, sie trägt dazu bei, dass neue Ideen entstehen und Entscheidungen getroffen werden, und leistet einen Beitrag zu deren Qualitätsverbesserung (Zirkler et al., 2020). Gerade wenn regelmäßig remote gearbeitet wird, kommt die informelle Kommunikation oft zu kurz. Es ist daher wichtig, hin und wieder physische Begegnungsräume zu schaffen und Büroräumlichkeiten so zu gestalten, dass spontane Begegnungen wahrscheinlich werden.

Balance der Bedürfnisse
Es kann Situationen geben, in denen die Bedürfnisse der Organisation oder der Menschen für eine bestimmte Zeit priorisiert werden müssen, um ein wirtschaftliches oder kulturelles Ziel zu erreichen. Dabei sollte jedoch darauf geachtet werden, dass ein Mindestmaß an Bedürfnisbefriedigung in beiden Bereichen dennoch gewahrt bleibt. Eine Unterversorgung in einem Bereich wirkt sich negativ auf die Zielerreichung im anderen Bereich aus. Strebt eine Organisation beispielsweise an, neue Arbeitsformen einzuführen, konzentriert sie sich für eine gewisse Zeit auf die strukturelle und zwischenmenschliche Ebene, um einen Lernprozess anzustoßen. Wird dabei die Wirtschaftlichkeit vernachlässigt, steigt der Druck auf die Produktivität der Menschen an einem gewissen Punkt plötzlich an, in der Regel mit Eintreffen der Quartals- oder Jahreszahlen. Der kulturelle Wandel rückt zwangsläufig in den Hintergrund, versandet womöglich wirkungslos oder löst gar Frust aus Kap. 8. Es hilft, den Fokus der Führung als eine oszillierende Bewegung zu verstehen, die in kürzeren Zeiteinheiten abgleicht, ob die Bedürfnisse der Organisation und der Menschen in einem gesunden Verhältnis stehen.

Neue (Arbeits-)Erfahrungen
Personen mit Führungsaufgaben erweitern ihre Perspektive, entwickeln ein breiteres Spektrum an Fähigkeiten und bauen ein Netzwerk von Kolleg:innen mit unterschiedlichen Fachkenntnissen und Sichtweisen auf. Idee: Übernehmen Sie bewusst Rollen und Aufgaben, die außerhalb Ihrer Komfortzone liegen (in Anlehnung an Kaiser, 2020).

Reflexion und Feedback

Personen mit Führungsaufgaben reflektieren über die Auswirkungen und die Wirksamkeit ihres Verhaltens. Sie reagieren nicht nur gut auf Veränderungen, sie ändern auch ihr Verhalten als Reaktion auf konstruktive Kritik. Idee: Fragen Sie Ihre Kolleg:innen: Womit muss ich aufhören, anfangen und weitermachen, um effektiver zu sein? Neige ich manchmal dazu, meine Stärken zu übertreiben (in Anlehnung an Kaiser, 2020)?

Persönlichkeitsentwicklung

Personen mit Führungsaufgaben sind offen für neue Fähigkeiten und Verhaltensweisen und lassen sich nicht von den eigenen Stärken blenden. Sie überschreiten oft absichtlich die Grenzen des Vertrauten und Bequemen, um die eigene Perspektive zu erweitern. Idee: Laden Sie regelmäßig Kolleg:innen zum Kaffee oder Mittagessen ein, deren Fähigkeiten und Perspektiven sich von Ihren unterscheiden. Fragen Sie nach ihren Standpunkten und Denkweisen. Interessieren Sie sich dafür, was und wie andere lernen, und versuchen Sie es selber. Versuchen Sie, die Dinge durch die Augen der anderen zu sehen (in Anlehnung an Kaiser, 2020).

Literatur

Avery, G. C., & Bergsteiner, H. (2011). *Sustainable leadership: Honeybee and locust approaches.* Routledge.

Brewer, M. (1991). The social self: On being the same and different at the same time. *Personality and Social Psychology Bulletin, 17*(5), 475–482. https://doi.org/10.1177/0146167291175001

Bröckling, U. (2007). *Das unternehmerische Selbst: Soziologie einer Subjektivierungsform.* Suhrkamp.

Buber, M. (1995). *Ich und Du* (11. Aufl.). Reclam.

Carmeli, A., Reiter-Palmon, R., & Ziv, E. (2010). Inclusive leadership and employee involvement in creative tasks in the workplace: The mediating role of psychological safety. *Creativity Research Journal, 22*(3), 250–260. https://doi.org/10.1080/10400419.2010.504654

Cotter-Lockard, D. (2017). *Authentic leadership and followership: International perspectives.* Springer.

Dutton, J. E., & Heaphy, E. D. (2003). The power of high-quality connections. In K. S. Cameron, J. E. Dutton & R. E. Quinn (Hrsg.), *Positive organizational scholarship. Fondations of a new discipline* (S. 263–278). Berret-Koehler.

Edmondson, A. C. (2020). *Die angstfreie Organisation: Wie Sie psychologische Sicherheit am Arbeitsplatz für mehr Entwicklung.* Lernen und Innovation schaffen.

Ferdman, B. M. (2014). The practice of inclusion in diverse organizations: Toward a systemic and inclusive framework. In B. M. Ferdman & B. R. Deane (Hrsg.), *Diversity at work: The practice of inclusion* (S. 3–54). Jossey-Bass.

Ferdman, B. M., & Robert, L. M. (2014). Creating inclusion for oneself: Knowing, accepting and expressing one's whole self at work. In B. M. Ferdman & B. R. Deane (Hrsg.), *Diversity at work: The practice of inclusion* (S. 93–127). Jossey-Bass.

Fojcik, T. M. (2015). *Ambidextrie und Unternehmenserfolg bei einem diskontinuierlichen Wandel: Eine empirische Analyse unter besonderer Berücksichtigung der Anpassung und Veränderung von Organisationsarchitekturen im Zeitablauf.* Springer.

Furtner, M. (2016). *Empowering Leadership: Mit selbstverantwortlichen Mitarbeitern zu Innovation und Spitzenleistungen.* Springer.

Gallegos, P. V. (2014). The work of inclusive leadership: Fostering authentic relationships, modeling courage and humility. In B. M. Ferdman & B. R. Deane (Hrsg.), *Diversity at work: The practice of inclusion* (S. 177–202). Jossey-Bass.

Greenleaf, R. K., Frick, D. M., & Spears, L. C. (1996). *On becoming a servant leader: The private writings of Robert K.* Wiley.

Herzog, J. (2020). *Inclusive Leadership im Fokus. Auswirkungen auf Beziehungsqualität und psychologische Sicherheit im virtuellen Arbeitsumfeld [Masterarbeit].* Zürcher Hochschule für Angewandte Wissenschaften.

Hüther, G. (2019). *Was wir sind und was wir sein könnten. Ein neurobiologischer Mutmacher* (10. Aufl.). Fischer.

Jansen, W. S., Otten, S., van der Zee, K. I., & Jans, L. (2014). Inclusion: Conceptualization and measurement. *European Journal of Social Psychology, 44*(4), 370–385. https://doi.org/10.1002/ejsp.2011

Kaiser, R. B. (2020). The best leaders are versatile ones. *Harvard Business Review.* https://hbr.org/2020/03/the-best-leaders-are-versatile-ones. Zugegriffen am 24.01.2022.

Larmore, C. (2017). *Das Selbst in seinem Verhältnis zu sich und zu anderen.* Klostermann Rote Reihe.

Mor Barak, M. (2000). Beyond affirmative action. Toward a model of diversity and organizational inclusion. *Administration in Social Work, 23*(3–4), 47–68. https://doi.org/10.1300/J147v23n03_04

Mor Barak, M., Cherin, D., & Berkman, S. (1998). Organizational and personal dimensions in diversity climate: Ethnic and gender differences in employee perceptions. *The Journal of Applied Behavioral Science, 34*(1), 82–104. https://doi.org/10.1177/0021886398341006

Nembhard, I. M., & Edmondson, A. C. (2006). Making it safe: The effects of leader inclusiveness and professional status on psychological safety and improvement efforts in health care teams. *Journal of Organizational Behavior, 27*(7), 941–966. https://doi.org/10.1002/job.413

Pruzan, P., & Pruzan Mikkelsen, K. (2007). *Leading with wisdom. Spiritual-based leadership in business.* Routledge.

Randel, A. E., Galvin, B. M., Shore, L. M., Ehrhart, K. H., Chung, B. G., Dean, M. A., & Kedharnath, U. (2018). Inclusive leadership: Realizing positive outcomes through belongingness and being valued for uniqueness. *Human Resource Management Review, 28*(2), 190–203. https://doi.org/10.1016/j.hrmr.2017.07.002

Reckwitz, A. (2019). *Die Gesellschaft der Singularitäten: Zum Strukturwandel der Moderne.* Suhrkamp.

Roberson, Q. M. (2006). Disentangling the meanings of diversity and inclusion in organizations. *Group & Organization Management, 31*(2), 212–236. https://doi.org/10.1177/1059601104273064

Schanze, J., & Schuster, J. (2014). Werte als Basis für souveräne und authentische Führung. In J. Schanze & J. Schuster (Hrsg.), *Der Weg zur Meisterschaft in der Führung: Führung und Selbst-Führung auf dem Weg zur Spitze* (S. 51–87). Springer Fachmedien. https://doi.org/10.1007/978-3-658-04332-2_4

Schein, E. H., & Schein, P. (2018). *Organisationskultur und Leadership.* Franz Vahlen.

Schnorrenberg, L. J., Stahl, H. K., Hinterhuber, H. H., & Pircher-Friedrich, A. M. (2014). *Servant Leadership: Prinzipien dienender Führung in Unternehmen.* Erich-Schmidt-Verlag.

Schneeberger, S. J., & Habegger, A. (2020). Ambidextrie – der organisationale Drahtseilakt. In J. Schellinger, K. O. Tokarski & I. Kissling-Näf (Hrsg.), *Digitale Transformation und Unternehmensführung: Trends und Perspektiven für die Praxis* (S. 105–144). Springer Fachmedien. https://doi.org/10.1007/978-3-658-26960-9_6

Schröder, S. H., Baldegger, U., & Klösel, K. (2021). Empowering Leadership als Erfolgsfaktor in der Innovation: Empowering Leadership, Transformationale Führung, Transaktionale Führung, Forschung & Entwicklung, Produktentwicklung, Produktinnovation. *Leadership, Education, Personality: An Interdisciplinary Journal, 3*(1), 9–20. https://doi.org/10.1365/s42681-021-00021-w

Schulte, V., Steinebach, C., & Veth, K. (2021). *Achtsame Führung. Schlüsselelemente für das Management im 21*. Schäffer-Poeschel.

Shore, L. M., Randel, A. E., Chung, B. G., Dean, M. A., Holcombe Ehrhart, K., & Singh, G. (2011). Inclusion and diversity in work groups: A review and model for future research. *Journal of Management, 37*(4), 1262–1289. https://doi.org/10.1177/0149206310385943

Shore, L. M., Cleveland, J. N., & Sanchez, D. (2018). Inclusive workplaces: A review and model. *Human Resource Management Review, 28*(2), 176–189. https://doi.org/10.1016/j.hrmr.2017.07.003

Smith, R. (2019). *Where authentic leaders DARE: From professional competence to inspiring leadership*. Routledge.

Uhl-Bien, M. (2006). Relational leadership theory: Exploring the social processes of leadership and organizing. *The Leadership Quarterly, 17*(6), 654–676. https://doi.org/10.1016/j.leaqua.2006.10.007

Winters, M. F. (2014). From diversity to inclusion: An inclusion equation. In B. M. Ferdman & B. R. Deane (Hrsg.), *Diversity at work: The practice of inclusion* (S. 205–228). Jossey-Bass.

Wulffli, P. A. (2015). *Inclusive Leadership: A framework for the global era*. Springer.

Zirkler, M., & Herzog, J. (2021). Inclusive Leadership: Die Gestaltung von Zusammengehörigkeit als zentrale Herausforderung in der digitalen Arbeitswelt. *Wirtschaftspsychologie, 23*(3), 6–31.

Zirkler, M., & Kotrubczik, H. (2012). Führung als Herstellung und Pflege einer Wertegemeinschaft. Zürcher Hochschule für Angewandte Wissenschaften. https://digitalcollection.zhaw.ch/handle/11475/13103. Zugegriffen am 13.11.2021.

Zirkler, M., Scheidegger, N., & Bargetzi, A. I. (2020). Führung auf Distanz Eine Untersuchung zur Distanzführung während des coronabedingten Lockdowns 2020 an der ZHAW. Zürcher Hochschule für Angewandte Wissenschaften. https://doi.org/10.21256/zhaw-20775

Soziale Innovationen in Organisationen gestalten

Einen förderlichen Rahmen für gelingende Kooperation und Potenzialentfaltung schaffen

Denn das ist eben die große und gute Einrichtung der menschlichen Natur, dass in ihr alles im Keim da ist und nur auf eine Entwicklung wartet. (Johann Gottfried Herder)

Zusammenfassung

Das Kapitel widmet sich der Frage, wie ein Umfeld und ein Rahmen gestaltet werden können, welche für Kooperation und Entwicklung in und von Organisationen förderlich sind. Dafür werden zunächst personale und organisationale Entwicklungsstufen betrachtet. Darauf aufbauend werden Aspekte und Perspektiven auf Führung und Macht vorgestellt, und es zeigt sich, dass beziehungs- und entwicklungsorientierte Führung in dynamischen Umfeldern ein besonderes Potenzial birgt. Um potenzialfokussierte Organisationsentwicklung gezielt auf struktureller sowie kultureller Ebene zu fördern, wird ein Diagnose- und Entwicklungsmodell vorgestellt, welches zu diesem Zweck individuell eingesetzt werden kann.

Die vorangegangenen Kapitel haben die Relevanz neuer Arbeitsformen und das Potenzial einer beziehungs- und entwicklungsorientierten Führung mit inklusiver Haltung beschrieben. Dazu passt das vom Kybernetiker W. Ross Ashby formulierte „Gesetz der erforderlichen Vielfalt" (Ashby, 1956, S. 206). Es besagt, dass wenn ein System in der Lage sein soll, mit der Vielfalt der Herausforderungen, die seine Umwelt hervorbringt, erfolgreich umzugehen, dann muss es über ein Repertoire an Reaktionen verfügen, das (mindestens) so nuanciert ist wie die von der Umwelt aufgeworfenen Probleme.

© Der/die Autor(en), exklusiv lizenziert an Springer Fachmedien Wiesbaden GmbH, ein Teil von Springer Nature 2023
J. Herzog et al., *Soziale Innovationen in der Führung*,
https://doi.org/10.1007/978-3-658-39118-8_5

Um dem Gesetz der Vielfalt gerecht zu werden, ist eine netzwerkartige, dezentrale Steuerung anzustreben, die im Einklang mit einer vertrauensvollen Kultur gelebt wird. Eine Organisation, in der Menschen sich ausreichend sicher und zugehörig fühlen, um ihre vielfältigen Perspektiven einbringen zu können. Eine Organisation, die in der Lage ist, Komplexität zu meistern und sich an dynamische Veränderungen anzupassen. Positiv verstärkt wird dies durch eine sinnstiftende Zielausrichtung, die es Menschen leichter macht, vorhandene Strukturen aufzuweichen und sie in diesem Sinn zu verändern (Glasl et al. (2020)). Wir benötigen daher ein Umfeld, in dem die Entwicklung von innovativen Arbeits- und Kooperationsweisen bewusst gefördert wird, so dass Organisationen ihre Ziele wirksam verfolgen und dabei ihre integrierende Funktion wahrnehmen können Kap. 1.

Jede Organisation ist in ihrem Kontext, mit ihrer Ausrichtung und ihrer Kultur einzigartig. Wie kann im Einklang damit ein Rahmen gestaltet werden, in dem diese Entwicklung gelingt? Wir schlagen im Folgenden ein Diagnose- und Entwicklungsmodell vor, dass ganz praktisch dabei helfen kann, soziale Innovationen in der Führung zu erkennen und zu fördern, um das Potenzial von Menschen, Teams und Organisationen zu entfalten. Zunächst klären wir jedoch, was wir unter Entwicklung verstehen und welche Rolle der Führung dabei zuteil wird.

5.1   Entwicklung als Reifungsprozess

Viele Organisationen sehen sich angesichts des Zeitgeistes damit konfrontiert, sich verändern zu müssen Kap. 2. Daraus ergibt sich die Notwendigkeit zur Anpassung und zur Weiterentwicklung. Wobei Entwicklung ja immer stattfindet, unabhängig davon, ob sie aktiv kuratiert wird oder nicht. Getreu dem Bonmot „Lösungen von heute sind Probleme von morgen" verstehen wir Entwicklung als einen fortwährenden Reifungsprozess. Dieser zeigt sich in der Entwicklung von Menschen, Teams, Organisationen und Gesellschaften. Infolgedessen ist die Fähigkeit, mit Veränderung bewusst umgehen zu können, unverzichtbar.

Organisationen sind als Entitäten eingebettet in größere gesellschaftliche, technologische, ökonomische und ökologische Zusammenhänge. Gleichzeitig sind sie selbst komplexe Systeme, die einerseits bewusst gestaltet werden können und andererseits einer spontanen und häufig unbewussten Dynamik unterliegen. Das war womöglich auch Karl Poppers Perspektive, als er postulierte, alles Leben sei Problemlösen (Popper, 2015). Oder ausführlicher formuliert:

> Jede Lösung eines Problems schafft neue, ungelöste Probleme. Diese neuen Probleme sind umso interessanter, je schwieriger das ursprüngliche Problem war und je kühner der Lösungsversuch. Je mehr wir über die Welt erfahren, je mehr wir unser Wissen vertiefen, desto bewusster, klarer und fester umrissen wird unser Wissen über das, was wir nicht wissen, unser Wissen über unsere Unwissenheit. (Popper, 1984, S. 62)

Mit zunehmender Vernetzung der Welt werden auch die zu lösenden Probleme komplexer. Dies erfordert neue Perspektiven und damit die Erweiterung bestehender Denk-, Handlungs- und Lösungsmuster. In diesem Zusammenhang werden individuelle, organisationale und gesellschaftliche Entwicklungsmuster und Reifeprozesse seit vielen Jahren beschrieben und erforscht (Barta, 2020; Beck & Cowan, 2021; Binder & Cook-Greuter, 2016; Graves & Lee, 2002; Loevinger, 1987; Murray & O'Fallon, 2020). Sie beschreiben evolutionäre Entwicklung von Gesellschaften und Organisationen ebenso wie die des menschlichen Bewusstseins und werden vereinzelt in psychotherapeutischen Kontexten wie auch im Bereich der systemischen Organisationsentwicklung angewendet (Beck & Cowan, 2021; Laloux, 2015; Müller-Christ & Pijetlovic, 2018; Sagmeister, 2016). Gleichwohl besteht hier noch immer ein riesiges Potenzial für Forschung und Anwendung in der Praxis.

Abb. 5.1 stellt die evolutionäre Entwicklung menschlicher Organisationsformen in Anlehnung an das Spiral-Dynamics-Modell dar, welches von Don Beck und Chris Cowan auf der Grundlage der Theorien von Clare W. Graves entwickelt wurde (Beck & Cowan, 2021). Jede einzelne Ebene repräsentiert dabei eine spezifische Reifestufe, die durch bestimmte Werte und Führungspräferenzen gekennzeichnet ist. Entlang dieser Prägungen werden Orientierung

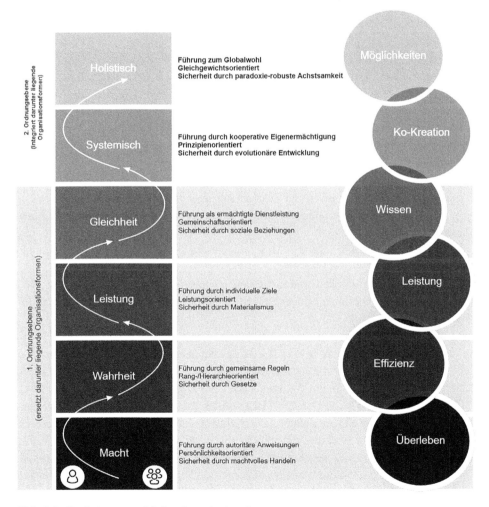

Abb. 5.1 Evolution menschlicher Organisationsformen

und Ordnung für die Organisation erzeugt. Über die einzelnen Stufen hinweg wechseln sich dabei die kollektive und die individuelle Orientierung ab. Während des Entwicklungsverlaufs entlang der Spirale kommt es sowohl zu horizontalen Ausdehnungen (Zuwachs an Wissen, Fähigkeiten und Kompetenzen) als auch zu vertikalen Stufenwechseln (das Denkvermögen wird komplexer, systemischer, strategischer, vernetzter). Diese Stufenwechsel finden statt, wenn die Limitierungen einer bestimmten Stufe erkannt und überwunden werden. Kennzeichnend ist, dass auf der ersten Ordnungsebene die Reifestufen einander jeweils ablösen und ersetzen. Erst ab der zweiten Ordnungsebene sind die darunterliegenden Qualitäten und Kapazitäten integriert und lassen sich bewusst einsetzen (Beck & Cowan, 2021).

Abhängig von der jeweiligen Ordnungsebene ist es leichter oder schwieriger, sich selbst und die eigene Situation oder die Situation eines Systems zu betrachten, infrage zu stellen und bestimmte Entwicklungen bewusst zu fördern. Eine Bewusstseinsweite der zweiten Ordnungsebene bringt Qualitäten mit sich, die für die Führung und Gestaltung von Organisations- und Gesellschaftssystemen zweifellos vorteilhaft sind. Denn die Bewusstseinsweite der zweiten Ordnungsebene …

- ermöglicht es, sich selbst und die Umwelt entlang zeitlicher Dimensionen (Vergangenheit, Jetzt, Zukunft) unterschiedlich gezielt wahrzunehmen und zu betrachten;
- erlaubt es, systemische Muster zu erkennen und die Perspektive auf das System zu richten;
- konstruiert, verändert und bespielt den jeweils gültigen Ausschnitt der Welt (die „Wahrheit") und beeinflusst so unsere Wahrnehmung der Welt, „wie sie ist", auf Basis der gemachten Erfahrungen;
- modelliert die Sichtweise und die Bewertung von wahrgenommenen Zuständen, Gegebenheiten, Wechselwirkungen und Zusammenhängen (Qualitäten und Quantitäten);
- bewertet, gewichtet und kombiniert innere und äußere emotionale wie rationale Eindrücke unterschiedlich stark;
- bestimmt die Kapazität, scheinbar Unvereinbares zu akzeptieren, zu kombinieren und zu integrieren;
- steuert die Aufmerksamkeit und das Potenzial- und Problembewusstsein bzw. -verständnis, woraus Optimismus oder Pessimismus resultieren, die Handlungen und Ergebnisse beeinflussen.

Aus konstruktivistischer Perspektive lässt sich argumentieren, dass die Welt aus jeder dieser Reifestufen anders betrachtet, bewertet und schließlich konstruiert wird. Die vorherrschende Perspektive formt unsere aktuelle „Wahrheit" und ist doch gleichermaßen ein Konstrukt, das wir ständig anpassen. Wir erzählen dabei unsere Erlebnisse und Narrative über die Vergangenheit, die Gegenwart und die Zukunft je nach Stufe und Perspektive immer etwas anders. Dabei ist wichtig zu betonen, dass die einzelnen Reifestufen weder besser noch schlechter sind. Ebenso, wie jede:r von uns als Kind nicht schlecht und heute als Erwachsener gut ist, wohl aber reifer. Und mit dieser Reife hat sich auch die Perspektive auf die Welt verändert, wurden Erfahrungen gesammelt und haben sich neue Fähigkeiten ausgebildet. In diesem

Sinne ist die jeweilige Reifestufe immer ein zeitpunktbezogener Zustand, welcher ein noch nicht ausgebildetes Entwicklungspotenzial in sich birgt.

Eine Erkenntnis ist dabei, dass die Kombination spezifischer Werte und Kompetenzen einzelner Reifegrade und Werte auf der ersten Ordnungsebene nicht bewusst angewählt oder gar integriert werden können. Oft stoßen sie einander zunächst sogar ab (Beck & Cowan, 2021). Allerdings lenken sie immer die Aufmerksamkeit entlang der vorherrschenden Werte und beeinflussen, wie Unterschiede zwischen einer aktuellen Gegebenheit und einem vermeintlich besseren Zustand beurteilt werden. Damit einhergehend lassen sich auch verschiedene Organisationsbilder beschreiben, z. B. die Organisation als Maschine, als Organismus, als Gehirn oder als strömender Fluss der Transformation (Morgan, 2006).

Ab einem gewissen Reifegrad können Menschen für die Beurteilung von Problemen und Lösungen bewusst auf Gedanken und Gefühle und die damit verbundenen Perspektiven und Kompetenzen zugreifen. Das bedeutet, dass rationale sowie intuitiv-emotionale Schlüsse (das Bauchgefühl) unsere Entscheidungen, unser Handeln und unser Miteinander gleichermaßen beeinflussen. In dieser Integrationsleistung liegt ein großes Potenzial für soziale Innovationen in der Führung. Führung soll Menschen, Teams und Organisationen dabei unterstützen, den Blickwinkel auf Probleme zu verändern, um wahrnehmen zu können, was bisher übersehen wurde. Das ist ein weiterer Grund dafür, ein inklusives Umfeld zu schaffen, in dem Offenheit und Vielfalt gepflegt werden.

Wagner (2013) beschreibt vier Dimensionen von Weisheit oder eben Bewusstseinsweite in der Führung:

1. personale (selbstbezogene) Weisheit
2. interpersonale Weisheit (Mitarbeiterführung, Kontakte, Konfliktführung)
3. organisationale Weisheit (Wissen und Vertrauen in der Organisation)
4. kontextuelle Weisheit (Nachhaltigkeit, ethisches Verhalten auch für das Umfeld der Organisation)

Dabei unterscheiden sich reife Führungspersonen von anderen dadurch, dass sie regelmäßiger Methoden der Bewusstseinsbildung einsetzen, wie „religiöse und musische Aktivitäten, körperorientierte Verfahren, Meditation, Coaching oder philosophische Reflexion" (Wagner, 2013, S. 7). Außerdem lassen sie sich sowohl im beruflichen als auch im privaten Kontext von ihren Werten und Überzeugungen leiten. Reifung ist dabei maßgeblich von ausgeprägten Selbstreflexionsfähigkeiten abhängig.

5.2   Die Rolle der Führung

Führungsaufgaben wurden in der Vergangenheit tendenziell zentralisiert und über einzelne Organisationsebenen hinweg Positionen zugeschrieben, bei denen sich Autorität, Macht, Entscheidungshoheit, Repräsentationsfunktion und Status konzentrierte. Anstatt Führung als verteilte Kompetenz oder inhärente Qualität zu betrachten, wurde sie auf wenige Personen projiziert, wodurch Führung de facto zu etwas Statischem und damit in ihrem Wirkungsgrad stark limitiert wurde.

Die Aufgaben und Funktionen, die häufig mit Führung assoziiert werden, können auf verschiedene Menschen und Rollen verteilt sein, um individuelles und kollektives Poten-

zial freizusetzen. Denn schließlich wird Kooperation nicht nur von einigen wenigen expliziten Führungskräften qua Rolle beeinflusst. Vielmehr beeinflussen sämtliche Mitglieder
der Organisation die nachstehenden Aspekte:

- Repräsentieren und Vorbild sein
- Orientierung geben
- Werte vermitteln und vorleben
- Gemeinschaft beschützen
- Sicherheit vermitteln
- Beziehungen gestalten
- Vertrauen ermöglichen
- Verantwortung übernehmen und abgeben
- Organisieren und strukturieren
- Zusammenarbeit fördern
- Leistung sicherstellen
- Menschen aktivieren und energetisieren
- Konflikte lösen
- Reflexion anregen
- Lernen und Entwicklung ermöglichen
- Veränderung realisieren

Bei genauerer Betrachtung der Praxis im organisationalen Alltag fällt auf, dass die aufge-
zählten Führungsaufgaben in vielerlei Hinsicht verteilt stattfinden oder zumindest verteilt
stattfinden könnten. Verteilt daher, weil die Perspektiven und Kompetenzen für spezifische
Details und Fragestellungen unserer heutigen Welt dermaßen vielfältig sind, dass sie nicht
von einem bzw. wenigen Anführern überblickt, zentral orchestriert und entschieden werden können. Es sind vielmehr kontextbezogene Entscheidungen nötig, die orientiert an
einer gemeinsamen Ausrichtung getroffen werden.

Daher ist weniger die Vielfalt der Führungsaufgaben ein Problem als vielmehr ihre ver-
meintliche Exklusivität in einer Arbeitswelt, die sich vom privaten Erleben und Handeln der
Menschen häufig eklatant unterscheidet. Während erwachsene Menschen im Rahmen ihrer
Möglichkeiten ihr Leben gestalten, Kinder zeugen und großziehen, Reisen organisieren, Fi-
nanzplanungen und Finanzierungen vornehmen, Konflikte bewältigen, Häuser bauen, Ver-
eine gründen usw., sind die gleichen Menschen auch heute noch in Arbeitsstrukturen eingebettet, in denen ihr Gestaltungs- und Entscheidungsspielraum häufig unklar und/oder stark
eingeschränkt ist, wenngleich sie im Privatleben durchaus Führungsaufgaben ausführen.

Hinzu kommt, dass die Förderung von Führungskompetenzen und Persönlichkeitsentwicklung oft auf Menschen in klassischen Führungspositionen beschränkt ist. Sie profitieren von
Kommunikations- und Konfliktlösungstrainings, von Reflexionsformaten wie Supervisionen
und Coachings oder auch vom Wissensaufbau in Bezug auf Steuerungsthemen. Warum sollten
derartige Formate auf Menschen in Führungspositionen limitiert sein? Denn gerade die Ausbildung persönlicher Reife ist nicht nur im Kontext von Führung relevant, sondern ganz allgemein

in zwischenmenschlichen Begegnungen. Logische Konsequenz wäre also, möglichst vielen Menschen den Zugang zu Führungsweiterbildungen zu ermöglichen, um Persönlichkeitsentwicklung zu fördern und damit die Organisationen und die Menschen zu stärken.

Beziehungs- und entwicklungsorientierte Führung gestaltet die Rahmenbedingungen, innerhalb derer Menschen miteinander Probleme lösen und sich entwickeln. Sie anerkennt sowohl den leistungsbezogen-funktionalistischen als auch den gesellschaftlich-integrierenden Wert der zwischenmenschlichen Kooperationen in Organisationen. Das Resultat dieser Anstrengungen ist Potenzialentfaltung auf individueller und kollektiver Ebene. Um ein solches Umfeld gestalten zu können, braucht es neben rationalem, fachlichem Wissen vor allem emotionale und empathische Kompetenzen.

5.3   Führen und Folgen

Unabhängig von der jeweiligen Organisationsstruktur gibt es eine Konstante: Mit Führen geht Folgen einher. Andernfalls bliebe Führung ohne Resonanz und würde sich erübrigen. Führen und Folgen bilden eine Symbiose, aus der gelingende Kooperation und gemeinsame Ausrichtung erwächst. Dabei geht es auch immer darum, wechselseitig Einfluss, also Macht auszuüben. Leider liegt der Fokus zumeist ausschließlich auf der Frage, was gute Führung ist. Dabei drängt sich aus einer beziehungs- und entwicklungsorientierten Führungsperspektive die Frage auf, was nötig ist, um gut folgen zu können.

Wie wir Macht verteilen und wie wir mit Macht umgehen, beeinflusst uns im Persönlichen wie auch in der Arbeitswelt. Klassischerweise wird Macht an bestimmte Führungsrollen geknüpft. Damit wird diesen Rollen ein entsprechender Status eingeräumt, was zur Zentralisierung der Macht führt. Gleichwohl finden machtvolles Handeln und Einflussnahme auch jenseits designierter Führungsrollen statt.

In seinem Buch „The Power Paradoxon" widmet sich Dacher Keltner dem Phänomen Macht. Er geht der Paradoxie nach, wie Macht, also die Kapazität, einen positiven Unterschied in der Welt herzustellen, dennoch viel Schlechtes hervorbringt (Keltner, 2016):

> Wie wir mit diesem Macht-Paradox umgehen, bestimmt unser persönliches Leben und unser Verhalten bei der Arbeit und entscheidet letztlich, wie glücklich wir und die Menschen sind, für die wir sorgen. (S. 8)

Keltner (2016) formuliert 20 Prinzipien der Macht, die für Führen und Folgen relevant sind. Ihre Kenntnis kann helfen, Macht für Potenzialentfaltung und Entwicklung einzusetzen, und damit dazu beitragen, soziale Innovationen im Sinne dieses Buches zu fördern.

1. Macht bedeutet, den Status anderer zu ändern.
2. Macht steckt in jeder Beziehung und in jeder Interaktion.
3. Macht steckt in all unseren Alltagshandlungen.
4. Macht gewinnen wir, indem wir die anderen in den sozialen Netzwerken stärken und ihnen Macht verleihen.

5. Gruppen verleihen denjenigen Macht, die das Gemeinwohl fördern.
6. Gruppen verleihen Ansehen, das die Einflussmöglichkeiten bestimmt.
7. Gruppen belohnen diejenigen, die mit ihrem Status und ihrem Ansehen das Gemeinwohl fördern.
8. Gruppen bestrafen diejenigen, die das Gemeinwohl mit Klatsch untergraben.
9. Dauerhafte Macht erwächst aus Empathie.
10. Dauerhafte Macht beruht auf Geben statt Nehmen.
11. Dauerhafte Macht beruht darauf, Dankbarkeit zu zeigen.
12. Dauerhafte Macht beruht darauf, Geschichten zu erzählen, die zusammenführen.
13. Macht führt zu Defiziten an Empathie und moralischem Handeln.
14. Macht führt zu einem eigennützigen, impulsiven Wesen.
15. Macht führt zu Unhöflichkeit und Respektlosigkeit.
16. Macht führt zu überheblichen Geschichten von Einzigartigkeit.
17. Machtlosigkeit heißt, permanent Bedrohungen vor Augen zu haben.
18. Stress führt zur Erfahrung von Machtlosigkeit.
19. Machtlosigkeit untergräbt die Fähigkeit der einzelnen, zur Gesellschaft beizutragen.
20. Machtlosigkeit macht krank.

Anders als in hierarchischen Systemen, in denen Führung entlang von Rang und Status stattfindet, richten sich Führung (und damit die Verteilung von Macht) und Folgen in innovativen Strukturen entlang spezifischer Rollen aus. Autorität und Macht werden dezentraler organisiert. Rollen sind dann explizit entlang von Sinn und Verantwortung gestaltet und werden kompetenzbasiert besetzt. Jede Rolle ist damit entlang ihrer Verantwortlichkeiten de facto eine Führungsrolle, was eine Handlungsfähigkeit erzeugt, die bei Positionsmacht nicht möglich ist. Führung findet im Kleinen wie im Großen statt. Dies impliziert, dass immer mehr Menschen mit Führungsaspekten betraut sind. Der Anteil von Führung und die Notwendigkeit breiter verteilter Kompetenzen steigen entsprechend.

Daher lässt sich Führung als natürliches Element betrachten, welches überall dort in Organisationen relevant wird und entsteht, wo immer Menschen bestimmte Verantwortlichkeiten wahrnehmen und aus diesen heraus miteinander kooperieren. Kooperation ist Ergebnis der Symbiose von Führen und Folgen.

Führung findet jedoch nicht nur über Personen statt. Sie wird auch stark durch organisationale Rahmenbedingungen modelliert und bedingt. Damit ist sie in expliziten Strukturen und Spielregeln von Organisationen ausgedrückt (z. B. Gesetze, Richtlinien, Prozessund Rollenbeschreibungen) und darüber hinaus in der impliziten Wertekultur einer Gemeinschaft (z. B. Feedback- und Kommunikationskultur) verankert.

5.4   Potenzialfokussierte Organisationsentwicklung

Um soziale Innovationen in der Führung zu fördern, sollte ein System so organisiert sein, dass Menschen optimale Rahmenbedingungen für vertrauensvolle Beziehungsgestaltung, gelingende Kooperation und Entwicklung vorfinden. Dadurch wird die Basis für Zusammengehörigkeit, Lernen und Wirksamkeit gelegt. Für die Führung ist es daher wichtig, organisationale Rahmenbedingungen bewusst gestalten zu können, um individuelle und kollektive Potenziale freizusetzen. Genau das ist das Ziel der potenzialfokussierten Organisationsentwicklung.

Die Rahmenbedingungen einer Organisation beeinflussen die Art und Weise, wie sich Menschen begegnen und miteinander (ko)operieren. Sie prägen dadurch indirekt die Kultur einer Organisation (Eckrich, 2017). Die Kultur wiederum hat Einfluss auf das Verhalten der Menschen und damit rückwirkend auf die Rahmenbedingungen. Diese sind damit sowohl Medium als auch Ergebnis des Handelns (Giddens, 1984). Eine Organisation bietet ihren Mitarbeitenden beispielsweise Feedbacktrainings an. Sie wenden daraufhin die neuen Fähigkeiten im Arbeitsalltag an. So entsteht eine konstruktive Lernkultur, die expandieren möchte. Daraus erwächst die Idee, neuen Mitarbeitenden während der Probezeit, erstmals nach vier Wochen, ein Feedback anzubieten, das ihnen Wertschätzung und Orientierung vermittelt.

Nachfolgend stellen wir unser potenzialfokussiertes Diagnose- und Entwicklungsmodell vor Abb. 5.2. Das Ziel des Modells ist, einerseits zu beschreiben, ob hilfreiche Rahmenbedingungen vorhanden sind. An der Stelle hat das Modell einen quantitativen Charakter, im Sinne einer Checkliste. Sind Elemente installiert, wird andererseits untersucht, wie hilfreich und wirksam sie in ihrem jeweiligen Kontext sind. Hier zeigt sich die qualitative Seite des Modells, im Sinne einer Vitalitätsmessung. Die zwei zentralen Dimensionen des Modells, organisationale Rahmenbedingungen und kulturelle Vitalität, beeinflussen sich zirkulär und sind Treiber eines fortwährenden Entwicklungskreislaufs. Im Zentrum des Modells stehen die Menschen, die innerhalb der gegebenen Rahmenbedingungen kooperieren. Entwicklung findet dann statt, wenn der organisationale Rahmen oder die kulturelle Vitalität reflektiert werden und sich daraus Maßnahmen und Initiativen ergeben, die zu Anpassungsleistungen führen. Dies bezeichnen wir als Dreiklang: Refle-

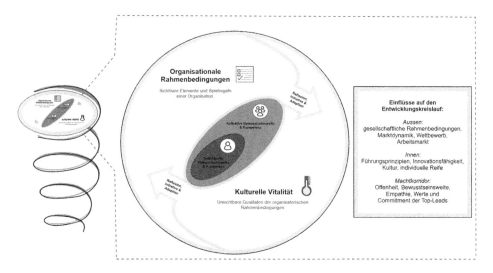

Abb. 5.2 Potenzialfokussiertes Diagnose- und Entwicklungsmodell

xion, Initiative und Adaption. Das Modell entspringt einem systemischen Grundgedanken und versteht sich als Querschnitt eines spiralförmigen Entwicklungsprozesses Abschn. 5.1. Die fünf Elemente des Modells werden im Folgenden vorgestellt.

5.4.1 Menschen im Zentrum der Organisation

Eine Organisation entwickelt sich stets in Entsprechung zu ihren Mitgliedern. Durch sie wird der Entwicklungskreislauf einer Organisation angetrieben, belebt und reflektiert. Das ist der Grund, weshalb Persönlichkeits- sowie Teamentwicklung in einer Organisation zwingender Bestandteil von effektiver und nachhaltiger Organisationsentwicklung ist.

Die Bewusstseinsweite oder Reife von Menschen hat maßgeblichen Einfluss auf deren Weit- und Weltsicht, auf das Wertesystem und die Handlungsweisen, auf die Problemwahrnehmung und Komplexitätstoleranz einer Organisation. Dies hat wiederum einen maßgeblichen Einfluss auf die Entwicklungsmöglichkeiten von Menschen und Organisationen und damit auf deren Potenzialentfaltung.

Menschen sind zugleich eine Resonanzquelle für die Qualität der organisationalen Rahmenbedingungen, also für die kulturelle Vitalität einer Organisation. Die kulturelle Vitalität drückt aus, wie hilfreich und wirksam der Organisationsrahmen ist und wie sicher und wohl sich die Menschen innerhalb der Organisation fühlen. Ist die kulturelle Vitalität hoch, wirkt sie positiv auf die Motivation, die Produktivität und das Wohlbefinden der Menschen. Ist die kulturelle Vitalität niedrig, verhält es sich entsprechend andersherum. Wann immer neue Arbeitsweisen oder -systeme in Organisationen eingeführt werden, liegt der Fokus zunächst auf der Etablierung der dafür förderlichen organisationalen Rahmenbedingungen.

5.4.2 Organisationale Rahmenbedingungen

Jede Organisation ist einzigartig. Der organisationale Rahmen umschreibt sowohl die Methoden, Regeln, Prinzipien, Frameworks, Arbeitsweisen, Rollen und Prozesse als auch die Rituale, Kategorien und Verhaltensmuster. All diese Elemente beeinflussen die Art und Weise, in der die Menschen in Teams und Organisationen miteinander kommunizieren und kooperieren. Zudem lassen sich diese Elemente (um)gestalten.

Der organisationale Rahmen einer Organisation kann ausgehend von seinem aktuellen Zustand bewusst gestaltet und im Sinne einer bestimmten Entwicklungsperspektive gezielt und zweckmäßig gefördert werden. Dies geschieht primär im Rahmen von Transformationsprojekten, mittels derer Teams oder Organisationen neue Arbeitsweisen und/oder -strukturen ausbilden. Hier kann ein struktureller Check anzeigen, wann zentral organisierte Change-Projekte zur Ausbildung neuer Strukturen angezeigt sind und wann sie enden.

Die Gestaltung dieser Rahmenbedingungen folgt einer bestimmten Aufbau- und Ablauforganisation Abb. 5.3, weit verbreitet sind Linien- und Matrixmodelle. Holakratie oder Soziokratie sind als Organisationsformen mittlerweile in der Praxis angekommen.

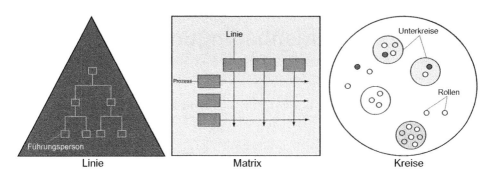

Abb. 5.3 Organisationsstrukturen

Aus den Ideen und Prinzipien der Soziokratie[1] haben sich mittlerweile Soziokratie 3.0[2] und Holakratie[3] entwickelt. Aufgrund dieser Verwandtschaft ähneln sich ihre Prinzipien, Elemente und Muster. Alle drei Ansätze werden eingesetzt, um selbstorganisierte Netzwerkorganisationen skalierbar zu gestalten, und fördern strukturell die Dezentralisierung von Autorität. Der Vorteil dieser Organisationsformen liegt in ihrer Explizitheit, ihrer Dezentralität bei gleichzeitiger Konnektivität und ihrer Anpassungsfähigkeit. Die Explizitheit zeigt sich in der Aufbauorganisation wie auch im operativen Kontext. Purpose-Klarheit und Purpose-Hierarchie, Rollenklarheit, spannungsbasiertes Arbeiten, verteilte Steuerungssysteme (KPI, Projekte, Checklisten) und effektive Synchronisationsroutinen ermöglichen diesen Organisationen eine vorteilhafte Dynamikrobustheit.

Während klassische Organisationen alle drei bis sechs Jahre einer anstrengenden Restrukturierung ausgesetzt werden, die zudem zentral gestaltet und organisiert wird, haben die selbstorganisierten Strukturen definierte Governance-Routinen, bei denen sich die Organisation dezentral am Ort des Geschehens „updated" – und zwar dann, wenn dies erforderlich ist. So wird zirkuläre Entwicklung durch die Organisationsstruktur ermöglicht und gefördert. Im „Organigramm", welches als kaskadierende Kreisstruktur visualisiert wird, sind stets die aktuellen Rollen und Verantwortlichkeiten transparent abgebildet, innerhalb derer auch verteilte Entscheidungsfindung ermöglicht wird.

So entstehen autopoietische Systeme, welche nicht nur ihre Strukturen, „sondern auch die Elemente, aus denen sie bestehen, im Netzwerk eben dieser Elemente selbst erzeugen" (Luhmann, 1997, S. 65). Dadurch werden ein gesteigerter Umgang mit Dynamik und eine Balance aus Alignment und Autonomie etabliert, die Kooperation, Entscheidungs- und Gestaltungsmöglichkeiten verteilen und fördern.

Organisationale Rahmenbedingungen lassen sich in Bezug auf ihren Fokus differenzieren: Es gibt Elemente, die sich auf die Organisation im Allgemeinen und auf die Menschen und Beziehungen im Spezifischen konzentrieren Abb. 5.4.

---

[1] https://soziokratiezentrum.org

[2] https://sociocracy30.org

[3] https://www.holacracy.org

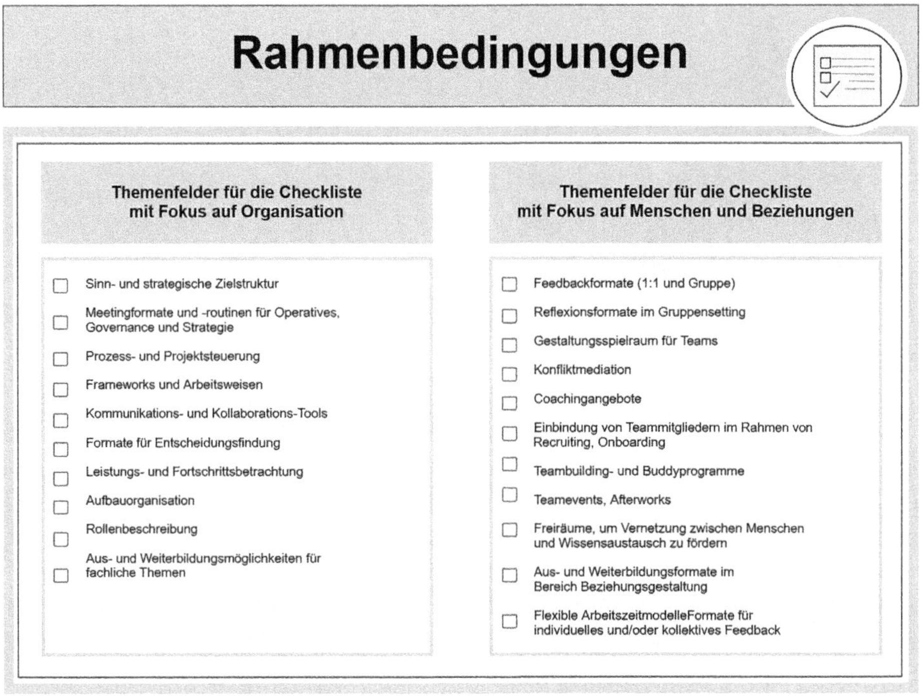

Abb. 5.4 Organisationale Rahmenbedingungen

In der Praxis wird der organisationale Rahmen entlang eines sogenannten Struktur-checks in jedem einzelnen Kontext einer Organisation untersucht.

Anwendung in der Praxis

Kernfrage: Sind organisationale Rahmenbedingungen für eine beziehungs- und entwicklungsorientierte Führung gegeben?

Die Erhebung erfolgte im Rahmen eines Transformationsprojektes zur Etablierung von Selbstorganisation in einem Unternehmen mit etwa 230 Menschen. Dabei wurde auf der Ebene der Gesamtorganisation sowie in den jeweiligen Teams das Vorhandensein bestimmter organisationaler Rahmenbedingungen erhoben. Dies geschah durch geschlossene Fragen, die mit Ja oder Nein zu beantworten waren.

- Unser Purpose ist formuliert und für alle Kreismitglieder sichtbar notiert.
- Unser Kreis-Purpose ist mit dem nächsthöheren Kreis-Purpose verbunden.
- Strategie und Prioritäten meines Kreises sind formuliert und für alle Kreismitglieder sichtbar notiert.
- Strategie und Prioritäten meines Kreises sind mit dem nächsthöheren Kreis abgestimmt.

- Verantwortlichkeiten sind in Rollen abgebildet und für alle Kreismitglieder sichtbar notiert.
- Die Projekte meines Kreises sind formuliert und für alle Kreismitglieder sichtbar notiert.
- Es gibt im Kreis eine vereinbarte Meetingroutine für eventuelle Anpassungen der Rahmenbedingungen.
- Es gibt im Kreis eine vereinbarte Meetingroutine zur operativen Synchronisation von Informationen, Aufgaben und Projekten.
- Es gibt im Kreis eine vereinbarte Meetingroutine für systematische Reflexion und Lernen.
- Wir notieren Spannungen und kennen die vier Dimensionen, in denen wir sie verarbeiten können (im Sinne von Abb. 6.4).

Aufgrund der kontextspezifischen Rückmeldungen wurde überblickt, inwieweit auf lokaler sowie globaler Ebene der Organisation die strukturellen Basisvoraussetzungen für gelingende Selbstorganisation, bezogen auf die hierfür nachgefragten Elemente, vorhanden waren. Fehlende strukturelle Elemente konnten so ausgebildet und integriert werden. ◄

Transparenz über das Vorhandensein oder Fehlen von organisationalen Rahmenbedingungen ist wertvoll. Nur so wird sichtbar, wo Veränderung und Entwicklung nötig ist. Aus dem reinen Vorhandensein bestimmter organisationaler Rahmenbedingungen lässt sich jedoch nichts über deren Qualität, Produktivität und Wirksamkeit in Hinblick auf die Potenzialentfaltung aussagen. Diese Frage vermag die kulturelle Vitalität zu klären.

5.4.3 Kulturelle Vitalität

Unter organisationaler Vitalität ist metaphorisch die Gesundheit oder Lebendigkeit der Organisation zu verstehen. Wenn die organisationalen Rahmenbedingungen gegeben sind, überprüft der Vitalitätscheck deren Qualität. Analog zur Temperaturmessung beim Menschen dient das Ergebnis dieser Erhebung der Diagnose von Auffälligkeiten, die in ihrem jeweiligen Kontext zu interpretieren sind. Ebenso wie die Vitalität eines Individuums hat auch die Vitalität einer Organisation direkten Einfluss auf deren Leistungsfähigkeit und die Beziehungen der Menschen.

Die Qualität und damit die Wirkung bestimmter Rahmenbedingungen ist manchmal nämlich ausgesprochen gering, z. B. bei ineffektiven Meetings. Auch wenn reflexive Meetings regelmäßig stattfinden, bedeutet dies nicht notwendigerweise, dass sie dem Team auch nützen. Die Menschen spielen dann Organisationstheater, das heißt, sie arbeiten in den gegebenen Strukturen und „spielen mit", wengleich die Wirksamkeit der Routinen (un)ausgesprochen gering ist und nicht hinterfragt wird.

Wird diese Diskrepanz nicht reflektiert und verändert, wirkt sie sich zunehmend negativ auf Wohlbefinden, Motivation und Produktivität der einzelnen Mitarbeitenden sowie der Gesamtorganisation aus. Insbesondere im Kontext von Meetings wird dann hinter den Kulissen von verschwendeter Zeit gesprochen.

Das Themenspektrum lässt auch hier die Perspektive der Organisation von der des kulturellen Miteinander-Kontextes unterscheiden, der aus subjektiven Perspektiven reflektiert wird. Daran wird sichtbar, als wie angenehm, förderlich und wirksam die Menschen ihr Arbeitsumfeld erleben Abb. 5.5.

Unabhängig von den organisationalen Rahmenbedingungen spielen daher kulturelle Aspekte eine eminente Rolle. Insbesondere in neueren Organisationsformen wie Soziokratie oder Holakratie stellt eine vitale Kultur eine unverzichtbare Basis. Denn ohne gesundes und vitales Miteinander, eine Vertrauensbasis und psychologische Sicherheit können selbstorganisierte Ansätze nicht gedeihen Kap. 6. Diese Aspekte sind in der sogenannten Verfassung der Holakratie per se nicht enthalten und müssen daher im Change-

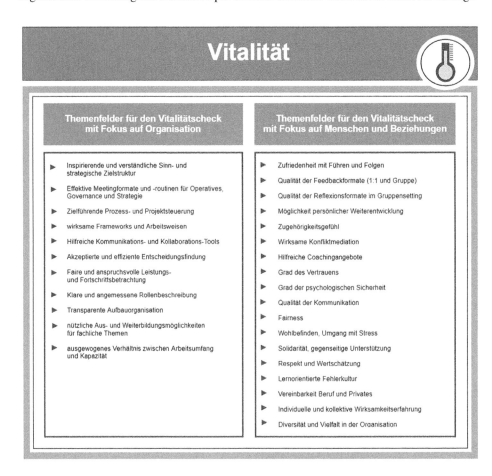

Abb. 5.5 Kulturelle Vitalität

Prozess ergänzt und berücksichtigt werden, um die nüchternen funktionalen/rationalen Sichtweisen um den gleichberechtigten Fokus auf Sinn, Kultur, Miteinander, Empathie und Umwelt zu ergänzen. Die Soziokratie, die ihren Ursprung an Schulen hat und neben unternehmerischen Kontexten auch in Teilen der Gemeinwohlökonomie sowie in Nonprofit-Bereichen anzutreffen ist, integriert diese Perspektiven anscheinend stärker angesichts dessen, dass hier Verbindungen mit Communitys und Praktiken wie z. B. der gewaltfreien Kommunikation existieren.

Die vitale Qualität wird mittels Narrativen Interviews oder offener Fragen erhoben, bei denen organisationale Narrative und Muster erkennbar werden. Während ungestützte Narrative Interviews den Erlebnissen der Befragten folgen, beziehen sich bei gestützten Interviews offene Fragestellungen auf spezifische Aspekte eines bestimmten Teams oder auf die Gesamtorganisation. Ein derartiger Vitalitätscheck kann regelmäßig und mit wechselnden Fragestellungen erfolgen, die durch das jeweilige Team selbst sowie aus Perspektive der Gesamtorganisation kuratiert und reflektiert werden. Ausgehend davon lassen sich Unterschiede beschreiben, welche die nächsten Schritte spezifischer Entwicklungsmöglichkeiten auf individueller, kollektiver oder organisationaler Ebene markieren. Diese Unterschiede verweisen auf Potenziale und diese können durch Wissensaneignung, Übung oder durch Anpassungen an organisationale Rahmenbedingungen erschlossen werden.

Anwendung in der Praxis

Ausgangsfrage: Wie ist es, hier zu arbeiten? Ausgehend von dieser Fragestellung werden Menschen zu ungestützten Interviews eingeladen, um (ggf. anonymisiert) ihre Erlebnisse zum Arbeitsalltag zu erfahren. Dies ist eine sehr aufschlussreiche Methode. Alternativer Ausgangspunkt können in gestützten Interviewsettings auch Skalenfragen zu bestimmten Dimensionen und Qualitäten sein, die im Folgenden beispielhaft genannt sind.

- Ich weiß, was von mir erwartet wird.
- Die Arbeit in meinen Rollen bereitet mir meistens Freude.
- Wir legen Wert auf wirksame Ergebnisse, niemand muss „beschäftigt aussehen".
- In unserem Team arbeiten wir effektiv an unseren gemeinsamen Zielen.
- Wenn ich bei uns einen Fehler mache, wird mir das nie vorgehalten.
- Wir geben im Alltag aufeinander acht.
- Mein Beitrag wird wertgeschätzt.
- Ich habe ein offenes, vertrauensvolles Verhältnis zu meinen Kolleg:innen.
- Arbeit wird in unserem Team gerecht auf alle Schultern verteilt.
- Alle Mitglieder dieses Teams fühlen sich in der Lage, Probleme und schwierige Themen anzusprechen.
- Ich würde einem guten Freund empfehlen, bei uns zu arbeiten.
- Folgendes sehe ich momentan als größte Schwäche unseres Teams [offene Frage].

Die Ergebnisse dieser Diagnose werden von den betroffenen Teams betrachtet und diskutiert. Sie bekommen Hinweise darauf, was sie selbst anpassen können und sollten. Sie könnten beispielsweise feststellen, dass es mehr Klarheit im gemeinsamen strategischen Verständnis braucht. Oder sie erkennen, dass die Arbeit nicht gerecht auf allen Schultern lastet, und sorgen dafür, dass die Arbeit im Team anders verteilt wird. Wenn festgestellt wird, dass kein vertrauensvoller Umgang im Team gelebt wird, kann es geboten sein, externe Unterstützung hinzuzuziehen. ◄

Anknüpfend an die regelmäßigen Vitalitätschecks stiften Reflexionsräume signifikanten Nutzen für Teams. Denn dort können die unterschiedlichen Perspektiven auf die Fragen kontinuierlich und leichtgewichtig abgeglichen und diskutiert werden, um daraus Verbesserung abzuleiten. Aus Metastudien ist ersichtlich, dass die Leistungsfähigkeit von Teams bereits bei einem minimalen regelmäßigen Zeiteinsatz nennenswert gesteigert werden kann, da sie hierbei im Rahmen ihrer eigenen Einflussmöglichkeiten Verbesserungen induzieren (Tannenbaum & Cerasoli, 2013).

Im Teamkontext entstehen so ein kontinuierlicher Input für Reflexion sowie Impulse für Anpassungen organisationaler Rahmenbedingungen. So werden kontinuierlich Ausgangspunkte für lokale Weiterentwicklungen gesetzt und verfolgt.

Aus übergeordneten Fragestellungen ergibt sich außerdem ein regelmäßiger Eindruck zur Stimmung und zum kulturellen Zustand der Organisation – und damit zur Basis für Beziehungen und Entwicklung.

5.4.4   Reflexion, Initiative und Adaption

Diese Phase verbindet die organisationalen Rahmenbedingungen mit den Beobachtungen und Erfahrungen aus dem Resonanzraum, also den Menschen. „Das System erzeugt und beobachtet die Differenz von System und Umwelt" (Luhmann, 1997, S. 182). Daraus ergibt sich eine schier unerschöpfliche Quelle an Eindrücken und Ideen, die sich als subjektiv wahrnehmbare Unterschiede zwischen der gelebten Praxis und einem mutmaßlich besseren Idealzustand beschreiben lassen.

Es ist der ständige Reality-Check des organisationalen Rahmens. Jede Person in der Organisation reflektiert permanent ihre Arbeitsumgebung und ist infolgedessen gleichzeitig Sensor und Impulsgeber. Sofern diese Erfahrungen strukturiert angezapft werden, z. B. durch Reflexionsformate oder Supervisionen, lassen sich die Erkenntnisse als Veränderungsimpulse nutzen. Daraus resultieren Anpassungen des organisationalen Rahmens. Die Selbstreflexion von Mitarbeitenden und Teams kann auch zu der Einsicht führen, dass von ihrer Seite aus Anpassungsleistungen an die gegebenen Rahmenbedingungen nötig sind. Wir nehmen wahr, was sich bewährt und damit erhalten bleiben sollte. Genauso nehmen wir wahr, was (uns) innerhalb der organisationalen Rahmenbedingungen stört und was noch nicht gelingt. Das ist nichts anderes als ungenutztes Potenzial. Klare Rollen helfen dabei, die Verantwortungsübernahme zu stärken und die eigenen Veränderungsimpulse eigeninitiativ zu adressieren.

Menschen interpretieren, hinterfragen und bewerten die gegebenen Strukturen, Spielregeln, Prozesse, Strategien, Meeting-Formate, Stimmungen, Umgangsformen ständig. Einige tun dies bewusst, andere weniger. Wir Menschen sind sehr sensible und verlässliche Sensoren, um Veränderungspotenziale aufzuspüren und nächste Schritte für Weiterentwicklungen einzuleiten. Wir nehmen diese Impulse als auffällige Themen (Spannungen) wahr, die Aufmerksamkeit auf sich ziehen. Etwas stört, fehlt, macht keinen Sinn, kann verbessert werden, endet oder beginnt von vorn. Erlauben und unterstützen die organisationalen Rahmenbedingungen eine Umsetzung dieser Impulse, adaptiert sich die Organisation ständig im Kleinen wie im Großen zu einer nächsten Version ihrer selbst. Die Anpassungsleistung geschieht auf Basis von Genese oder Involution, Differenzierung oder Integration, Analyse oder Synthese. Sie kann sich auf jegliche Elemente oder Mitglieder der Organisation beziehen. Aus der Summe der subjektiven Erfahrungswerte und Verhaltensweisen konstituiert sich die Kultur einer Organisation. Kultur wird oft als Schatten beschrieben, der nur dann verändert werden kann, wenn die Position zur Lichtquelle verändert wird. Eine Organisation muss sich demnach selbst verändern (können und dürfen), um die eigene Kultur zu beeinflussen.

5.4.5 Einflüsse auf den Entwicklungskreislauf

Eine Organisation kann sich jedoch nur innerhalb bestimmter Grenzen entwickeln. Ihre Möglichkeiten werden eingeschränkt durch äußere und innere Gegebenheiten Tab. 5.1. Wird Adaption verhindert, verharrt die Organisation im gegebenen Entwicklungsstand, selbst wenn Optimierungspotenzial erkannt wurde.

Besonderen Einfluss auf die Entwicklungsmöglichkeiten von Organisationen haben „Top-Leads". Mit dem Begriff *Top-Leads* sind die obersten Führungspersonen eines Organisationskomplexes gemeint, wie Inhaber:innen, Vorstände oder Geschäftsführer. Sie können aufgrund ihrer systemischen Position die grundlegenden Entwicklungsmöglichkeiten eines Systems überproportional stark beeinflussen. Top-Leads sind einerseits Teil der

Tab. 5.1 Innere und äußere Entwicklungseinflüsse

Innere Entwicklungseinflüsse	Äußere Entwicklungseinflüsse
Führungsprinzipien	Technologischer Wandel
Kultur	Sozio-kulturelle Einflüsse
Wirtschaftlichkeit	Gesetzliche Vorgaben
Kommunikationspraktiken (z. B. Transparenz)	Marktdynamik
Gemeinsame Ausrichtung (Werte, Vision, Ziele)	Pandemien
Meinungsbildung und Entscheidungsfindung	Wettbewerb
Fluktuation	Politik
Individuelle Reife	Demografie
Umgang mit Konflikten	Fachkräfteverteilung
Teamdynamik	Ökologische Einflüsse

Menschen innerhalb des Zentrums des Modells. Gleichzeitig nehmen sie machtvolle explizite Schlüsselrollen in ihrem Organisationskontext ein. Ihre Reife hat nachweislich einen starken Einfluss auf die Transformations- und Veränderungsfähigkeit der Organisation
(Reams, 2020, S. 171 ff.).

Unabhängig von der tatsächlichen Bewusstseinsreife können die Top-Leads aufgrund
ihrer systemisch übergeordneten Verantwortung auf den organisationalen Rahmen, auf die
strategische Ausrichtung und (in den allermeisten Fällen) auch auf relevante Verteilungs-
mechanismen besonderen Einfluss ausüben. Auch die Hoheit der Besetzung von (Schlüs-
sel-)Rollen sorgt für die faktische Manifestation von rahmengebenden Machtstrukturen,
aus denen besondere Einflussmöglichkeiten resultieren (Luhmann, 2003, S. 104–111).
Darüber hinaus haben Top-Leads durch ihre exponierte Sichtbarkeit und ihre damit einhergehende Repräsentationsfunktion automatisch eine besondere (Vorbild-)Wirkung. Verstärkt wird dies, wenn Investitionsentscheidungen weiterhin zentral erfolgen. Entlang ihres Machtkorridors markieren Top-Leads daher teils bewusst, teils unbewusst die
Möglichkeiten und Grenzen für die Entwicklung ihrer Organisation. Dies unterstreicht die
besondere Verantwortung der Menschen in diesen Top-Lead-Rollen.

5.5   Denkanstöße für die Praxis

Warum wollen wir uns verändern?
Die gezielte Förderung von Entwicklung sollte ein bewusster Akt sein. Denn aus unternehmerischer Perspektive kommt dies einer strategischen (Investitions-)Entscheidung gleich,
der eine bestimmte Motivation und Vision zugrunde liegt. Dies gilt auf Ebene der Organi-
sationsführung ebenso wie auf Ebene eines Teams. Es ist daher ausgesprochen wichtig,
die Veränderungsnotwendigkeiten und -potenziale zu kennen, um sich zu motivieren und
zu engagieren. Zudem werden hierbei die Rahmenbedingungen für die Veränderungsiniti-
ative definiert, die einer Auftragsklärung für Veränderungsbegleiter gleichkommen und
die von der obersten Führungsebene mandatiert werden sollten. Ausgehend vom rationalen Verständnis für die Notwendigkeit sollte hierbei auch die Bereitschaft zur eigenen
Veränderung hinterfragt werden. Bleibt eine derartige Klärung aus, verlaufen Veränderungsinitiativen meist lokal begrenzt, wirkungslos oder gar kontraproduktiv.

Schrittweise mit Vorhandenem arbeiten
Aus einer potenzialorientierten Entwicklungsperspektive knüpfen Veränderungen stets an
bestehende Gegebenheiten an. Es geht deshalb zunächst darum, vorliegende Praktiken,
Verhaltensweisen und Strukturen zu (er)kennen. Die Diagnose und Reflexion bestimmter
Kategorien (z. B. Organisationsstruktur, Führung, Kommunikation, Umgang mit Konflik-
ten, Motivatoren, Lernen, Werte) und deren Einordnung entlang bekannter Reifestufen
Abschn. 5.1 hat sich hierzu als wertvoll erwiesen. Wichtig ist es hierbei, die Diagnose
kontextbezogen durchzuführen und Menschen aus dem entsprechenden Kontext in die
Bewertung und Reflexion einzubeziehen. Davon ausgehend kann ein Zielzustand be-

schrieben werden, auf den dann schrittweise hingearbeitet wird. Es gilt, ausgehend von Bestehendem umzuformen und zu integrieren, anstatt etwas vermeintlich Neues parallel aufzubauen. Darauf aufbauend lassen sich schrittweise Veränderungen in der Struktur, Kommunikation und Kooperation integrieren. Kontinuierliche kleine Schritte sind hierbei wirksamer als große, überambitionierte Veränderungsinitiativen. Denn kulturelle Entwicklungen brauchen Zeit.

Betroffene gestalten lassen – in Begleitung von Expert:innen
Interne wie externe Unterstützung ist ein erfolgskritischer Faktor, wenn neue Arbeitsweisen parallel zum Tagesgeschäft erlernt und integriert werden. Erfahrung in der Entwicklung von Menschen und Organisationen ist wichtig, um Veränderungen anzusiedeln. Expert:innen kümmern sich um Lern- und Reflexionsformate und um die Begleitung bei der praktischen Einführung, Entwicklung und Adaption neuer Arbeitsweisen. Gleichzeitig haben sie das implizite Ziel, sich schnellstmöglich abkömmlich zu machen. Am Ende wird eine Veränderung nur wirksam sein, wenn sie von den Menschen in ihrem Kontext als sinnvoll und hilfreich erlebt wird. Organisationsveränderungen können zwar von außen unterstützt werden, müssen jedoch von innen angenommen und integriert werden.

Sich selbst infrage stellen
Ein gewisses Maß an Offenheit und die Bereitschaft, sich selbst und bestehende Rahmenbedingungen infrage zu stellen, ist ausschlaggebend für soziale Innovationen im Sinne dieses Buches. Dies schließt alle Kontexte und Ebenen der Organisation ein – jeweils im Rahmen ihres Einflussbereichs.

Initiale Purpose-Hierarchie entwickeln und Sinn stiften
Der formulierte Purpose (Daseinszweck) einer Organisation ist ein sinnstiftendes Element und zugleich der Ausgangspunkt für die Gestaltung einer Purpose-Hierarchie, die sämtliche Ebenen einer Organisation bis hin zur einzelnen Rolle umfasst. Die Entwicklung des organisationalen Purpose kann auch in einzelnen kleineren Kontexten einer Organisation beginnen. Wichtig ist hierbei der Abgleich über die Ebenen hinweg. Das heißt, dass der Purpose einer Rolle zu dem des Teams passt, in dem sie wirkt, ebenso wie der Purpose eines Teams mit dem des übergeordneten Bereichs abgeglichen (bzw. verbunden) werden muss.

Rollenbasiertes Arbeiten etablieren
Klarheit in Bezug auf Verantwortlichkeiten ist eine Grundvoraussetzung für arbeitsteilige Kooperation, Verantwortungsübernahme, autonome Entscheidungsfindung und Wertschätzung für geleistete Arbeit. Die Ausformulierung expliziter Rollen in Teams ist dafür ein wichtiger Baustein. In der Regel erfolgt hierbei eine deutlichere Differenzierung von tatsächlichen Aufgabenbereichen, als dies mit klassischen Stellenbeschreibungen geschieht. Zudem sind Rollen eine wesentliche Voraussetzung, um dezentrale Organisationsentwicklung zu kultivieren, nach denen Teams ihre Rollen so anpassen können, dass sie die tatsächliche Arbeits- und Verantwortungsteilung widerspiegeln.

Spannungsbasiertes Arbeiten kultivieren

Eine der wesentlichsten Kompetenzen für soziale Innovationen im Sinne dieses Buches ist das spannungsbasierte Arbeiten in der Breite einer Organisation. Es beschreibt die strukturelle Möglichkeit und die Kompetenz zur selbstständigen Lösungsfindung im eigenen Kontext. Analog zum sogenannten Pull-Prinzip geht es beim spannungsbasierten Arbeiten darum, dass jegliche Initiativen selbstgesteuert von den Akteur:innen ausgehen. Das bedeutet, das dort, wo Probleme erkannt werden oder Kapazitäten frei sind, aktiv Lösungen gestaltet bzw. nächste Arbeitspakete gezogen werden. Es wird dabei stets nach dem nächsten Schritt für ein jeweils auftauchendes Problem gefahndet. Die Kultivierung spannungsbasierten Arbeitens steigert die Adaptionsfähigkeit und die konstruktive Perspektive einer Organisation ungemein, da hierbei Lösungsmöglichkeiten in Kontexten von Beziehung oder Organisation gefunden und entwickelt werden können.

Förderung von Kontextbewusstsein, Kommunikation, Reflexion und Feedback

Die Förderung der persönlichen Reife jedes Einzelnen in der Organisation ist eine wesentliche Basis für die Reife in ihrer Gesamtheit. Die Grundlage dafür sind wiederum die Fähigkeit und Möglichkeit zur Selbstreflexion sowohl auf persönlicher Ebene (z. B. durch Coaching) als auch auf kollektiver Ebene (z. B. durch Reflexionsmeetings wie Retrospektiven). Damit einhergehend können durch Trainingsformate sowohl die Kenntnis als auch die Differenzierungsfähigkeit von Beziehungs- und Organisationskontext diese Reife deutlich unterstützen. Kommunikationstrainings Abschn. 6.3.1 sowie Feedback- und Konfliktklärungsformate (1:1 oder in Gruppen) wiederum fördern Reflexionsmöglichkeiten und erweitern den Sprachschatz, um Emotionen und Bedürfnisse wahrzunehmen und auszudrücken. All dies zahlt sich für die individuelle und kollektive Resilienz in Organisationen enorm aus.

Etablierung effektiver operativer Synchronisationsroutinen

Es gibt keine Organisation, die nicht über zu viele Regelmeetings klagt. Dies unterstreicht die Notwendigkeit von effizienten und effektiven Meetings, in denen ein Team einen gemeinsamen Überblick zum aktuellen Zustand seiner Leistung und seiner Projekte gewinnt und die erforderlichen nächsten Schritte abstimmen kann. Am Ende verlassen die Menschen das Meeting idealerweise mit mehr Klarheit und Energie, als dies zu Beginn der Fall war. Effektive Synchronisationsmeetings profitieren von einer klaren Agenda und einer Moderation, die spannungsbasierten Austausch sicherstellt. Daher sind sie kein Ort für tiefergehende Diskussionen oder Gespräche. Diese werden separat behandelt von und mit denen, die es dafür braucht.

Ideale Bedingungen für Flow-Erleben schaffen

In zahlreichen Studien hat Mihaly Csikszentmihalyi herausgefunden, wie die idealen Bedingungen für das Tätigsein aussehen – und es sind universal dieselben. Er identifiziert acht Hauptkomponenten, die im Zusammenhang mit stark positiv empfundenen Arbeitserfahrungen wichtig sind (Csikszentmihalyi, 2015, S. 74):

1. Wir fühlen uns der Aufgabe gewachsen.
2. Es ist möglich, sich auf die Aufgabe zu konzentrieren.
3. Konzentration und Dranbleiben werden unterstützt, weil die Aufgabe klare Ziele umfasst.
4. Konzentration und Dranbleiben werden unterstützt, weil unmittelbare Rückmeldungen zum Gelingen erfolgen.
5. Während der tiefen und gleichfalls mühelosen Hingabe bei der Bewältigung der Aufgabe treten die Sorgen und Frustrationen des Alltagslebens in den Hintergrund.
6. Erfreuliche Erfahrungen werden als Gefühl der Kontrolle über die Tätigkeiten erlebt.
7. Sorgen um das eigene Selbst verschwinden während der Tätigkeit – gleichzeitig taucht paradoxerweise ein gestärktes Selbstgefühl nach der Flow-Erfahrung auf.
8. Das Zeitgefühl verändert sich: Minuten dehnen sich vermeintlich zu Stunden aus, Stunden vergehen gefühlt in Minuten.

Aus der Kombination dieser Eindrücke entstehen tiefe Gefühle von Freude und Selbstwirksamkeit, welche als ausgesprochen positiv und lohnenswert erlebt werden. Sie steigern die Bereitschaft, auch künftig viel Energie einzusetzen, um die Eindrücke immer wieder neu zu erleben.

Literatur

Ashby, W. R. (1956). *An introduction to cybernetics*. J. Wiley. https://doi.org/10.5962/bhl.title.5851

Barta, K. (2020). Seven perspectives on the Stages developmental model. *Integral Review, 16*(1), 69–148.

Beck, D. E., & Cowan, C. C. (2021). *Spiral Dynamics: Leadership, Werte und Wandel* (C. Polónyi, Übers.; 10. Aufl.). Kamphausen Media.

Binder, T., & Cook-Greuter, S. R. (2016). *Ich-Entwicklung für effektives Beraten*. Vandenhoeck & Ruprecht.

Csikszentmihalyi, M. (2015). *Flow: Das Geheimnis des Glücks* (A. Charpentier, Übers.; 18. Aufl.). Klett-Cotta.

Eckrich, K. (2017). *Kulturveränderung im Unternehmen: Die verborgene Führungsdisziplin*. Franz Vahlen.

Erlach, C., & Müller, M. (2020). *Narrative Organisationen: Wie die Arbeit mit Geschichten Unternehmen zukunftsfähig macht*. Springer Gabler.

Giddens, A. (1984). *The constitution of society: Outline of the theory of structuration*. University of California Press.

Glasl, F., Kalcher, T., & Piber, H. (Hrsg.). (2020). *Professionelle Prozessberatung: Das Trigon-Modell der sieben OE-Basisprozesse* (4. Aufl.). Haupt.

Graves, C., & Lee, W. R. (2002). *Graves: Levels of human existence: transcription of a seminar at the Washington School of Psychiatry, October 16, 1971*. ECLET Pub.

Keltner, D. (2016). *Das Macht-Paradox: Wie wir Einfluss gewinnen – oder verlieren* (C. Freytag, Übers. Aufl.). Campus.

Laloux, F. (2015). *Reinventing organisations: Ein Leitfaden zur Gestaltung sinnstiftender Formen der Zusammenarbeit*. Vahlen.

Loevinger, J. (1987). *Paradigms of personality*. Freeman.

Luhmann, N. (1997). *Die Gesellschaft der Gesellschaft*. Suhrkamp.

Luhmann, N. (2003). *Macht* (3. Aufl.). Lucius & Lucius.

Morgan, G. (2006). *Images of organization*. Sage.

Müller-Christ, G., & Pijetlovic, D. (2018). *Komplexe Systeme lesen: Das Potential von System-aufstellungen in Wissenschaft und Praxis*. Springer Gabler.

Murray, T., & O'Fallon, T. (2020). A summary of research on and with the STAGES developmental model. *Integral Review, 16*(1), 40–68.

Popper, K. R. (1984). *Auf der Suche nach einer besseren Welt: Vorträge und Aufsätze aus dreißig Jahren*. Piper.

Popper, K. R. (2015). *Alles Leben ist Problemlösen: Über Erkenntnis, Geschichte und Politik* (18. Aufl.). Piper.

Reams, J. (Hrsg.). (2020). *Maturing leadership: How adult development impacts leadership*. Emerald.

Sagmeister, S. (2016). *Business Culture Design: Gestalten Sie Ihre Unternehmenskultur mit der Culture Map*. Campus.

Tannenbaum, S. I., & Cerasoli, C. P. (2013). *Do team and individual debriefs enhance performance? A meta-analysis*. https://journals.sagepub.com/doi/full/10.1177/0018720812448394. Zugegriffen am 27.03.2022.

Wagner, U. M. (2013). *Dimensionen von Weisheit in Führung und Management: Entwicklung eines Fragebogeninstruments unter Berücksichtigung der Dimension Bewusstsein* [Dissertation, Universität Oldenburg]. http://oops.uni-oldenburg.de/1496/. Zugegriffen am 25.04.2022.

Beziehungsgestaltung in unsicheren Zeiten

6

Trust is like the air we breathe. When it's present, nobody really notices. But when it's absent, everybody notices. (Warren Buffet)

Zusammenfassung

Wo immer Menschen miteinander arbeiten und interagieren, tragen sie auch Emotionen in sich, die nicht selten Einfluss auf vermeintlich sachliche Entscheidungen haben. Unabhängig davon, aus welchen Rollen, Positionen und entlang welcher Sachthemen Menschen miteinander sprechen, findet gleichzeitig immer auch Kommunikation auf der Beziehungsebene statt. Wenn die Beziehungsebene gestört ist, entstehen Missverständnisse und Konflikte, welche die Lust, Offenheit und Möglichkeit zur Zusammenarbeit stark einschränken. Organisationale Rahmenbedingungen sorgen für Orientierung in Bezug auf Rollen, Verantwortlichkeiten, Strategien oder Zielen. Vertrauen und psychologische Sicherheit verschaffen Klarheit in Bezug auf den Beziehungsstatus. Gewaltfreie Kommunikation schließlich unterstützt Klarheit in Bezug auf eigene Bedürfnisse und die Bedürfnisse der anderen. Damit wird versucht, sowohl Strukturen und Informationen als auch Gedanken und Emotionen möglichst explizit zu beschreiben. Nichtsdestoweniger bleiben immer auch implizite Informationen oder Interpretationen bestehen, die unausgesprochen bleiben. Dies kann zu Spannungen, Gerüchten und Missverständnissen führen, was Unwohlsein und Unsicherheit auslöst. Um dem vorzubeugen, gilt es, Begegnungs- und Reflexionsgelegenheiten zu etablieren, seien es Austauschformate zur Strategie, zum Purpose oder zur Stimmung im Team. Das Kapitel ist mit anonymisierten Interviewzitaten einer Forschungsarbeit illustriert und schließt mit Praxistipps ab.

J. Herzog et al., *Soziale Innovationen in der Führung*, https://doi.org/10.1007/978-3-658-39118-8_6

Wer kennt es nicht? Wir sitzen in einem Meeting zu zweit oder in einer Gruppe und ein Thema brennt uns auf der Zunge. Dennoch sprechen wir es nicht an. Wir bemerken, dass einer Kollegin/einem Kollegen ein Fehler unterlaufen ist, bleiben aber stumm. Wahlweise können es auch unsere Fehler oder guten Ideen sein, die wir für uns behalten. Warum machen wir das? Wir fürchten die Reaktionen unserer Kolleg:innen und Führungspersonen: Unverständnis, Abwertung, Beschämung, Ausgrenzung, Neid, Übervorteilung. Das führt zu einer Kultur des Schweigens. Wenn wir jedoch darauf zählen können, dass die anderen mit Verständnis, Wertschätzung und Unterstützung reagieren, fällt es uns leichter, authentisch zu sein, voneinander zu lernen und unser Potenzial zu entfalten. Das Ziel einer beziehungs- und entwicklungsorientierten Führung ist es daher, eine kulturelle Vitalität zu fördern, die es erlaubt, vorhandene organisationale Rahmenbedingungen wie Meetingformate oder Entscheidungsprozesse tatsächlich zu nutzen. Zwischenmenschliches Vertrauen und psychologische Sicherheit leisten hierfür einen zentralen Beitrag.

Vertrauen entsteht zwischen zwei Parteien und beruht auf den gesammelten Erfahrungen aus Interaktionen in der Vergangenheit. Ich entwickle eine Vorstellung davon, wie sich mein Gegenüber in Zukunft verhalten wird. Vertrauen beruht damit im Kern auf Berechenbarkeit und dient der Komplexitätsreduktion. Wenn ich aufgrund meiner Erfahrungen und Einschätzungen in der Interaktion mit einer Person davon ausgehen kann, dass diese Person mir wohlwollend begegnet, besteht eine vertrauensvolle Beziehung. Muss ich davon ausgehen, dass die Person nicht wohlwollend reagiert, werde ich mich in der Interaktion mit der Person schützen.

Dehnt sich dieser geschützte, vertrauensvolle Raum über die Zweierkonstellation hinaus aufs Team aus, nennen wir dies psychologische Sicherheit. Sie gilt als einer der vielversprechendsten Faktoren für Teamerfolg. Im Kern bewirkt psychologische Sicherheit, dass ich mich traue, Verhaltensweisen zu zeigen, die potenziell ein zwischenmenschliches Risiko bergen wie Ideen zu äußern, kritische Fragen zu stellen oder Fehler offen zu kommunizieren. Ist psychologische Sicherheit nicht gegeben, entsteht ein Raum, in dem Menschen ihre Gefühle und Verletzlichkeiten schützen, indem sie etwa berechnend und mit verdeckter Agenda agieren. Der Unterschied zwischen Vertrauen und psychologischer Sicherheit fasste Snow (2022) in einer Grafik zusammen Abb. 6.1.

Vertrauen und psychologische Sicherheit – beide Phänomene werden wir nachfolgend genauer betrachten. Um die theoretischen Schilderungen praktisch zu illustrieren, fügen wir anonymisierte Interviewzitate aus unserer eigenen Forschungsarbeit an, in deren Rahmen wir Führungspersonen unter anderem dazu befragt haben, welche neuen oder veränderten Führungsaufgaben sie im zunehmend digitalisierten Umfeld erkennen, welche Bedeutung sie dem sozialen Zusammenhalt in ihren Teams beimessen und wie sie diesen Zusammenhalt organisieren (Zirkler & Herzog, 2021). Anschließend wenden wir uns bestimmten Schlüsselkompetenzen zu, die für die Gestaltung und Pflege gesunder, robuster (Kooperations-)Beziehungen essenziell sind.

Abb. 6.1 Vertrauen vs. psychologische Sicherheit

6.1   Vertrauen

Der Begriff des Vertrauens kommt im alltäglichen wie auch im professionellen Setting in einer vielfachen Ausführung vor. Vertrauen ist in der Praxis von hoher Bedeutung, und gleichzeitig wird in der Vertrauensforschung das Fehlen von Messinstrumenten und Untersuchungen bemängelt. Das Konstrukt interpersonelles Vertrauen entsteht innerhalb sozialer Netzwerke zwischen zwei oder mehr Menschen, was eine der Schwierigkeiten für die Forschung darstellt. Gleichwohl ist hinreichend belegt, dass „die Wahrnehmung, über ein vertrauenswürdiges soziales Umfeld zu verfügen, für das Wohlbefinden sowie nicht unabhängig davon für die psychische und physische Gesundheit offensichtlich eine nicht nur förderliche, sondern sogar notwendige Bedingung ist" (Kassebaum, 2004, S. 2). Vertrauen kann verschiedene Formen annehmen, ist kontextabhängig, kann eine Wechselwirkung haben oder einseitig entstehen. Die nachfolgende Darstellung verschiedener sozialwissenschaftlicher und psychologischer Zugänge zum Vertrauensbegriff sind keinesfalls vollständig, dienen aber der Übersicht über die Theorielinien, die dem Konzept Vertrauen wie es im vorliegenden Buch verstanden wird, zugrunde liegen.

Im sozialwissenschaftlichen Kontext sieht Luhmann (2014) Vertrauen als einen elementaren Tatbestand des sozialen Lebens und als Voraussetzung, um funktionell durch den Alltag zu kommen. Vertrauen wird als Mittel zur Komplexitätsreduktion eingesetzt. Ein gänzliches Fehlen an Vertrauen wäre gleichzusetzen mit absoluter Funktionsunfähigkeit, da ein rational nachvollziehbares Handeln unter Einbezug aller möglichen Konsequenzen in der unkontrollierbaren Komplexität der Welt nicht möglich ist. Vertrauen ist somit im weitesten Sinne ein Zutrauen, basierend auf den individuellen Erwartungen der vertrauensgebenden Person (Luhmann, 2014). Ulf Bernd Kassebaum definiert das Vertrauen innerhalb von Gruppen folgendermaßen:

> Interpersonelles Vertrauen ist (… ein) Gefühl von Ruhe und Sicherheit, dass ein oder mehrere Interaktionspartner, die auch als Vertreter einer bestimmten sozialen Gruppe wahrgenommen werden können, ein zuvor vereinbartes, unabgesprochen wohlwollendes oder zumindest den subjektiven Erwartungen gemäßes Verhalten zeigen werden, obwohl sie die Freiheit und Möglichkeit hätten, sich anders zu verhalten, da eine Kontrolle ihrer Handlungen entweder nicht realisierbar ist oder auf diese freiwillig verzichtet wird. (Kassebaum, 2004, S. 225)

Dies reduziert die Komplexität der sozialen Interaktion und tendenziell die Notwendigkeit von Kontrollmechanismen, welche ansonsten Aufmerksamkeit und Ressourcen binden würden, die für eine Lösungsfindung dann nicht zur Verfügung stünden. Vertrauen zwischen Menschen ist dabei der Ausdruck einer Qualität, die sich innerhalb eines Kontinuums von Misstrauen und Leichtgläubigkeit gegenüber anderen zeigt. Interpersonelles Vertrauen ist insofern zu differenzieren vom Vertrauen in Prozesse oder Gegenstände sowie vom Zu- bzw. Selbstvertrauen in die eigene Person mit den eigenen Fähigkeiten und Fertigkeiten (Kassebaum, 2004).

Osterloh und Weibel (2006) unterscheiden in diesem Zusammenhang Vertrauen und Zuversicht. Zuversicht bezieht sich dabei auf Situationen, in denen eine Möglichkeit der Enttäuschung als unwahrscheinlich oder nur gering schadend eingeschätzt wird. Beim Vertrauen hingegen handelt es sich um Situationen, in denen ungünstige Situationen ernsthaft in Betracht gezogen werden und es sich um eine bewusste Vertrauensentscheidung handelt. Zuversicht und Vertrauen lassen sich dementsprechend kontextabhängig unterscheiden.

In der Entwicklungspsychologie wird der Begriff Vertrauen in erster Linie vom Konzept des Urvertrauens nach Erikson (1966) geprägt. Die Entwicklung des Urvertrauens in die Umgebung findet bereits im ersten Lebensjahr statt. Gelingt dies nicht, entwickelt der Säugling ein Urmisstrauen. Dieser Entwicklungsprozess findet über die Befriedigung der eigenen Bedürfnisse – oder den Mangel daran – durch die Bezugsperson statt. Vertrauen steht dabei als Synonym für das Sich-verlassen-Dürfen (Erikson, 1966). Während dieses Urvertrauen und Urmisstrauen gemäß der Entwicklungspsychologie eine Basis für den Umgang mit Vertrauen für den weiteren Lebenszyklus bilden kann, ist im Kontext dieses Kapitels eine weitere Differenzierung vorzunehmen. Der Säugling hat – je nach Alter und Entwicklungsstand – wenig Einfluss darauf, dass seine Bedürfnisse erkannt und befriedigt werden. Er ist exogenen Risiken ausgesetzt und muss darauf *hoffen*, dass sich die Umwelt in einer bestimmten Art und Weise verhält. Endogene Risiken beziehen sich hingegen auf Ereignisse und Verhalten, die aus der Abhängigkeit von Entscheidungen und Handlungen anderer Parteien und Personen entstehen (Ripperger, 2003). Die Unterscheidung zwischen Hoffnung und Vertrauen entsteht demnach aus der Klassifikation in exogene und endogene Risiken.

Im arbeits- und organisationspsychologischen Kontext wird Vertrauen in vielfacher Hinsicht direkt mit dem Begriff Kooperation in Zusammenhang gebracht. Dabei wird Vertrauen sowohl als Voraussetzung oder zumindest als starker Prädiktor wie auch als Resul-

tat gelingender Kooperationen verstanden (Clases, 2019; Clases & Wehner, 2005; Osterloh & Weibel, 2006). Kooperation und Vertrauen sind jedoch auch zwei Konzepte, die
unabhängig voneinander bestehen können. Kooperation gänzlich ohne Vertrauen funktioniert in der Regel über Kontrollmechanismen Abschn. 6.1.2.

Als weiterer Prädiktor für Vertrauen wird Vertrautheit betrachtet. Basierend auf Be-
kanntem und Wissen, stellt Vertrautheit ein Fundament für relativ sichere Erwartungshal-
tungen dar (Clases, 2019; Osterloh & Weibel, 2006). Das Konzept Vertrauen bewegt sich
also in dem Spektrum zwischen den Endpunkten Wissen und Nicht-Wissen. Vollständiges
Wissen begründet kein Vertrauen, da kein Risiko besteht, während vollständiges Nicht-
Wissen auf rein exogenen Risiken beruht und demnach dem umgangssprachlich sogenannten „blinden" Vertrauen entspricht, was wiederum eher als Form der Hoffnung anzusehen ist.

Zusammengefasst basiert das Konzept Vertrauen darauf, dass eine Person sich verletz-
lich zeigt und mit dem sogenannten Vertrauenssprung ein endogenes Risiko eingeht. Dabei wird – bewusst oder unbewusst – eine realistische Möglichkeit eines eintretenden
Schadens einkalkuliert, also Vertrauensvorschuss gewährt.

6.1.1 Vertrauensbildung

Was war zuerst da, das Huhn oder das Ei? In Bezug auf Vertrauen und funktionale Zusammenarbeit sehen wir uns mit einer ähnlichen Fragestellung konfrontiert. Vertrauen ist
keine Einbahnstraße, sondern entsteht aus einer vertrauensgebenden und einer vertrauens-
nehmenden Person. Aber wer fängt mit dem Vertrauen an? Ist es immer die vertrauensgebende Person, die den Sprung in das kalte Wasser machen muss? Kann die vertrauensnehmende Person diesen Sprung erleichtern? Die folgende Darstellung soll verdeutlichen,
wie Vertrauen geschenkt und ermöglicht werden kann.

6.1.1.1 Vertrauen schenken

Vertrauen entsteht in Situationen, in denen es etwas zu gewinnen, aber auch etwas zu verlieren gibt. Das heißt, die vertrauensgebende Person riskiert einen Schaden oder eine Ver-
letzung. Dieses Ausliefern an den/die Vertrauensnehmer:in, der Vertrauenssprung, geschieht in der positiven Erwartung, dass diese Person die Situation nicht zu ihren Gunsten
ausnutzt (Osterloh & Weibel, 2006). Nachfolgend wird ein theoretisches Konstrukt vorgestellt, das eine mögliche Verdeutlichung des Prozesses des Vertrauenssprungs, oder des
Schenkens von Vertrauen, darstellt.

Gemäß Dietz und Den Hartog (2006) stechen bei bisherigen Untersuchungen zum
Thema Vertrauen vor allem die folgenden vier Faktoren besonders hervor:

1. die Kompetenz, das Wissen und die Fähigkeiten des Gegenübers
2. das wahrgenommene Wohlwollen des Gegenübers
3. die Integrität des Gegenübers
4. die Berechenbarkeit und Vorhersehbarkeit des Gegenübers

Jeder dieser vier Faktoren wird dabei im Zusammenhang mit der vorhandenen Situation gewertet und muss daher situationsabhängig neu beurteilt werden. Somit umfasst der Faktor Kompetenz nicht nur die Fähigkeiten und das Wissen, über die das Gegenüber verfügt, sondern auch die Aufgabenstellung. Das Vertrauen in die Kompetenz eines Gegenübers wird immer in Relation zu der zu bewältigenden Aufgabe gestellt. In einem unserer Forschungsinterviews wird dieser Faktor von einer Führungsperson folgendermaßen zusammengefasst:

Beispiel

Man vertraut einander, man weiß, was man kann, was der andere kann. Man hat kein Problem, wenn der jetzt ein Herzstück einer Software macht, weil man Vertrauen hat. Oder man schaut bewusster hin, weil man weiß, wo der seine Schwächen hat. (Zitat aus einem Forschungsinterview) ◄

Der Faktor Wohlwollen setzt sich zusammen aus der wahrgenommenen personenbezogenen Sympathie wie auch den (vermuteten) wohlgesonnenen Motiven und Werten des Gegenübers. Dazu gehört auch das authentische Kümmern um das Wohlergehen der vertrauenden Person. Als dritter Faktor äußert sich die Integrität des Gegenübers in Authentizität, Ehrlichkeit, Fairness und in der Übereinstimmung zwischen Verhalten und Grundprinzipien des Gegenübers. Die Vermeidung von Heuchelei zählt ebenfalls zu diesem Faktor. Dies heißt, dass auch Eigenschaften und Ereignisse, die auf den ersten Blick einen negativen Eindruck erwecken, im Zusammenhang mit Vertrauen durchaus einen positiven Aspekt beinhalten können. Auch aus der Führungsrolle heraus kann somit beispielsweise das Offenlegen eigener Unsicherheiten zu einer Verbesserung der Teamkonstellation führen. Dies trägt wiederum auch zum vierten Faktor bei: Damit wird die Berechenbarkeit im Sinne von Regelmäßigkeit und Vorhersehbarkeit des Verhaltens des Gegenübers beschrieben. Dabei sind die vier Faktoren nicht ganz trennscharf sowie zu einem gewissen Grad voneinander abhängig (Dietz & Den Hartog, 2006).

6.1.1.2 Vertrauen ermöglichen

Während es immer die vertrauende Person ist, die den Vertrauenssprung wagen muss, stehen Vertrauen und Vertrauenswürdigkeit längerfristig in einem spiegelbildlichen Verhältnis zueinander. Asymmetrien können sich dabei nur kurzfristig halten (Osterloh & Weibel, 2006). Dennoch kann auch die vertrauensnehmende Person dieser anfänglichen Asymmetrie entgegenwirken, indem sie sich vertrauenswürdig präsentiert und den Vertrauensprozess aktiv mitgestaltet.

Petermann (2012) unterstützt diese Theorie, indem er sowohl den Vertrauensaufbau als auch den Vertrauensverlust als aktiven Prozess beschreibt, basierend auf drei Faktoren:

1. Qualität der zwischenmenschlichen Kommunikation
2. Vorliegen bzw. Abbau bedrohlicher Handlungen
3. gezielter Einsatz von vertrauenshemmenden oder -fördernden Handlungen

Diese drei Faktoren lassen sich wiederum entsprechend dem Drei-Phasen-Modell des Vertrauensaufbaus aufteilen Abb. 6.2.

In der ersten Phase geht es um das Herstellen einer verständnisvollen Kommunikation. Die Kommunikation an sich ist ein komplexes Thema, ein Labyrinth an verschiedenen Wegen und Abzweigungen, welche zu qualitativ unterschiedlichen Resultaten führen. Um den Aufbau der verständnisvollen und dementsprechend qualitativ hochwertigen zwischenmenschlichen Kommunikation zu erleichtern, ist eine intensive Zuwendung notwendig. Im Alltag wird diese Phase schlicht als „Kennenlernen" bezeichnet. Dieses Kennenlernen kann ganz natürlich in der tagtäglichen Zusammenarbeit im gemeinsamen Erlebensraum sowie auch im Rahmen gemeinsam verbrachter Freizeit, etwa Kaffeepausen oder das gemeinsame Mittagessen entstehen (Zirkler & Herzog, 2021). Es kann jedoch auch gezielt gefördert werden, indem gemeinsame Erlebnisse im Sinne von Mitarbeiteranlässen bewusst gefördert werden.

Abb. 6.2 Drei-Phasen-Modell des Vertrauensaufbaus

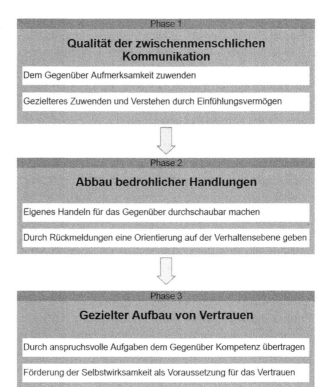

Beispiel

Dann natürlich ist die Kommunikation ein wichtiges Thema, die Vertrauensbasis. Wenn so ein neues Teamsetup aufgesetzt wird, versuche ich, ein Bewusstsein dafür zu schaffen, dass man sich darüber austauscht. So entstehen ein gewisses Kennenlernen und Vertrauen zwischen den Mitarbeitern. (Zitat aus einem Forschungsinterview) ◄

In der zweiten Phase zum Vertrauensaufbau nach Petermann (2012) geht es um den Abbau bedrohlicher Gesten. Dabei geht es weniger um die Vermeidung spezifischer bedrohlicher Aktivitäten als vielmehr um die Vermittlung von Sicherheit und Orientierung. In einer Beziehung, sei es im privaten oder geschäftlichen Kontext, wird dann eine Bedrohung wahrgenommen, wenn gesendete Signale nicht oder nur teilweise eingeordnet, Prozesse nicht nachvollzogen werden können oder Menschen sich benachteiligt bzw. nicht berücksichtigt fühlen. Der Aufbau eines entsprechenden Sicherheitsgefühls kann durch Feedback sowie durch explizite Begründungen des eigenen Handelns unterstützt werden. Dies führt zu einer Berechenbarkeit und Vorhersehbarkeit, wie sie bereits bei den vier Faktoren des Vertrauens eine große Rolle spielt. Wird eine Person der zweiten Phase des Vertrauensaufbaus hingegen nicht gerecht und es besteht ein Mangel an Sicherheitssignalen, führt dies dazu, dass das entsprechende Gegenüber passiv wird, keine Kontaktversuche mehr anstellt und sich nicht getraut, sich einzubringen. Der Vertrauensaufbau wird abgebrochen und potenziell wertvolle Informationen gehen unter dem Deckmantel des Schweigens verloren. Das kann wiederum zu einer erheblichen Einbuße sowohl der bei Mitarbeiterzufriedenheit als auch in der Produktivität einer Organisation führen.

Als dritte Phase des Vertrauensaufbaus nennt Petermann (2012) den gezielten Aufbau von Vertrauen. Zu verstehen ist das wie eine Testphase. Es werden gezielt Aufgaben an eine Person abgegeben, um zu beobachten, ob die Aufgaben im Sinne der gemeinsamen Ziele erfüllt werden. Wenn ja, nährt dies den Vertrauensaufbau, die Kompetenzentwicklung und das Selbstwirksamkeitserleben.

Beispiel

Man gibt mal was und schaut, wie es erledigt wird. Dann ist ein großer Baustein vom Vertrauen gelegt, und dann macht man das immer wieder und wieder und irgendwann ist das Vertrauen da. (Zitat aus einem Forschungsinterview) ◄

Besonders wirksam sind die Aufgaben, wenn sie zwar bewältigbar, aber nicht zu leicht sind und nur mit einem Einsatz an Leistung bearbeitet werden können. Mit der Zeit können die entsprechenden Aufgaben durch schwierigere ersetzt werden. Wesentlich ist dabei, dass der/die Auftragnehmer:in den Erfolg sich selbst oder der Arbeit im Team zuschreibt und nicht äußeren glücklichen Umständen oder der Schlichtheit der Aufgabe. Unter diesen Bedingungen entsteht Verhaltenssicherheit, die sowohl zu Selbstvertrauen als auch zu einem Vertrauen in den/die Auftraggeber:in führt (Petermann, 2012).

Eines der meistuntersuchten Forschungsgebiete im Bezug auf Vertrauen ist die Selbstöffnung, mehrheitlich *Self-Disclosure* genannt. Obwohl zu diesem Gebiet zahlreiche Studien vorliegen, basieren sie nicht auf einem einheitlichen theoretischen Konzept (Petermann, 2012). Was sämtliche Konzepte des Self-Disclosure jedoch gemeinsam haben, ist die Offenbarung persönlicher Gedanken und Beweggründe, wobei sie im Sinne des Begriffs freiwillig und zumeist aus proaktiver Haltung offenbart werden (Johnson & Noonan, 1972; Petermann, 2012). Im Sinne des Kontextes der Arbeitswelt gehen wir in diesem Text davon aus, dass sich Self-Disclosure auf persönliche Informationen bezieht, die keinen direkten Zusammenhang mit dem Inhalt des Arbeitsauftrages haben. Sie können sich beispielsweise auf persönliche oder familiäre Aspekte beziehen, aber auch auf innere Aspekte wie Stress oder Erfolgsgefühle, die indirekt durchaus mit dem Arbeitsauftrag zu tun haben können.

Bisherige Studien zu Self-Disclosure im Organisationskontext bezogen sich vorwiegend auf das Teilen von arbeitsrelevanten Inhalten. Nifadkar et al. (2019) untersuchten erstmalig im Vergleich dazu die Auswirkungen von Self-Disclosure im Organisationskontext bezogen auf das Mitteilen von persönlichen Inhalten. Dabei fokussierten sie ihre Untersuchungen auf die Beziehung zwischen Vorgesetzten und Arbeitnehmer:innen. Die Ergebnisse zeigen, dass sich Self-Disclosure im arbeits- und im personenbezogenen Kontext sowohl vom Konzept als auch von den bisher empirisch erhobenen Daten unterscheidet. Beide Formen der Self-Disclosure seitens der Vorgesetzten verzeichnen tendenziell einen positiven Effekt auf das gegenseitige Vertrauen wie auch auf die Self-Disclosure seitens der Arbeitnehmer:innen in der jeweiligen Kategorie. Das persönliche Vertrauen, das daraus entsteht, könnte wiederum einen Einfluss auf die Fluktuation eines Unternehmens haben. Neben dem positiven Effekt verzeichnet sich in der Beziehung zwischen Vorgesetzten und Arbeitnehmerin oder Arbeitnehmer auch ein Anteil an negativen Konsequenzen infolge von Self-Disclosure im persönlichen Kontext. So kann es je nach Organisationskultur als unprofessionell aufgefasst werden, wenn persönliche Informationen geteilt werden. Auffallend ist dabei, dass dies zumeist vor allem die Seite der vorgesetzten Person betrifft, während bei den Arbeitnehmer:innen häufig weniger streng geurteilt wird. Dieser Zusammenhang bedarf jedoch noch weiterer Forschung und wurde noch nicht zu Genüge untersucht, um allgemeingültige Schlüsse daraus zu ziehen (Nifadkar et al., 2019).

Eine Kultur, in der Self-Disclosure in einem angemessenen Rahmen als Teil der Organisationskultur gepflegt wird, bringt auch den Vorteil, dass private Belastungen und Ereignisse, die das Arbeitsverhalten beeinflussen, bei Entscheidungen von Anfang an miteinbezogen werden können. Hier kann es für die Organisation, für die Arbeitsleistung und für die Gesundheit der betroffenen Person entscheidend sein, dass das interpersonelle Vertrauen genügend stark ist, um sich anzuvertrauen.

Beispiel

Es ist auch wichtig zu wissen, was die Leute bewegt. Wir hatten auch Mitarbeiter mit schweren Schicksalsschlägen. Wenn man das nicht weiß und im falschen Moment kein Verständnis zeigt, kann das schlecht herauskommen. Zum Beispiel, wenn ein Elternteil schwer verunfallt und man dann von der Firma hört: „Hey wo ist die Offerte, brauchst du da so lange?", und die Person kann aber die Transparenz mit der schwierigen Situation im Privaten nicht herstellen und schluckt einfach herunter, kann das zu extremen Situationen führen. (Zitat aus einem Forschungsinterview) ◄

6.1.2 Gegensätze und Schattenseiten

Beschäftigt man sich mit Vertrauen in der Fachliteratur, scheint es als Wundermittel für erfolgreiche Führung zu gelten. Gibt es aber auch Kehr- und Schattenseiten des Konzepts? Gibt es ein Zuviel an Vertrauen? Hat die Ökonomisierung des Vertrauens einen negativen Effekt? Ist der Effekt von Vertrauen kontextabhängig? Mit diesen Fragen beschäftigen sich die nachfolgenden Unterkapitel.

6.1.2.1 Kontrolle und Misstrauen

Neben Vertrauen beschreibt Luhmann (2014) ein weiteres Konzept zur Komplexitätsreduktion: das Misstrauen. Wie Vertrauen führt auch Misstrauen zu einer Vereinfachung, die häufig im Vergleich zum Vertrauen noch ausgeprägter ist. Während die Aussicht auf Einfachheit zunächst gut anmutet, führt dieses Konzept jedoch insgesamt dazu, dass die Person, die misstraut, von weniger Informationen stärker abhängig wird. Aufgrund des Misstrauens verspürt die Person einen erhöhten Bedarf an Informationen und verengt gleichzeitig die Menge an Informationen, auf die sie sich tatsächlich zu stützen getraut. Dieser Widerspruch führt zu einem psychologisch anspruchsvollen und belastenden Dilemma. Damit stellt sich Vertrauen als die psychologisch weniger belastende Strategie zur Komplexitätsreduktion dar (Luhmann, 2014). Dies zeigt sich in der Praxis beispielsweise dann, wenn eine Aufgabe, die in einer auf Misstrauen basierenden Arbeitsbeziehung delegiert wird, von der delegierenden Person nicht losgelassen, sondern in regelmäßigen Abständen kontrolliert wird. Dies führt nicht nur zur Belastung zeitlicher, sondern auch psychischer resp. emotionaler Ressourcen.

Da Vertrauen jedoch nicht zu jeder Zeit und bedingungslos bestehen kann, hat das Misstrauen durchaus seine Berechtigung und Funktion. Es kann sogar zielgerichtet als Schwelle zum Vertrauen eingesetzt werden. Unsichere Erwartungen und Verbindungen werden durch ein gewisses Maß an Skepsis stabiler, da eine Enttäuschungserwartung in das Konzept miteingebaut wurde. Somit stellt eine Enttäuschung im Einzelfall kein Problem dar, sondern bestätigt im Gegenteil die Erwartungsstruktur. Das Beibehalten von bestimmten Kontrollmechanismen kann daher paradoxerweise die Entwicklung einer misstrauischen Grundeinstellung abmildern und damit einen signifikanten Zeitgewinn für das System erwirken. Dieser Zeitgewinn dient dem System, um Vertrauen zu lernen und „Vertrauenskapital" anzusammeln (Luhmann, 2014).

Ein Beispiel, das sich in der Praxis immer wieder findet, betrifft den Onboarding-Prozess in einem Unternehmen. Wenn neue Mitarbeiter:innen eingestellt werden, trifft in der Regel ein bestehendes System auf bis zum Zeitpunkt des Eintritts zum Großteil unbekannte Strukturen, Gewohnheiten und Ansichten. Der Antritt einer neuen Anstellung und die Einarbeitungsphase sind beidseitig oft mit Unsicherheiten verbunden. Diese unbeständige Phase kann mittels Kontrollinstanzen stabilisiert werden. Die damit gesetzten Leitplanken helfen den neuen Mitarbeiter:innen, sich in ihrer neuen Umgebung zurechtzufinden. Gleichzeitig dienen sie dem System dazu, Neues kontrolliert zu integrieren und damit potenziell bedrohliche Handlungen zu minimieren.

> **Beispiel**
>
> Wir machen am Anfang sehr viel in Sachen Ausbildung. Wir integrieren die sofort von Tag 1 an. Sie werden sofort in den Tagesablauf eingebunden. Das ist aber vielleicht nicht immer positiv. Das ist durchaus etwas, was wir bei uns auch beobachten. Wir fühlen uns nicht komfortabel mit unserem Onboarding. Wir merken immer wieder, dass wir durch die schnelle Integration den Leuten nicht genügend Zeit geben, bestimmte Dinge langsam zu erlernen. Sie kommen sich dann vielleicht nicht so komfortabel vor, wenn sie etwas falsch gemacht haben, was alle anderen schon wussten, sie aber nicht die Zeit hatten, das zu lernen. Am Anfang ist immer sehr viel Angst da. Das sehe ich oft. Auch in Meetings, ganz klar, wenn die Leute ganz neu sind, neigen sie dazu, bei den Projektupdates alles zu erzählen. So als eine Art Rechtfertigung: „Guckt mal, was ich tue." (Zitat aus Forschungsinterview) ◄

6.1.2.2 Missbrauch des Vertrauenskonzepts

In einer Organisation kann eine Vertrauenskultur auch ein Deckmantel für fehlende Führung sein. Werden Mitarbeitende mit dem Hinweis „Wir vertrauen dir in der Sache" mit einer – womöglich unklaren – Aufgabe alleingelassen, die nicht im Kompetenz- oder Verantwortungsbereich der Person liegt, hat das mit Vertrauen wenig zu tun. Der oder die Mitarbeitende wird sich vielmehr im Stich gelassen fühlen. Die „Vertrauenskultur" trägt hier nicht zum Vertrauen bei, sondern kaschiert einen Laissez-faire-Führungsstil. Die Mitarbeitenden werden sich in diesem Umfeld vielmehr überfordert und vernachlässigt als befähigt fühlen. Vertrauen ist, wie wir in den vorherigen Abschnitten festgestellt haben, ein Konzept, das zumeist auf zeitintensiven Prozessen basiert. Es kann Mitarbeitenden nicht „übergestülpt" werden. Vertrauen in einer Arbeitsbeziehung basiert auf gegenseitigem Austausch und gemeinsamem Festlegen der Rahmenbedingungen und Bewegungsmöglichkeiten. Es muss beiden Parteien eine handlungsrelevante Alternative zum vereinbarten Verhalten gegeben sein, um eine vertrauensvolle Beziehung eingehen zu können (Abdelhamid, 2018). Die Menschen sollen sich für vertrauensförderndes Verhalten aktiv entscheiden können und nicht aufgrund mangelnder Alternativen auf eine bestimmte Art und Weise reagieren müssen. Sind diese Handlungsalternativen beispielsweise durch mangelnde Kenntnisse eingeschränkt, muss zuerst der Grundstein für die Beziehung gelegt werden, um „blindes" Vertrauen zu vermeiden. Neue Mitarbeitende müssen entsprechend sorgfältig eingearbeitet und mit den Gepflogenheiten der Organisation vertraut gemacht werden.

Beispiel

Also ich hab' den Dazugekommenen gesagt, guck mal, ihr dürft alles mitgestalten, wir haben hier keine Chefs, und habe erst jetzt verstanden, dass wir eine Verantwortung nicht angenommen haben, die wir eigentlich haben. Wir haben mal das Bild von einer toten Maus gehabt, weißt du, die Katze, die kommt und dann so ein Geschenk macht ans Herrchen oder ans Frauchen und eine tote Maus vor die Füße legt und sagt, guck mal, ich habe dir ein Geschenk gemacht. Und so fühle ich mich im Nachhinein in dieser Situation so. Also wir haben gesagt, alles ist offen, wir sind alle gleich, kommt rein. Los, wir entscheiden jetzt Gehalt und Strukturen und haben, glaub ich, die Leute überfordert. Und da hätten wir Verantwortung übernehmen sollen. (Zitat aus einem Forschungsinterview) ◄

Auch wenn dieses zugesprochene, „blinde" Vertrauen gut gemeint ist und nicht aus einem Ressourcenmangel bei der Begleitung oder Einarbeitung entsteht, verhindert es womöglich die Weiterentwicklung der Mitarbeiterin bzw. des Mitarbeiters, indem wertvolles Feedback unter dem Deckmantel des „Vertrauens" verloren geht. Das Vertrauen darf in diesem Sinne dem Informationsaustausch nicht im Wege stehen. Vertrauen braucht eine Vertrauen schenkende und eine Vertrauen entgegennehmende Partei. Wird es aufgezwungen, erhöht das die Intransparenz. Mitarbeiter:innen fühlen sich in der Konsequenz vernachlässigt oder nicht ernst genommen.

6.2   Psychologische Sicherheit

Während Vertrauen auf den Erwartungen einer einzelnen Person an das zukünftige Verhalten einer anderen Person oder Partei beruht, bezieht sich die wahrgenommene psychologische Sicherheit auf die Gruppe, mit der ein Individuum in Beziehung steht. Ein sicheres Arbeitsumfeld ist eine Grundvoraussetzung für Kooperation, Kreativität und Potenzialentfaltung. Im Kern schafft psychologische Sicherheit die Basis dafür, dass wir uns trauen, authentisch zu sein, und ist damit die Grundlage für Inklusion (Clark, 2020) Kap. 4.

Die Befriedigung des menschlichen Grundbedürfnisses nach physischer und psychischer Unversehrtheit ist Voraussetzung dafür, sich anderen Themen zuwenden zu können und leistungsfähig zu sein (Maslow, 1943). Während körperliche Unversehrtheit bei Wissensarbeiter:innen in der Regel als gewährleistet angenommen werden kann, ist dies bei der psychologischen Sicherheit keineswegs immer der Fall.

Im folgenden Abschnitt beleuchten wir, wie psychologische Sicherheit entsteht, was sie verspricht und wie sich ihre Abwesenheit äußert.

6.2.1   Begriff und Bedeutung

Erstmals beschrieben Edgar H. Schein und Warren Bennis (1965) psychologische Sicherheit als ein Maß dafür, wie sicher und zuversichtlich sich Menschen im Umgang mit Veränderungen in Organisationen fühlen. Die Arbeit fand große Resonanz in der Forschung. Seither haben viele Studien die Bedeutung von psychologischer Sicherheit im Arbeitskontext erforscht.

Kahn (1990) initiierte eine Veränderung in der Definition von psychologischer Sicherheit: Er sah darin die individuelle Wahrnehmung einer Person, ob sie sich damit wohlfühlt, sich selbst ohne Angst vor negativen Konsequenzen in Bezug auf das Selbstbild, den Status und die Karriere zu zeigen und einzubringen. Kahn argumentierte, dass Menschen sich psychologisch sicherer fühlen, wenn sie vertrauensvolle und unterstützende zwischenmenschliche Beziehungen zu Arbeitskolleg:innen pflegen. Damit erhielt das Konstrukt eine interdependente Komponente.

Später formulierte Amy Edmondson (1999), dass psychologische Sicherheit als Teil des Teamklimas anzusehen sei. Sie definierte es als „shared belief held by members of a team that the team is safe for interpersonal risk taking" (S. 350).

Riskante Verhaltensweisen umfassen scheinbar alltäglich Dinge wie Fragen zu stellen, Ideen einzubringen, Fehler einzugestehen. Aber seien wir ehrlich: Wie oft haben Sie sich schon dafür entschieden, ruhig zu bleiben, aus Angst vor schnippischen Bemerkungen oder herablassenden Gesten von Vorgesetzten oder Teamkolleg:innen?

Wir haben Angst davor, nicht zu genügen oder nicht zu passen. Wir befürchten unsichtbare Linien zu überschreiten und infolgedessen als ignorant, inkompetent, negativ oder störend dazustehen. Im Grunde laufe es darauf hinaus, dass wir befürchten abgewertet zu werden, nicht mehr zur Bezugsgruppe dazuzugehören, lautet die Theorie von Brené Brown (2010). Je geringer die empfundene psychologische Sicherheit, desto größer ist diese Angst vor dem Gesichtsverlust und damit vor dem Ausschluss aus der Gemeinschaft. Dies fördert die Selbstzensur. Konkrete Konsequenzen davon sind unausgesprochene Fragen, verschwiegene Ideen, verstummte Feedbacks oder überdeckte Fehler. Auch das Eingehen von Risiken wird vermieden. Jedes Mal, wenn eine Person bewusst oder unbewusst aus Angst schweigt, entgeht dem Team und dem Unternehmen ein Lernprozess oder eine potenziell innovative Idee.

Psychologische Sicherheit wirkt direkt auf die Gefühlswelt von Menschen. In einem psychologisch sicheren Kontext weiß ich, dass ich zumindest auf Offenheit, womöglich sogar Wertschätzung und Verständnis stoße. In einem psychologisch unsicheren Umfeld halte ich mich zurück, da ich befürchte, Bestrafung, Beschämung oder Ausgrenzung zu erleben. Der Unterschied und das damit einhergehende Potenzial sind enorm. Im einen Fall kommuniziere ich offen, so dass das ganze Team von meinen Gedanken oder Fehlern lernen kann. Im anderen Fall werde ich meine Gedanken für mich behalten oder Fehler vertuschen. Angesichts derartiger Selbstzensur leiden dabei auch Motivation, Freude und Flow-Erleben.

In Zeiten von VUCA sind wir ständig herausgefordert, mit Dynamik umzugehen. Dabei ist es unumgänglich, mit Hypothesen zu arbeiten, aufgrund derer die Produkte, Strukturen und Ziele der Arbeit laufend angepasst werden. Für Organisationen, Teams und Individuen bringt dies große Unsicherheit mit sich, denn schließlich können wir uns bei unseren Hypothesen auch irren.

Unter diesen Voraussetzungen Probleme zu lösen, Kundenwünsche zu erfüllen oder Entwicklungen sicher vorherzusagen übersteigt unsere Fähigkeiten als Einzelpersonen. Die Antwort von Unternehmen ist daher, komplexe Fragestellungen vermehrt in multiprofessionellen und selbstorganisierten Teams bearbeiten zu lassen. Hinzu kommt, dass Teams zunehmend in virtuellen oder zumindest teilvirtuellen Räumen operieren. Das stellt bestimmte Anforderungen an die Gestaltung von organisationalen Rahmenbedingungen, die sowohl kultureller als auch struktureller Natur sind und die Basis gelingender Kooperation bilden Kap. 5.

Amy Edmondson hält diesbezüglich fest, „dass es im 21. Jahrhundert eine der wichtigsten Verantwortlichkeiten der Führungskräfte ist, die Arbeitsumgebung sicher zu machen" (Edmondson, 2020, S. 19). Denn erst dann könnten Herausforderungen, Bedenken und Möglichkeiten offen kommuniziert werden. Erst dann kann gelingende Kooperation entstehen. Dies weist auch darauf hin, dass psychologische Sicherheit stets in einem spezifischen Kontext besteht.

Hintergrundinformationen
Psychologische Sicherheit kann mithilfe eines Fragebogens erhoben werden. Mitarbeitende beurteilen sieben Aussagen auf einer Likert-Skala mit sieben Auswahlkategorien von „strongly agree" bis „strongly disagree" (Edmondson, 1999).

1. If you make a mistake on this team, it is often held against you. (R)
2. Members of this team are able to bring up problems and tough issues.
3. People on this team sometimes reject others for being different. (R)
4. It is safe to take a risk on this team.
5. It is difficult to ask other members of this team for help. (R)
6. No one on this team would deliberately act in a way that undermines my efforts.
7. Working with members of this team, my unique skills and talents are valued and utilized.

Hinweis: Drei der sieben Aussagen sind umgedrehte Items (R), was in der Auswertung beachtet werden muss.

Eine umfangreiche Forschungsarbeit von Google-Analytiker:innen rückte das Konzept der psychologischen Sicherheit in den Fokus der breiteren Öffentlichkeit. Die Google-Forscher:innen hatten es sich zum Ziel gemacht, das Geheimnis erfolgreicher Teams zu entschlüsseln. Die Ergebnisse des „Project Aristotle" waren aufsehenerregend (Rozovsky, 2015). Die Hauptaussage lautete: Wer im Team arbeitet, spielt eine untergeordnete Rolle. Wie das Team arbeitet, ist entscheidend. Der aussagekräftigste Faktor dabei war: psychologische Sicherheit. Wenn die einzelnen Mitarbeitenden unbesorgt ihre Ideen, Fragen und Perspektiven anbieten und austauschen, steigt die Leistungsfähigkeit des gesamten Teams deutlich. Ergänzend dazu haben die Forscher:innen auch die Verlässlichkeit in der interdependenten Kooperation, klare Strukturen, das Gefühl, bedeutungsvolle Arbeit zu leisten, und Einflussmöglichkeiten auf das Erreichen der Ziele als relevante Faktoren identifiziert (Rozovsky, 2015). Die Fähigkeit zu Höchstleistung entfaltet sich in Teams allerdings entsprechend dem Grad der psychologischen Sicherheit.

Komplementär zu den genannten Erkenntnissen ist sich die bestehende Literatur weitgehend einig darüber, dass psychologische Sicherheit über bestimmte Faktoren gefördert werden kann, auch wenn zum Teil unterschiedliche Ausdifferenzierungen dieser Faktoren bestehen. Auf Basis der Arbeiten diverser Autor:innen (Edmondson, 2004, 2020; Frazier et al., 2017; Newman et al., 2017) lassen sich verschiedene Einflussfaktor-Dimensionen unterscheiden. Diese sind zum Teil inhaltlich nicht trennscharf und stehen zudem in Wechselwirkung untereinander. Wesentlich sind demnach 1. das Verhalten von Führungspersonen sowie 2. interpersonelle Beziehungen und 3. ein unterstützender Organisationskontext.

6.2.2 Die Rolle der Führung

Ein besonderer Einfluss auf psychologische Sicherheit geht demnach von Personen mit Führungsrollen und ihrem Verhalten aus. Sie tragen mit ihrem Verhalten stark dazu bei, psychologische Sicherheit zu fördern oder einzuschränken Tab. 6.1. Geführte Personen orientieren sich in der Regel stark am Verhalten von Führungspersonen und nehmen sich ein Beispiel an deren Reaktionen (Edmondson, 2004). Edmondson geht davon aus, dass drei Verhaltensweisen von Führung die psychologische Sicherheit des Teams beeinflussen: transparente Erwartungen und Sinnvermittlung, Einladung zur Mitwirkung, Ausrichtung an kontinuierlicher Reflexion und Verbesserung. Die Führung sorgt damit für Richtung und Rahmen der gemeinsamen Zusammenarbeit.

Tab. 6.1 Werkzeugkoffer für Führungskräfte zur Förderung psychologischer Sicherheit

Kategorie	Basis schaffen	Zum Mitwirken einladen	Produktiv reagieren
Führungsaufgabe	Die Arbeit rahmen: Formuliere Erwartungen über Misserfolge und gegenseitige Abhängigkeiten, damit klar wird, wie wichtig jede einzelne Stimme ist. Den Sinn und Zweck (Purpose) betonen: Stelle klar, worum es geht, warum es wichtig ist und für wen.	Situativ Bescheidenheit zeigen: Gib eigene Lücken zu. Über Fragen führen: Stelle gute Fragen und höre ernsthaft zu. Strukturen und Prozesse einführen: Schaffe ein Forum für Beiträge und erstelle Leitlinien für Diskussionen.	Anerkennung ausdrücken: Höre zu, gib Anerkennung und zeige Dankbarkeit. Misserfolge entstigmatisieren: Schau nach vorne, biete Hilfe an, besprich das Thema, überlege, wie es weitergeht. Verstöße klar sanktionieren: Bei Unklarheiten kläre die Rahmenbedingungen/ Erwartungen/Prozesse
Wirkung	geteilte Erwartungen und Bedeutung	Sicherheit, dass Mitwirkung willkommen geheißen wird	Ausrichtung an kontinuierlichem Lernen

Edmondson, 2020, S. 159

Weiterhin argumentiert Edmondson, dass die Erreichbarkeit der Führungsperson, ihre Art der Einbeziehung (also inwieweit Input aktiv eingeholt wird) sowie ihre Offenheit und damit einhergehend die Fähigkeit, Fehlbarkeit zu zeigen, die psychologische Sicherheit beeinflussen. Wenn also der Terminkalender der Führungsperson stets voll, die „Beschäftigt"-Notiz im Online-Tool immer aktiv oder die Bürotür verschlossen ist, bestehen automatisch weniger Kontaktpunkte. Die Gelegenheit zur Kooperation und zur Steigerung von Beziehungsqualität ist damit gering. Wenn die Führungsperson zudem bei Sitzungen auf Ideen oder Meinungen gar nicht oder abschätzig reagiert, lernt das Team, dass es ratsam ist, still zu sein. Die Reaktion der Führungsperson kann dabei sowohl verbal als auch nonverbal mit Blicken, Augenrollen, Handbewegungen oder durch Ignorieren erfolgen. Und wenn Führungspersonen nicht zuweilen eigene Unzulänglichkeiten oder Fehler eingestehen, werden die Teammitglieder dies ebenfalls nicht tun.

Es braucht also einerseits offene Türen, freie Zeitfenster und Beziehungsangebote sowie auf der anderen Seite eine authentische Wertschätzung der Ideen und Beiträge von Mitarbeitenden, um ein psychologisch sicheres Umfeld zu schaffen – der anders ausgedrückt: eine unterstützende, vertrauenswürdige, offene und integre Führung (Newman et al., 2017). Eine Person aus unserer Interviewreihe beschreibt, dass Führung auch bedeutet, anderen Menschen und Perspektiven unvoreingenommen Raum zu geben, um voneinander lernen und miteinander wachsen zu können.

Beispiel

Führungskräfte – und ich sicherlich auch – haben oft das Gefühl, dass die anderen Leute keine andere Idee haben, sondern immer eine schlechtere. Also weder eine andere noch eine bessere. Raum geben heißt für mich, dass andere eine alternative, aber nicht schlechtere Idee haben, oder sogar eine bessere Idee. Und dass man anfängt zuzuhören. Wenn das andere wahrnehmen, dann wissen sie auch, dass ein solcher Raum da ist. Dass das funktioniert und dass man auch eine Idee heranbringen kann. Sie muss nicht einmal besser sein, sie muss einfach nur anders sein. Und selbst wenn sie schlechter wäre, ist das nur der Schritt zu einer anderen Evolution. (Zitat aus einem Forschungsinterview) ◄

Psychologische Sicherheit zeigt sich auf der Bühne, die fortwährend bespielt wird. Diese Bühne kann zum ausgiebigen Austragen von Konflikten für Schuldzuweisungen und Selbstdarstellungen verwendet werden. Sie kann jedoch auch genutzt werden, um das eigene Ego zurückzunehmen, neue Ideen und Meinungen anzuhören, kontroverse Themen konstruktiv zu klären und den Beitragenden dabei Wertschätzung entgegenzubringen. Einen sicheren Raum zu schaffen, in dem eine Idee zunächst einfach eine Alternative ist, verlangt zunächst insbesondere von den Führungskräften Reflexionsfähigkeiten, Zurückhaltung und Bescheidenheit. Darüber hinaus ist gleichwohl jede:r Einzelne gefragt, die kollektive psychologische Sicherheit mitzugestalten. In einem Forschungsinterview beschreibt eine Führungsperson dies eindrücklich als einen „inneren Kampf" gegen den eigenen Stolz, der sich aber lohnt: „Wenn man den inneren Schweinehund mal überwunden hat, fallen einem Dinge plötzlich einfacher." Unter „Dinge" ist hier konkret gemeint, anderen Raum zu geben und Menschen zu fördern. Im Allgemeinen bedeutet dies jedoch auch, bewusst das eigene Handeln im Kontext von Beziehungsgestaltung und Teamklima zu sehen und darauf hinzuwirken, dass Zusammenarbeit leichter, unbelasteter und rollenorientierter wird.

Beispiel

Dass wir alle auch den Mut haben, uns selber zu reflektieren. Es gehört für mich zur Führung, das auch vorzuleben. Es fängt immer bei einem selber an. Das gehört mit dazu. Ich kann nicht von anderen verlangen, aus der Komfortzone rauszutreten, wenn ich das selber auch nicht tue. Ich muss diesen Weg gehen und ich muss mich auch selbst umbringen sozusagen. Den eigenen Stolz überwinden. Das sind immer Kämpfe. (Zitat aus einem Forschungsinterview) ◄

6.2.3 Die Rolle der Beziehung

Carmeli und Gittell (2009) erforschten in zwei aufeinanderfolgenden Studien zunächst mit Mitarbeitenden von drei israelischen Unternehmen, danach mit Teilzeit-Studierenden einer israelischen Bildungsanstalt die Zusammenhänge von qualitativ hochwertigen Beziehungen, psychologischer Sicherheit und dem Lernen aus Fehlern. Sie definieren qualitativ hochwertige Beziehungen anhand von drei Faktoren:

1. Geteilte Ziele: Gemeint sind übergeordnete Ziele, die über die spezifischen Rollen der einzelnen Mitarbeiter:innen hinausgehen.
2. Gemeinsames Wissen: Mitarbeitende haben ein geteiltes Verständnis des gesamten Arbeitsprozesses und sind sich der Wechselwirkungen ihrer Rollen bewusst.
3. Gegenseitiger Respekt: Respektieren die Mitarbeitenden einander, entsteht eine Atmosphäre der Offenheit.

Ihre Ergebnisse der Studie zeigten: Es gibt signifikante positive Zusammenhänge zwischen qualitativ hochwertigen Beziehungen am Arbeitsplatz und psychologischer Sicherheit sowie zwischen psychologischer Sicherheit und dem Lernen aus Fehlern (Carmeli & Gittell, 2009). Welcher Faktor der Beziehungsqualität (geteilte Ziele, gemeinsames Verständnis oder gegenseitiger Respekt) dabei die größte Vorhersagekraft besaß, wurde in dieser Studie nicht dargelegt. In einer späteren Studie erwies sich der Faktor gegenseitiger Respekt als der bedeutungsvollste für ein psychologisch sicheres Umfeld am Arbeitsplatz (Herzog, 2020). Selbst wenn also gemeinsame Ziele und ein gemeinsames Verständnis der Situation fehlen, ist es auf Basis eines respektvollen Umgangs möglich, einen psychologisch sicheren Raum zu schaffen.

Respektvolle Beziehungen am Arbeitsplatz fördern also die psychologische Sicherheit in den Teams und in der Organisation. Das erscheint naheliegend. Wenn sich Teamkolleg:innen wohlwollend verhalten und sich gegenseitig als eigenständige Persönlichkeiten anerkennen, dann trauen sie sich eher, das Risiko einzugehen, ihre Perspektiven zu äußern. Das lässt sich in der Praxis leicht beobachten: Kolleg:innen hören die persönliche und fachliche Perspektiven anderer aufmerksam an und von einer positiven Grundabsicht ausgehen. Dabei gilt auch das Sprichwort „Der Ton macht die Musik": Die Art und Weise der Kommunikation weist auf den Grad psychologischer Sicherheit hin. Das Vorhandensein von Empathie und Wertschätzung in der Alltagskommunikation kann von Dritten leicht gehört werden, selbst wenn ein kumpelhafter Sprachstil vorherrscht. Lassen sie einander ausreden oder unterbrechen sie sich ständig? Kommt jede:r zu Wort oder reden wenige? Werden Beiträge belächelt und abgewertet oder ernst genommen? Wird aufeinander Bezug genommen oder werden einzelne Positionen wiederholt? Damit einhergehend sind binäre Bewertungen im Sinne von „gut/schlecht" oder „richtig/falsch" nicht differenziert genug, um die Qualität von Beiträgen oder Lösungen zu bemessen. Besser ist es, einzelne Aspekte eines Beitrags hervorzuheben und als „förderlich/hinderlich" oder „gelingend/(noch) nicht gelingend" einzustufen. Diese Art von Feedback transportiert deutlich mehr Wertschätzung.

Wichtig ist in der Beziehungsgestaltung, dass gerade Personen in Schlüsselrollen darauf achten, möglichst zu allen Kolleg:innen gleichermaßen qualitativ hochwertige Beziehungen zu pflegen und keine Verbrüderungen mit Einzelpersonen einzugehen. In der Folge führt das zu mehr Kooperation, höherer Zufriedenheit, mehr Einigkeit in grundlegenden Punkten und zu einer niedrigen Fluktuation in Teams (Nishii & Mayer, 2009). Hochwertige Beziehungen legen also die Basis für psychologische Sicherheit und Potenzialentfaltung.

6.2.4 Die Rolle des Organisationskontextes

Zum Organisationskontext gehören Aspekte wie strukturelle Rahmenbedingungen oder kulturelle Vitalität Abschn. 5.4. In Bezug auf die psychologische Sicherheit soll hier explizit Transparenz und Fairness erwähnt werden, da sie entscheidend dazu beitragen, Unsicherheit und eine damit einhergehende Verteidigungshaltung zu vermeiden (Edmondson, 1999; Frazier et al., 2016; Newman et al., 2017). Insgesamt scheint der Organisationskontext jedoch kein bedingender, sondern ein unterstützender Faktor für psychologische Sicherheit zu sein, da in Studien psychologisch sichere Teams mit wenig Kontextunterstützung gefunden wurden (Edmondson, 1999).

6.2.5 Wirkung

Diverse wissenschaftliche Studien und Publikationen zeigen, dass psychologische Sicherheit diverse positive Auswirkungen auf die Leistung und das Erleben von Menschen in Organisationen hat. Dazu zählen Lernbereitschaft, Wohlbefinden, Produktivität, Kreativität, Engagement und reduziertes Stresserleben (Coyle, 2018; Edmondson, 2019; Frazier et al., 2016; Newman et al., 2017).

Tab. 6.2 Wirkung und Symptome von psychologischer Sicherheit und ihres Fehlens

In einer Umgebung mit hoher psychologischer Sicherheit …	In einer Umgebung mit geringer psychologischer Sicherheit …
- fühlen sich Menschen in der Lage, relevante Ideen, Fragen oder Befürchtungen zu äußern; - fühlen sich Menschen akzeptiert und respektiert; - fühlen sich Menschen in der Lage – sogar verpflichtet – offen und ehrlich zu sein; - werden die Fähigkeiten und Talente jeder:s Einzelnen gesehen und eingesetzt; - diskutieren Menschen produktiv; - werden Gedanken frei untereinander ausgetauscht; - ändern Menschen ihre Meinung in Diskussionen; - haben Menschen ein Zugehörigkeitsgefühl; - lachen Menschen oft zusammen; - hören sich Menschen einander ernsthaft zu; - haben Menschen viele kurze, energiereiche Austausche miteinander; - gibt es eine hohe Durchmischung: jeder redet mit jedem.	- versuchen Menschen, Fehler zu verstecken; - gehen Menschen auf Nummer sicher; - fühlen sich Menschen weniger verpflichtet und sind weniger motiviert und verbunden; - gibt es offene Aggression oder künstliche Harmonie oder beides; - ziehen sich Konflikte hin, ohne gelöst zu werden; - entwickeln Menschen Unsicherheiten; - verbreiten sich negative Einstellungen, die den produktiven Arbeitsablauf beeinträchtigen; - gibt es eine höhere Mitarbeiterfluktuation; - sind Teams unproduktiver und Projekte weniger wahrscheinlich erfolgreich.

In Anlehnung an (Coyle, 2018; Edmondson, 2004; Edmondson, 2019)

Das Vorhandensein oder die Abwesenheit psychologischer Sicherheit spiegelt sich in unterschiedlichen Aspekten wider Tab. 6.2.

Die Gewährleistung psychologischer Sicherheit bedeutet keineswegs, bloß ein nettes Arbeitsumfeld zu schaffen, in dem es allen Mitarbeitenden wohl ist. Ebenso wenig ist sie mit abwesender oder Laissez-faire-Führung zu verwechseln, die keine ambitionierten Ziele anstrebt. Eher das Gegenteil ist der Fall: Psychologische Sicherheit entfaltet ihre Wirkung erst in Kombination mit klaren Zielen und hohen Leistungsanforderungen (Edmondson, 2019). Es braucht einerseits die Freiheit und andererseits die Notwendigkeit, all das zu sagen, was gesagt werden muss, um individuelle und kollektive Potenziale zu entfalten.

6.3   Schlüsselkompetenzen zur Beziehungsgestaltung

6.3.1   Gewaltfreie Kommunikation

Wo sich Menschen begegnen, findet Kommunikation statt. „Man kann nicht nicht kommunizieren", lautet eines von Paul Watzlawicks bekanntesten Zitaten. Wir kommunizieren mit Worten, Lauten, Gesten, Mimik und anderen Körpersignalen. Kommunikation dient dazu, einander zu verstehen, zu überzeugen und zu beeinflussen. Jegliche zwischenmenschliche Kommunikation ist dabei einerseits sachlich und andererseits emotional geprägt. Unklarheit, Unsicherheit und Unverständnis sind Quellen von Missverständnissen und Konflikten. Verständnis hingegen ist die Voraussetzung für Zusammengehörigkeit, gelingende Kooperation, gemeinsame Lösungsfindung und Produktivität. Das Bewusstsein um die eigene Gefühlswelt und um eigene Bedürfniszustände sowie die Fähigkeit, diese zu benennen, ist Ausgangspunkt einer empathischen Kommunikation. Wer sich selbst versteht, kann sich anderen leichter verständlich machen.

Einen wertvollen Beitrag dazu hat Marshall B. Rosenberg mit seinem Ansatz der Gewaltfreien Kommunikation (GfK) entwickelt (Rosenberg, 2016). Im organisationalen Kontext führt der Begriff „Gewalt(frei)" anfänglich zuweilen zu Irritationen und Widerstand, bis verstanden wird, dass sich Gewalt auch sprachlich ausdrücken kann. Im Kontext ihrer Reifestufe Abschn. 5.1 stehen Organisationen dem Konzept der GfK somit erfahrungsgemäß aufgeschlossener gegenüber, wenn es z. B. als empathische oder bedürfnisorientierte Kommunikation deklariert wird.

Es geht dabei darum, Mitgefühl für sich und die Umwelt zu entwickeln und damit Verantwortung für die eigenen Gefühle und Bedürfnisse zu übernehmen. Das hilft dabei, wirksam und einfühlsam zu kommunizieren.

> **Beispiel**
>
> Der Prozess der GfK vollzieht sich dabei in vier Schritten:
>
> 1. Eine Beobachtung, die das eigene Wohlbefinden beeinflusst, bewertungsfrei schildern, z. B.:
>   *Mir ist aufgefallen, dass du in Projekt A eine wichtige Entscheidung gefällt hast, ohne mich zu konsultieren.*
> 2. Eigene Emotionen, die im Zusammenhang mit der Beobachtung (ent)stehen, wahrnehmen und mitteilen, z. B.:
>   *Ich fühle mich übergangen und habe den Eindruck, meine Meinung ist dir nicht wichtig. Das verletzt mich.*
> 3. Eigene Bedürfnisse, Werte und Wünsche benennen und mitteilen, z. B.:
>   *Es ist mir wichtig, in zentralen Fragen zu Projekt A einbezogen zu werden, weil ich mich fachlich darin sehr engagiere. Ich möchte meine Expertise in Entscheidungen einbringen können.*
> 4. Eine Bitte um eine konkrete Handlung formulieren, die positiv auf die Bedürfniserfüllung sowie die Lösungs- und Lebensqualität wirkt, z. B.:
>   *Bitte bezieh mich in Entscheidungen betreffend Projekt A in Zukunft mit ein. Lass uns gleich besprechen, in welchen zeitlichen Abständen wir uns dafür treffen sollten.* ◄

Ein Schlüssel gelingender Kooperation und sozialer Innovation liegt somit im Wissen um die eigenen Emotionen und Bedürfnisse. Anfänglich fehlt Menschen zudem oft das Vokabular, um Gefühle klar zu benennen. Dafür braucht es Training. Werden unsere Bedürfnisse erfüllt, erleben wir Emotionen wie Freude oder ein Beflügeltsein. Unerfüllte Bedürfnisse hingegen führen zu Emotionen wie Wut, Ärger, Unsicherheit und Angst. Negative Emotionen erschweren die Zusammenarbeit. Gleichwohl liegen in ihnen Hinweise auf Störendes, Unfertiges, Unpassendes oder noch nicht Gelingendes und somit auf Potenziale, die erschlossen werden können. Dafür müssen wir deren Auslöser, also unsere zugrundeliegenden Interessen bzw. Bedürfnisse erkennen und ernst nehmen.

Individuelle und kollektive Kompetenzen in GfK steigern daher die Möglichkeiten zur Potenzialentfaltung, indem sie dabei helfen, kommunikative Blockaden zu überwinden. Diese treten vor allem dann auf, wenn wir die Perspektive unseres Gegenübers bewerten, z. B. durch moralische Urteile, Vergleiche und Relativierungen oder das Leugnen eigener Verantwortung. Auch Lob und Bestrafung sind Formen der Bewertung.

In der Praxis zeigt sich, dass im Falle von Missverständnissen oder Konflikten die Parteien oft über Strategien sprechen, die helfen sollen, Bedürfnisse zu befriedigen. Die eigentlichen Bedürfnisse jedoch werden nicht benannt. Der Lösungsraum ist damit stark eingeschränkt. Bedürfnisse sind grundsätzlich positiv. Daher sind sie anschlussfähig, sofern sie kommuniziert, verstanden und nachempfunden werden können. Bedürfnisse beschreiben dabei das Motiv des Warums, während die Strategien das Wie beschreiben. Wenn die jeweiligen Bedürfnis- und Interessenlagen klar sind und empathisches Verständnis für die jeweiligen Perspektiven des Gegenübers nachvollzogen werden können, steht der Lösungsraum weit offen.

Wo immer Menschen miteinander arbeiten und interagieren, tragen sie auch Emotionen in sich, die nicht selten Einfluss auf vermeintlich sachliche Entscheidungen haben. Unabhängig davon, aus welchen Rollen, Positionen und über welche Sachthemen Menschen miteinander sprechen, findet gleichzeitig immer auch Kommunikation auf der Beziehungsebene statt. Wenn die Beziehungsebene gestört ist, entstehen Missverständnisse und Konflikte, welche die Lust, Offenheit und Möglichkeit zur Zusammenarbeit stark einschränken. Ansätze der GfK haben sich in der Praxis gleichermaßen als verständnisfördernd wie heil- und wirksam bei Mediation und anderen Formaten der Konfliktklärung erwiesen, in zweier- ebenso wie in Team-Konstellationen. Ein praktisches Beispiel für Konfliktklärung auf der Basis von GfK ist das Format Clear-the-Air Abschn. 8.4.

Empathische, bedürfnisorientierte Sprache kann eine Unternehmenskultur entscheidend prägen und die Qualität des Miteinanders, die psychologische Sicherheit und die Beziehungsqualität in Organisationen erhöhen. GfK-Kompetenz ist daher ein wichtiger Aspekt und Baustein für soziale Innovation in Organisationen. Nicht zuletzt auch, weil damit Bedürfnisse und Interessen der Organisation und der Menschen unter Einbeziehung von rationalen und emotionalen Aspekten betrachtet und bearbeitet werden können. Somit werden einige – keineswegs alle – relevanten Aspekte der Zusammenarbeit explizit zugänglich.

6.3.2   Klarheit und Feedback

Der Begriff Klarheit subsumiert viele Aspekte, die für gelingende Kooperation essenziell sind. Die Klarheit von organisationalen Rahmenbedingungen sorgt für Orientierung in Bezug auf Rollen, Verantwortlichkeiten, Strategien oder Ziele Abschn. 5.4.2. Vertrauen und psychologische Sicherheit verschaffen Klarheit in Bezug auf den Beziehungsstatus. Gewaltfreie Kommunikation schließlich unterstützt Klarheit in Bezug auf eigene Bedürfnisse und die Bedürfnisse der anderen. Damit wird versucht, Strukturen und Informationen sowie Gedanken und Emotionen möglichst explizit zu beschreiben. Nichtsdestoweniger bleiben immer auch implizite Informationen oder Interpretationen bestehen, die unausgesprochen bleiben. Dies kann zu Spannungen, Gerüchten und Missverständnissen führen, was Unwohlsein und Unsicherheit auslöst. Um dem vorzubeugen, gilt es, Begegnungs- und Reflexionsgelegenheiten zu etablieren, seien es Austauschformate zur Strategie, zum Purpose oder zur Stimmung im Team. Daraus ergibt sich die Notwendigkeit zu regelmäßigem bzw. bedarfsorientiertem Austausch oder zu Feedback. Feedbackkompetenzen im Sinne der gewaltfreien Kommunikation fördern ein gemeinsames Verständnis und damit die Vermeidung wie auch die Klärung von Missverständnissen oder Konflikten.

Feedback ist ein systematischer und mächtiger Kanal für den ständigen Abgleich und Austausch von Sichtweisen, Gedanken und Gefühlen. Dies wird anhand der Theorie des Johari-Fensters von Joseph Luft und Harry Ingham in Abb. 6.3 illustriert. Die Darstellung setzt sich aus vier Quadraten zusammen und verdeutlicht neben den Differenzen in Selbst- und Fremdwahrnehmung auch, welche Mengen an Informationen und Wahrnehmungen für die eigene und/oder für fremde Parteien verborgen bleiben (Eremit & Weber, 2016).

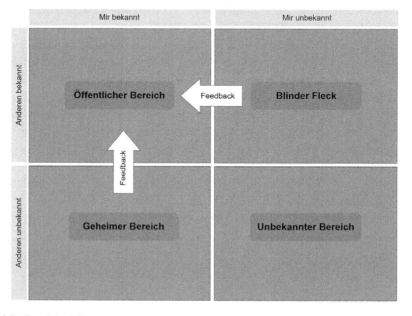

Abb. 6.3   Das Johari-Fenster

Der öffentliche Bereich (1) umfasst sämtliche Wahrnehmungen und die Informationen, die sowohl einem selbst als auch dem Gegenüber bekannt sind. Somit spiegelt er die Übereinstimmung zwischen Selbst- und Fremdbild wider. Verglichen mit den anderen Bereichen nimmt der öffentliche Bereich vergleichsweise wenig Platz ein. Gleichzeitig ist es, gerade auch im Setting der Organisation, zumeist ein Anliegen, diesen Bereich zu vergrößern. Je größer der öffentliche Bereich, umso berechenbarer und nachvollziehbarer wird die Person oder Organisation wahrgenommen (Eremit & Weber, 2016). Im Zusammenhang mit der Theorie von Dietz und Den Hartog (2006) ist dieser Bereich somit für den Vertrauensaufbau das wertvollste der Quadrate. Die Vergrößerung des Quadrats lässt sich in Verbindung mit den nachfolgenden zwei Bereichen bewerkstelligen. Im geheimen Bereich (2) findet sich alles, was die betroffene Person weiß, ihr Gegenüber jedoch nicht. Dabei handelt es sich um persönliche Ansichten und Erfahrungen, ungeteiltes fachliches Wissen und subjektive Interpretationen. Um Informationen, Wahrnehmungen und Wissen aus dem geheimen Bereich in den öffentlichen Bereich zu transformieren, braucht es, insbesondere die Bereitschaft sich zu öffnen und andere an den eigenen Erkenntnissen teilhaben zu lassen. Eremit & Weber, 2016). Bei dieser Form des Feedbacks handelt es sich um Self-Disclosure.

Der blinde resp. weiße Fleck (3) umfasst alles, was das Gegenüber wahrnimmt, während es der eigenen Person verborgen bleibt. Dabei handelt es sich zumeist um unbewusste Gewohnheiten, Interpretationen des Gegenübers, Vorurteile oder beobachtbare Verhaltensweisen. Informationen im Bereich des weißen Flecks werden zumeist über die nonverbale Kommunikation erhoben, wozu Körperhaltung, Ton- und Stimmlage, Mimik und Gestik zählen. Auf der verbalen Ebene, zum Beispiel über die Wortwahl, können zusätzlich unbewusste Muster entstehen. Auch in diesem Bereich lässt sich durch Feedback Wissen in den öffentlichen Bereich übertragen.

Je sachlicher und expliziter dabei die Kommunikation verläuft, umso einfacher lassen sich diese Inhalte in den öffentlichen Wahrnehmungsbereich transferieren (Eremit & Weber, 2016). Letzteres lässt sich der zweiten Phase des Vertrauensaufbaus nach Petermann zuordnen. Eine sorgfältige und faktenbezogene Kommunikation hilft dabei, – teilweise unbeabsichtigte – für das Gegenüber bedrohliche Handlungen und Äußerungen zu minimieren (Petermann, 2012).

Die Art und Weise sowie die Frequenz von persönlichem Feedback sollte durch geeignete organisationale Rahmenbedingungen unterstützt werden, sowohl auf horizontaler Ebene innerhalb von bzw. zwischen Teams als auch auf vertikaler Ebene über Organisationsebenen hinweg. Hierfür können Peer-Feedback oder auch moderierte Reflecting-Team-Formate einen guten Rahmen bieten. Der unbekannte Bereich (4) umfasst unbewusste Anteile unserer Persönlichkeit, die weder uns selbst noch anderen wissentlich zugänglich sind. Dabei handelt es sich um verborgene Talente oder traumatische Erlebnisse. Dieser Teil lässt sich nur mit Hilfe von gezielter Psychotherapie erschließen (Eremit & Weber, 2016).

6.3.3 Kontextbewusstsein

Als Menschen sehnen wir uns nach Ordnung. Sie soll uns Sicherheit und Orientierung geben. Angesichts der zeitgenössischen VUCA-Welt muss ein solches Ordnungssystem einerseits stabil sein und andererseits eine hohe Komplexität und Elastizität erlauben. Ähnlich wie beim Fußball, wo ein klares und ausgeklügeltes Regelwerk existiert (Deutscher Fußball-Bund, 2021) und gleichzeitig eine hohe spielerische Dynamik herrscht. Aus der Erkenntnis heraus, dass zentralistische Macht- und Führungssysteme hier an Grenzen stoßen, sind es selbstorganisierte Strukturen, die verteilte Führung erlauben und daher verteilt entwickelt und gestaltet werden. Durch klar beschriebene Verantwortlichkeiten und damit einhergehend verteilte operative Autorität sollen Potenziale gehoben und Entscheidungen im jeweiligen Kontext getroffen werden – dort, wo gehandelt wird. Dabei sollen die individuellen Ergebnisse gleichzeitig im Einklang mit einer kollektiven Ausrichtung stehen, die sich entlang einer Purpose-Hierarchie und verketteten Strategiekaskaden entfaltet.

Dennoch kann ein selbstorganisiertes Umfeld leichter aus einer machtvollen Position heraus entfaltet werden als aus einer Graswurzelbewegung, denn es gilt, die bestehende (zentrale) Autorität bewusst und explizit in die Organisation zu geben. Bezogen auf kooperationsfördernde selbstorganisierte Systeme bedeutet dies, dass eine Transformation bestehender Organisationen und damit einhergehend die Entbündelung von operativer Entscheidungshoheit auf der obersten Führungsebene paradoxerweise zunächst machtvoll entschieden, zugelassen und gefördert werden muss. Darauffolgende Entwicklungen ergeben sich keineswegs nur auf beobachtbarer struktureller Ebene, sondern auch entlang der nicht sichtbaren, wohl aber spürbaren Beziehungen der Menschen und ihrer Kultur innerhalb der Arbeitswelten.

Das Modell der 4 Spaces nach Christiane Seuhs-Schoeller systematisiert vier Handlungsräume, die sich entlang von zwei Kontexten zeigen (de Jong, 2018). Im Kontext der Organisation befinden sich der *Operative Raum* und der *Governance-Raum*, in denen wir entsprechend unseren Rollen und den damit verbundenen Verantwortlichkeiten miteinander interagieren Abb. 6.4. Im Kontext der Menschen und Beziehungen begegnen wir uns im *Individuellen Raum* selbst und im *Beziehungsraum* einander.

4. Operativer Raum: Hier findet die eigentliche Arbeit innerhalb von klar definierten Rollen und Verantwortlichkeiten statt. Insofern ist Transparenz bezüglich Strategien, Projekten, Ergebnissen und Kennzahlen ebenso entscheidend wie effektive Meetingroutinen zur inhaltlichen Abstimmung, um individuell und kollektiv Ergebnisse zu produzieren.

5. Governance-Raum: Hier werden Rollen und Regeln der Organisation in Form von definierten Spielregeln dezentral angepasst, wann immer dies notwendig ist – und zwar innerhalb des jeweiligen Kontextes. So ergibt sich eine stets aktuelle Transparenz für Verantwortlichkeiten und damit eine wichtige Basis für die verteilte Entscheidungsfindung.

6. Beziehungsraum: Vertraute und gesunde Beziehungen sind eine wichtige Basis für gelingende Kooperation. Daher gilt es, Strukturen zu etablieren, um die Art und Weise von gegenseitigem Kennenlernen, Feedback, Konfliktklärung, Mediation, Reflexion, Feiern und Bedauern bewusst zu gestalten und zu unterstützen.

7. Individueller Raum: Manchmal liegen Entwicklungspotenziale nicht bei der Organisation mit ihren Aufgaben, Rollen oder in der Beziehung zu Menschen, sondern in einem selbst. Daher können auch hier Themen und nächste Schritte zur individuellen Entwicklung reflektiert und gestaltet werden.

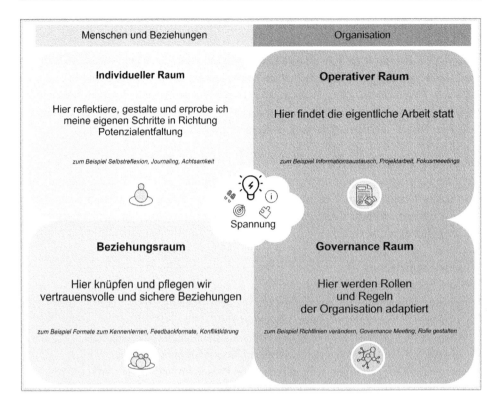

Abb. 6.4 4 Spaces

Die Four Spaces bilden damit eine Systematik für bewusstere Unterscheidung der verschiedenen Dimensionen, die in Organisationen immer vorhanden sind und in denen Lösungen gestaltet werden können. Je bewusster wir Menschen zwischen den darin enthaltenen Perspektiven unterscheiden können, umso besser können wir Lösungen für gegebene Problemstellungen entwickeln. Denn in jedem der vier Räume können mögliche nächste Schritte auf dem Weg zu Verbesserungen und Potenzialentfaltung liegen. Insofern ist die Kenntnis der Four Spaces und, noch wichtiger, die Fähigkeit zur Lösungsfindung innerhalb der darin enthaltenen Perspektiven bereits eine wichtige Voraussetzung, um soziale Innovationen in der Führung umsetzen zu können.

Aus der Perspektive der Organisationsentwicklung ist der Aufbau förderlicher Strukturen für beide Kontexte und damit sämtliche der 4 Spaces eine wichtige Aufgabe, um innovative und produktive Arbeitswelten zu gestalten. Denn sowohl die Beziehungs- als auch die Organisationsebene müssen transparent und vital sein, um nachhaltig individuell und kollektiv erfolgreich zu sein.

6.4   Denkanstöße für die Praxis

Eine vitale Kultur dient als Schmiermittel in der Organisation. Ein angemessenes Maß an Vertrauen und hohe psychologische Sicherheit dienen sowohl der Produktivität und Effizienz als auch dem Wohlbefinden. Zudem senken die Faktoren Fluktuationen und wirken präventiv bezüglich Krisen – seien es persönliche, interpersonelle oder arbeitsmarktbezogene. Aus der vorgestellten Theorie und den erhobenen Daten ergeben sich nachfolgende Praxistipps.

Begegnungsräume schaffen
Vertrauen entsteht knapp zusammengefasst durch Beobachtungen, Erfahrungen und gegenseitiges Kennenlernen. Das bewusste Gestalten von Begegnungsräumen kann diesen Prozess fördern und beschleunigen, denn gemeinsam verbrachte Zeit kann unterschiedliche Intensitäten aufweisen:

* gemeinsame Ferien
* Erfolge gemeinsam zelebrieren
* professionell angeleitete Workshops zur Teamentwicklung
* regelmäßige Teamevents (intern oder extern)
* Sportevents organisieren, teamintern oder bei öffentlichen Gelegenheiten
* alltägliche Meetingformate mit expliziten Check-in-Fragen beginnen
* informelle Gelegenheiten, z. B. gemeinsame Pausen im Verlauf des Arbeitstages
* Communities of Practices, bei denen sich Menschen mit gemeinsamen Interessen treffen können
* Wissenstage oder ähnliche Formate organisieren

Die Möglichkeiten, gemeinsame Zeit zu gestalten, sind vielfältig. Neben dem strukturierten Informationsaustausch, wozu auch die Self-Disclosure gehört, gibt dies den Mitarbeiter:innen die Gelegenheit, ihr Gegenüber besser kennenzulernen. Dadurch und durch gemeinsame Erfahrungen wird die Beziehungsqualität potenziell gestärkt.

Abgesehen von den organisierten Begegnungen leben zwischenmenschliche Beziehungen und damit auch das interpersonelle Vertrauen zusätzlich von informellen und zufälligen Begegnungen. Damit kann die Gestaltung (zeitlich oder räumlich) von Pausenmöglichkeiten, gemeinsamen Mittagsessen, Feierabendtreffen und Platz für informelle Zwischengespräche zur Steigerung des Vertrauensverhältnisses beitragen.

Im Arbeitsalltag kommen wir nicht umhin, eine gewisse Experimentierfreudigkeit zu zeigen, um vertrauensvolle (Arbeits-)Beziehungen aufzubauen und zu pflegen. Dabei hilft es auch, die Teams in die Gestaltung der Begegnungsräume einzubeziehen.

Kennenlernen und Selbst-Offenbarung ermöglichen
Kennenlernen ist wichtig, und die Offenbarung innerer Anteile, seien es Gefühle, Erfahrungen, Wissen, dient dem Aufbau und der Stärkung des interpersonellen Vertrauens. Die

Offenbarung stärkt das „Kennen" innerhalb des Teams und auch zwischen Führungskraft und Angestellten. Daher kommt dem einander Kennenlernen eine besondere Bedeutung zu.

Es ist die Gelegenheit, eigene Stärken und Schwächen zu zeigen und die des Gegenübers kennenzulernen und festzustellen, dass es okay ist, nicht perfekt zu sein. Zudem kann entlang von Stärken und Präferenzen die Arbeitsteilung organisiert werden.

Personen in Führungsrollen können Self-Disclosure fördern, indem sie mit gutem Beispiel vorangehen. Als (Mit-)Gestalter der Teamkultur tragen sie mit ihrem Verhalten dazu bei, ob es sich dabei vorwiegend um arbeitsrelevante und kontextbezogene Self-Disclosure handelt oder ob auch persönliche Aspekte Raum bekommen. In jedem Fall ist es wichtig, dass Selbstoffenbarung in einem freiwilligen und damit ungezwungenen und sicheren Rahmen stattfindet. Dabei kann es sich beispielsweise um Gespräche in der Pause bei der Kaffeemaschine, um gemeinsame Mittagessen oder Feierabend-Treffen handeln.

Achtsam kommunizieren und handeln
Letztlich tragen die Handlungen und Wirkungen eines jeden Einzelnen dazu bei, das Vertrauen und die psychologische Sicherheit im eigenen Einflussbereich zu prägen. Einige Tugenden werden immer wieder genannt und insbesondere im Kontext von Führungsqualitäten referenziert. In ihrer Universalität gelten sie auch für die Beziehungsgestaltung.

- Die eigene Wirkung regelmäßig reflektieren, sei es durch proaktives Einholen von Feedback oder regelmäßiges Coaching
- Zuhören, das Gehörte spiegeln und dann darauf eingehen
- Schuldzuweisungen vermeiden und Verständnis für die Position des Gegenübers zeigen
- Angebote machen, anstatt Anforderungen zu stellen
- Informationen, Vorschläge, Optionen, Sichtweisen und Entscheidungen verschriftlichen
- Gründe für Sichtweisen oder Entscheidungen erläutern
- Fehler eingestehen und daraus lernen
- Meetings mit klarer Agenda und Moderation ausstatten und dafür sorgen, dass alle Stimmen gehört werden

Sichere Rahmenbedingungen gestalten
Kontrolle und Vertrauen müssen keine gegensätzlichen Endpunkte auf einer Skala darstellen. Stattdessen können Kontrollinstanzen auf lange Sicht den Aufbau des interpersonellen Vertrauens ermöglichen. Sie dienen dazu, einen für alle verbindlichen, sicheren Rahmen zu markieren. Eine Variante einer misstrauisch anmutenden Handlung stellt beispielsweise ein tägliches Meeting dar, in dem Mitarbeiter:innen die Resultate des Vortags und ihren für heute geplanten Tagesablauf transparent darlegen. Diese Kontrollinstanz führt jedoch dazu, dass Mitarbeiter:innen ein Gefühl für die Arbeit ihrer Kolleg:innen entwickeln, und ersetzt in diesem Moment die Funktion des Vertrauens.

Literatur

Abdelhamid, M. I. (2018). *Die Ökonomisierung des Vertrauens: Eine Kritik gegenwärtiger Vertrauensbegriffe.* transcript.

Brown, B. (2010). Die Macht der Verletzlichkeit [TED]. https://www.ted.com/talks/brene_brown_the_power_of_vulnerability?language=de. Zugegriffen am 28.04.2022.

Carmeli, A., & Gittell, J. H. (2009). High-quality relationships, psychological safety, and learning from failures in work organizations. *Journal of Organizational Behavior, 30*(6), 709–729. https://doi.org/10.1002/job.565

Clark, T. R. (2020). *The 4 stages of psychological safety. Defining the path to inclusion and innovation.* Berret-Koehler Publishers.

Clases, C. (2019). Vertrauen. In *Lexikon der Psychologie.* Dorsch. https://dorsch.hogrefe.com/stichwort/vertrauen. Zugegriffen am 08.09.2020.

Clases, C., & Wehner, T. (2005). Vertrauen in Wirtschaftsbeziehungen. In D. Frey, L. von Rosenstiel & C. Graf Hoyos (Hrsg.), *Handbuch Wirtschaftspsychologie* (S. 397–401). Beltz.

Coyle, D. (2018). *The culture code. The secrets of highly successful groups.* Random House Business Books.

de Jong, J. (2018). The capacity of differentiation and integration—A fundamental principle of evolutionary development [Medium]. Evolution at Work. https://medium.com/evolution-at-work/the-capacity-to-differentiate-and-integrate-a-fundamental-principle-of-evolutionary-development-a360e853e317. Zugegriffen am 28.04.2022.

Deutscher Fußball-Bund. (2021). Fußball-Regeln 2021/2022. https://www.dfb.de/fileadmin/_dfbdam/243953-Regeln2021_2022.pdf. Zugegriffen am 28.04.2022.

Dietz, G., & Den Hartog, D. N. (2006). Measuring trust inside organisations. *Personnel Review, 35*(5), 557–588. https://doi.org/10.1108/00483480610682299

Edmondson, A. C. (1999). Psychological safety and learning behavior in work teams. *Adminstrative Science Quarterly, 44*(2), 350–383.

Edmondson, A. C. (2004). Psychological safety, trust and learning: A group-level lens. In R. Kramer & K. Cook (Hrsg.), *Trust and distrust in organizations: Dilemmas and approaches (S. 239–272).* Russel Sage Foundation. https://www.hbs.edu/faculty/Pages/item.aspx?num=14863

Edmondson, A. C. (2019). *The fearless organization: Creating psychological safety in the workplace for learning, innovation, and growth.* Wiley.

Edmondson, A. C. (2020). *Die angstfreie Organisation: Wie Sie psychologische Sicherheit am Arbeitsplatz für mehr Entwicklung, Lernen und Innovation schaffen.* Franz Vahlen.

Eremit, B., & Weber, K. F. (2016). Johari-Fenster. In B. Eremit & K. F. Weber (Hrsg.), *Individuelle Persönlichkeitsentwicklung: Growing by Transformation: Quick Finder – Die wichtigsten Tools im Business Coaching* (S. 37–42). Springer Fachmedien. https://doi.org/10.1007/978-3-658-09453-9_6

Erikson, E. (1966). Wachstum und Krisen der gesunden Persönlichkeit. In E. Erikson (Hrsg.), *Identität und Lebenszyklus* (S. 55–122). Suhrkamp.

Frazier, M. L., Fainshmidt, S., Klinger, R. L., Pezeshkan, A., & Vracheva, V. (2017). Psychological safety: A meta-analytic review and extension. *Personnel Psychology, 70*(1), 113–165. https://doi.org/10.1111/peps.12183

Frazier, M. L., Fainshmidt, S., Klinger, R. L., Pezeshkan, A., & Vracheva, V. (2016). Psychological Safety: A Meta-Analytic Review and Extension. *Personnel Psychology, 70*(1), 113–165. https://doi.org/10.1111/peps.12183

Herzog, J. (2020). *Inclusive Leadership im Fokus. Auswirkungen auf Beziehungsqualität und psychologische Sicherheit im virtuellen Arbeitsumfeld* [Masterarbeit]. Zürcher Hochschule für Angewandte Wissenschaften.

Johnson, D. W., & Noonan, M. P. (1972). Effects of acceptance and reciprocation of self-disclosures on the development of trust. *Journal of Counseling Psychology, 19*(5), 411–416. https://doi.org/10.1037/h0033163

Kahn, W. (1990). Psychological conditions of personal engagement and disengagement at work. *Academy of Management Journal, 33*(4), 692–724. https://doi.org/10.2307/256287

Kassebaum, U. B. (2004). *Interpersonelles Vertrauen: Entwicklung eines Inventars zur Erfassung spezifischer Aspekte des Konstrukts* [Dissertation, Universität Hamburg]. https://ediss.sub.uni-hamburg.de/handle/ediss/618. Zugegriffen am 25.03.2022.

Luhmann, N. (2014). *Vertrauen: Ein Mechanismus der Reduktion sozialer Komplexität* (5. Aufl.). Lucius & Lucius.

Maslow, A. (1943). A theory of human motivation. *Psychological Review, 50*(4), 370–396.

Newman, A., Donohue, R., & Eva, N. (2017). Psychological safety: A systematic review of the literature. *Human Resource Management Review, 27*(3), 521–535. https://doi.org/10.1016/j.hrmr.2017.01.001

Nifadkar, S. S., Wu, W., & Gu, Q. (2019). Supervisors' work-related and nonwork information sharing: Integrating research on information sharing, information seeking, and trust using self-disclosure theory. *Personnel Psychology, 72*(2), 241–269. https://doi.org/10.1111/peps.12305

Nishii, L. H., & Mayer, D. M. (2009). Do inclusive leaders help to reduce turnover in diverse groups? The moderating role of leader-member exchange in the diversity to turnover relationship. *Journal of Applied Psychology, 94*(6), 1412–1426. https://doi.org/10.1037/a0017190

Osterloh, M., & Weibel, A. (2006). *Investition Vertrauen*. Gabler.

Petermann, F. (2012). *Psychologie des Vertrauens* (4. Aufl.). Hogrefe.

Ripperger, T. (2003). *Ökonomik des Vertrauens: Analyse eines Organisationsprinzips*. Mohr Siebeck.

Rosenberg, M. B. (2016). *Gewaltfreie Kommunikation: Eine Sprache des Lebens* (I. Holler, Übers.; 12., überarb. u. erw. Aufl.). Junfermann.

Rozovsky, J. (17. November 2015). re:Work: The five keys to a successful google team. https://rework.withgoogle.com/blog/five-keys-to-a-successful-google-team/

Schein, E. H., & Bennis, W. G. (1965). *Personal and organizational change through group methods: The laboratory approach*. Wiley.

Snow Academy. (2022). *Snow academy: Business courses for the skills of tomorrow*. Snow Academy. https://snow.academy

Zirkler, M., & Herzog, J. (2021). Inclusive Leadership: Die Gestaltung von Zusammengehörigkeit als zentrale Herausforderung in der digitalen Arbeitswelt. *Wirtschaftspsychologie, 23*(3), 6–31.

Potenzialentfaltung durch bedingungslose Zugehörigkeit

Fallstudie: Die Beta GmbH investiert in Beziehung und Vertrauen, um die Mitarbeitenden in ihrer Potenzialentfaltung zu unterstützen

Familiär heißt für mich, die Zugehörigkeit wird nicht, niemals in Frage gestellt. (…) Also es kann Todesfälle geben, aber ansonsten ist es eine Familie. Und es gibt Zerwürfnisse und die sind vielleicht sogar ekliger (…). Es kann auch sein, dass jemand erstmal für drei Monate in Australien lebt und sich nicht meldet, aber er gehört für immer zur Gruppe. (Mitarbeiterin Beta GmbH)

Zusammenfassung

Menschen aus unterschiedlichen Fachrichtungen kommen zusammen und erkennen das Potenzial ihrer unterschiedlichen Denk- und Herangehensweisen. Das ist die Geburtsstunde der Innovationsagentur Beta GmbH (anonymisiert). Die 25 Gründer:innen entwickeln ihre eigene Organisationsform, deren Grundgedanken Innovation, Soziokratie und Zusammengehörigkeit sind. Die Beziehungen, die Freundschaft der Menschen steht dabei stets im Vordergrund. Uneinigkeiten werden so lange diskutiert, bis gemeinsame Lösungen entstehen. Diese Arbeitsform erfordert vertiefte kommunikative Fähigkeiten, viel Einfühlungsvermögen und die Bereitschaft, sich selbst auch mal zurückzunehmen. Das Modell hat Erfolg, stösst jedoch gerade deshalb auch an Grenzen, so dass sich die Beta GmbH an einem Scheideweg wiederfindet: Sie müssen sich entscheiden, ob sie die Organisation weiter entwickeln wollen und damit neue Leute anstellen oder ob sie die bestehende Zusammengehörigkeit priorisieren und klein bleiben wollen. Wie können die Bedürfnisse der Organisation und der Menschen in Einklang gebracht werden?

© Der/die Autor(en), exklusiv lizenziert an Springer Fachmedien Wiesbaden GmbH, ein Teil von Springer Nature 2023
J. Herzog et al., *Soziale Innovationen in der Führung*,
https://doi.org/10.1007/978-3-658-39118-8_7

7.1   Erhebungsmethode

Dieser Fallstudie liegt ein qualitativer Forschungsansatz zugrunde. Unsere Perspektive ist konstruktivistisch, das heißt, dass die nachfolgende Darstellung das Ergebnis eines gemeinsamen Verständnisprozesses zwischen Forschenden und Beforschten ist und damit ein Ergebnis der individuellen und kollektiven Wahrnehmung und Interpretation und keine objektive Wahrheit (Kühl et al., 2009).

Der Fokus der hier vorgestellten Fallstudie war es, zu verstehen, wie die Unternehmensberatung Beta GmbH (anonymisiert) die Bedürfnisse der Mitarbeitenden nach Zusammengehörigkeit und Einzigartigkeit aufgreift und wie sich dies in der Struktur und Kultur des Unternehmens niederschlägt.

Als Methoden wählten wir ein explorativ-qualitatives Vorgehen. Das Ziel war die Erkundung und Beschreibung eines Gegenstandes, um Forschungsfragen beantworten und Hypothesen und Theorien bilden zu können. Explorative Studien sind typischerweise wenig bis gar nicht strukturiert, jedoch detailliert dokumentiert (Döring & Bortz, 2016). Die explorativ-qualitative Datenerhebung erlaubte es, neue und unerwartete Befunde sowie subjektive Deutungen, Interpretationen und Sichtweisen der Interviewpartner:innen unvoreingenommen sammeln zu können (Bogner et al., 2014; Döring & Bortz, 2016; Helfferich, 2011).

Als Interviewform wählten wir Fokusgruppen. Wir interviewten also jeweils zwei bis fünf Personen gemeinsam, indem wir sie anhand von offenen Fragen dazu anregten, sich über die Themen zu unterhalten, die wir erforschen wollten. Die Arbeit mit Fokusgruppen gilt als einer von vielen klassischen Ansätzen der qualitativen Erhebungsmethoden (Przyborski & Wohlrab-Sahr, 2014). Fokusgruppen eignen sich besonders für unseren Ansatz, da das Erleben, die Wahrnehmung, das Empfinden und die Einschätzung der Teilnehmenden in gemeinsam erlebten sozialen Situationen im Fokus stehen und tiefgründig erkundet werden können. Die Fokusgruppen-Teilnehmenden sollten möglichst ausführlich von ihren Erfahrungen berichten, wie sie bestimmte Situationen wahrnahmen und interpretierten und warum sie bestimmte Situationen als besonders bedeutsam wahrgenommen haben und andere als weniger wichtig.

An den Interviews der Beta GmbH nahmen 11 Mitarbeitende (im Folgenden auch „Betas") teil, darunter waren Gründer:innen und neue Mitarbeitende vertreten. Die Personen meldeten sich freiwillig auf einen internen Aufruf nach Studienteilnehmenden. Die Datenerhebung erfolgte im Frühjahr 2020. Aufgrund früherer Kooperationen konnten wir zusätzlich auf Beobachtungsdaten vor Ort zugreifen. Die Ergebnisse aus den Interviews wurden mit Informationen aus Kommunikationsmitteln, die von der Beta GmbH selbst abgesetzt wurden, kontextualisiert. Hierzu gehören Websites, Bücher, Blogbeiträge oder intern aufbereitete Videoaufnahmen von Events.

Aufgrund der Corona-Pandemie fanden die Fokusgruppen-Interviews online via Zoom statt. Die nachfolgenden Falldarstellungen sind anonymisiert, das heißt, die Namen der genannten Firmen und Protagonist:innen wurden geändert, auf Online-Quellen wird nicht verwiesen.

7.2   Hintergrund zum Unternehmen

Die Geschichte dieser Organisation beginnt im Seminarraum einer Weiterbildung. Da bearbeiteten Leute unterschiedlicher Fachrichtungen gemeinsam Projekte und erkannten, wie produktiv die Kombination der jeweiligen Denk- und Herangehensweisen war.

> Da merkte ich, was ich für einen total eingeschränkten Blick habe. Obwohl ich immer dachte, ich sei offen. Und dann merke ich aber die verschiedenen Herangehensweisen und das war für viele dann so eine Art Feuerwerk. Eigentlich so ein Feuerwerk der Erkenntnisse. Wow, so reich ist die Welt, so vielseitig. Und so wollten wir dann weiterarbeiten. Also wir wollten weiter zusammen sein und am besten damit irgendwie Geld verdienen. (Beta-Gründerin 1)

In den 2000er-Jahren gründeten die Absolvent:innen der Weiterbildung dann gemeinsam in einer Vorstadtkneipe die Beta GmbH. Ausschlaggebend für die Rechtsform war, dass die GmbH es erlaubte, dass alle 25 Beteiligten gleichberechtigte Gesellschafter:innen sein konnten. Die Geschäftsleitung wurde lediglich pro forma eingesetzt. Wie genau ihre Organisation aussehen sollte, war ihnen da noch nicht klar. Dafür wussten sie umso besser, was sie nicht wollten: Ein Unternehmen mit klassisch hierarchischen Strukturen und festgelegten Abläufen. Sie wollten keine Chefetage, keine Zwänge, dafür umso mehr Freiheiten für Ideen und insbesondere Potenzialentfaltung. So auferlegten sie sich selbst, was sie als Geschäftsinhalt anderen anbieten wollten: Innovation. Sie erfanden ihre eigenen Strukturen in iterativen Zyklen, das heißt, sie entwickelten, testeten und überarbeiteten ihre eigenen Strukturen und Prozesse fortlaufend, wie dies insbesondere für IT-Produkte heute üblich ist. Dafür ließen sie sich von Kibbuzim, Kommunen und Klöstern inspirieren, analysierten, was ihnen ge- und missfiel, und bauten ihre eigene Organisation auf.

> Wir haben ja erstmal mit so kleinen Bierrunden angefangen und dann wurde das zu dem, was es jetzt geworden ist. Es war nicht die Idee, ein großes Unternehmen aufzubauen. Wir haben es offengelassen. Wir sind ja Prototyping-Experten und haben uns sozusagen einfach weiter geprototypt. (Beta-Gründerin 2)

Über die Jahre ist eine soziokratische Organisation entstanden, die in weitgehend selbstständigen Kreisen organisiert ist, strategische Entscheidungen nach dem Konsent-Prinzip trifft sowie auf freundschaftlichen, ja sogar familiären Beziehungen basiert. Aus Kommiliton:innen wurden Freund:innen, aus Freund:innen wurden Gründer:innen, aus Gründer:innen wurden vereinzelt Liebende oder Familien. Das Zusammengehörigkeitsgefühl, die Identifikation mit der Gruppe ist bei Beta sehr stark.

> Dadurch, dass wir zusammen so viele Erfahrungen gemacht haben und dass wir durch so viele Zeiten gelaufen sind und auch Scheiß erlebt haben und zusammengehalten haben. Also es fühlt sich wie eine Komplizenschaft an. Ein Zusammenhalten in der Not. (Beta-Gründerin 3)

Eine gemeinsame Firma ist auch eine gemeinsame Verpflichtung. Es gibt Löhne und Steuern zu zahlen, Akquisen zu planen und Aufträge zu erledigen. Anders als in klassischen

Verdienstsystemen, in denen Engagement, Leistung und Loyalität belohnt werden mit
Vertrauen, Verantwortung und Freiheiten, setzt Beta konsequent auf Vorschussvertrauen
und gewährt Freiheiten von vornherein. Ist eine Person damit zunächst überfordert, coa-
chen sie sich gegenseitig. Beta entzieht sich damit der klassischen Leistungskultur, in der
der Wert eines Mitarbeitenden an den Leistungen gemessen wird. Die Beziehung, die
Freundschaft steht an erster Stelle. Die Betas zählen darauf, dass aus Vertrauen, Eigenver-
antwortung und Selbstorganisation hohe Motivation und Leistungsbereitschaft erwächst.
Und es funktioniert. Beta entwickelte sich von Projekt zu Projekt und etablierte sich als
erfolgreiches Unternehmen, welches diverse Preise gewonnen hat. Die Gründer:innen haben eine Agentur geschaffen, die als Arbeitgeberin wie als Dienstleisterin gefragt ist.

7.3   Zusammengehörigkeit und Selbstentfaltung organisieren

Die Gründer:innen identifizieren sich selbst als Vertreter:innen der Generation Y, die von
einem grundlegenden Dilemma geprägt ist. Sie sind einerseits freiheitsliebend und streben
nach Selbstentfaltung, andererseits suchen sie die finanzielle und emotionale Sicherheit
und Geborgenheit einer Gemeinschaft. Beta muss ihnen beides bieten und die sich im
Kern widersprechenden Bedürfnisse auffangen. Die Betas diskutieren essenzielle Themen
wie Identifikation mit der Gemeinschaft, Abgrenzung von der Gemeinschaft und Selbstentfaltung gern in Allegorien. Im Kern betonen Bilder wie das der Familie oder des Klos-
ters den nicht verhandelbaren Zusammenhalt der sozialen Gemeinschaft bei gleichzeitiger
Betonung von Freiräumen. Je nach Bild sind es Kinder oder Pilger, die sich bis zu einem
gewissen Grad in unterschiedliche Richtungen bewegen können und dennoch nie den Bezug zueinander verlieren.

> Familiär heißt für mich, dass die Zugehörigkeit niemals in Frage gestellt wird. (…) Also es
> kann Todesfälle geben, aber ansonsten ist es eine Familie. Und es gibt Zerwürfnisse und die
> sind vielleicht sogar ekliger (…). Es kann auch sein, dass jemand erstmal für drei Monate in
> Australien lebt und sich nicht meldet, aber er gehört für immer zur Gruppe. Das ist das Fami-
> liäre daran. Wir haben uns immer selbst als Wahlfamilie bezeichnet. (…) Also die tollere Fa-
> milie, weil wir uns so gesucht und gefunden haben. (Beta-Gründerin 3)

Dieser Zielkonflikt zwischen Zusammengehörigkeit und Eigenständigkeit wird im Austausch mit den Betas als ein Zustand des Hin-und-her-gerissen-Werdens beschrieben, was
daher rührt, dass sich die Organisation zum Zeitpunkt der Datenerhebung in einem Prozessmusterwechsel befindet Abschn. 2.1. Die Analyse über die sechs Faktoren der Zusammengehörigkeit nach Zirkler und Herzog (Abschn. 4.4.1) zeigt auf, wie Beta danach
strebt, Widersprüche zu vereinen. Hierbei gelingt es ihnen, auf die eigene Entwicklungs-
fähigkeit und die Gemeinschaft zu vertrauen. Doch das System stösst auch immer wieder
an Grenzen.

7.3.1 Soziales Bedürfnis

Insgesamt ist zu beobachten, dass Beta eine sehr personenzentrierte Organisation ist. Strukturen und Prozesse sind verhandelbar, Menschen hingegen nicht. Beziehungen werden geschützt und die Zusammengehörigkeit wird nicht infrage gestellt. Wie um sich selbst in dieser Prämisse zu bestärken, haben sie das Konsent-Prinzip zur Entscheidungsfindung installiert. In der ersten Vorrunde erhalten alle beteiligten Personen die Gelegenheit, Fragen zur anstehenden Entscheidung zu stellen. In der zweiten und dritten Runde äußern alle ihre Meinung. Es besteht die Möglichkeit, begründete schwerwiegende Einwände einzubringen, die in die Entscheidungsfindung einbezogen werden müssen. Die Entscheidungen werden getroffen, wenn keine schwerwiegenden Einwände mehr bestehen. Der Konsent beinhaltet die Idee, dass alle Beteiligten einen Entscheid mittragen, selbst wenn einzelne noch gewisse Bedenken haben. Bedenken werden akzeptiert, schwerwiegende Einwände zur Optimierung der Entscheidungsqualität integriert. Wenn keine Einwände mehr vorliegen, steht die Entscheidung fest. Ein Teil der Leute wird bedenkenlos zustimmen, ein anderer Teil wird mit Bedenken zustimmen. Die zweite Alternative ist als „Disagree und Commit" durch Amazon-Gründer Jeff Bezos breiter bekannt geworden.

In Bezug auf die Zusammengehörigkeit der Betas bedeutet das Konsent-Prinzip auch, dass im Prinzip keine Person gegen ihren Willen ausgeschlossen werden kann. Wer Beta verlässt, tut dies aus freien Stücken resp. in gegenseitigem Einvernehmen. Es kommt vor, dass es Gespräche zwischen einer unzufriedenen Person und der Gruppe gibt, in denen beide entscheiden, dass eine Trennung mehr Sinn für alle macht. Einseitige Entlassungen sieht das System nicht vor. Gerade auch strategische Entscheidungen werden nach dem Konsent-Prinzip gefällt. Hält da nur eine Stimme mit einem schwerwiegenden Einwand dagegen, kommt zunächstl kein Entscheid zustande. Wer einen Einwand formuliert, ist verpflichtet, an einem neuen Lösungsvorschlag mitzuarbeiten. Jede Person erhält dadurch viel Mitsprache und kann Prozesse gestalten, aber auch verzögern. Umstrittene Fragen werden zwangsläufig so lange diskutiert, bis es eine Harmonisierung der Meinungen gibt. Das kostet Kraft und erfordert von den Betas sowohl Standhaftigkeit, um die eigene Meinung vertreten und begründen zu können, als auch Flexibilität und Offenheit, um neue Argumente einbeziehen und die eigene Meinung anreichern oder revidieren zu können. Das können nicht alle.

> Wenn ich absehen kann, dass die Harmonie unter dem, was ich zu sagen habe, sehr leidet, dann spreche ich es lieber nicht an. (Beta-Gründer 4)

Die Betas sprechen von einem „ausgeprägten Harmoniebedürfnis", das einerseits zu einer ausgeprägten Diskussionskultur führt und andererseits zuweilen die Tendenz aufweist, Feedback zurückzuhalten, Fragen nicht zu stellen oder Meinungen nicht zu äußern.

> Ich glaube eigentlich, wir haben sichere Bindungen und verhalten uns vielfach, als hätten wir unsichere. (Beta-Gründerin 1)

In der (Über-)Betonung der Harmonie spiegelt sich eine Angst vor unlösbaren Konflikten und damit vor dem Zerfall der Gemeinschaft. Dieses Paradox führt einerseits dazu, dass sich die Leute in der Gemeinschaft sicher und ernst genommen fühlen, andererseits bürdet es ihnen auch viel Verantwortung auf. Die Freiheit für eine einzelne Person endet dort, wo kollektive Interessen verletzt werden. Das System Beta kann nur dann funktionieren, wenn die beteiligten Personen in der Lage sind, sich dem Wohl der Gemeinschaft unterzuordnen, was bedeutet, die eigenen Bedürfnisse hintanstellen zu müssen. Es verlangt nach Mitbestimmung und Unterordnung zugleich. Es bedarf eines stark ausgeprägten sozialen Bedürfnisses und einer erhöhten Ambiguitätstoleranz, um in dieser Konstellation funktionieren zu können.

In der Beta GmbH wird die Zugehörigkeit zur Gemeinschaft nicht über die Arbeitsleistung, sondern über die Beziehungen definiert. Das bedeutet, dass die Betas nicht um ihren Arbeitsplatz fürchten müssen, wie das in anderen Organisationen möglicherweise der Fall ist. Das verleiht den Mitarbeitenden soziale Sicherheit, was sie einerseits entscheidungs- und handlungsfähiger und andererseits lernoffener macht. Wenn auf tatsächliche Fehler keine potenziell selbstwertgefährdenden oder existenziellen Konsequenzen folgen, wird es einfacher, diese einzugestehen und aus ihnen zu lernen. Und wenn die Lernbereitschaft da ist, können sich Mitarbeitende weiterentwickeln, was wiederum deren Leistungsfähigkeit unterstützt.

Im System Beta tragen alle Mitarbeitenden direkt Verantwortung für das Erreichen der gemeinsamen Ziele und verfügen über weitgehend uneingeschränkte Kompetenzen in ihrem Zuständigkeitsbereich. Der Handlungsspielraum und damit der Interpretationsraum für die Einzelnen ist sehr groß, was einen konstruktiven Umgang mit Fehlern erfordert. Die Betas sprechen gar nicht erst von Fehlern, sondern von Lerngelegenheiten, denn was ein Fehler war, so die Argumentation, könne sowieso erst retrospektiv beurteilt werden. Im Gespräch zeigt sich das in Formulierungen wie: „Da habe ich was gelernt", oder „Da habe ich ihm beim Lernen zugeschaut".

7.3.2 Gemeinsame Ausrichtung

Das Ziel der Agentur ist es, Neues in die Welt zu bringen und diese damit ein Stück weit zu verbessern. Darüber, was genau dieses Neue umfasst oder ausschließt, besteht kein Konsens. Die Suche nach dem Purpose ist daher eine Herausforderung, der sich die Betas in mehreren Workshops gewidmet haben. Der Purpose bleibt dennoch schwer fassbar. Mehrfach beriefen sich die Gründer:innen in den Forschungsinterviews darauf, dass ihr Purpose darin bestehe, wie und mit wem sie arbeiten wollten, und nicht welches übergeordnete Ziel sie verfolgten. Die Organisation erfüllt damit einen Selbstzweck. Der Fokus bleibt auf der Gemeinschaft. In gewissem Sinne kann der vage formulierte Purpose als eine Schutzfunktion verstanden werden. Denn ein nach außen gerichteter, verbindlicher Purpose würde dazu führen, dass sich die Gemeinschaft und die Individuen diesem unterordnen müssten und damit Freiheit einbüßen könnten. Hier zeigt sich ein Interessenskonflikt, der die Organisation Fokus und Dynamik kosten kann.

7.3.3 Fairness und Transparenz

Ein zentrales Anliegen war den Gründer:innen, dass sie alle als gleichwertig angesehen werden, sprich keiner weisungsbefugt ist oder eine Machtposition innehat. Über weite Strecken ihrer gemeinsamen Arbeit wurden Risiken und Erfolge gleichmäßig verteilt, was sich auch in der Gehalts- und Tantiemenstruktur niederschlägt. Zudem verteilen sie Arbeitspakete nach dem sogenannten Eimerprinzip. Das besagt, dass jeweils erfahrene Personen mit unerfahrenen zusammenarbeiten, um so das Wissen möglichst gleichmäßig im Unternehmen zu verteilen. Hinter dieser Praktik stecken zwei Gedanken: Einerseits möchten sie dadurch das Knowhow im Unternehmen langfristig sichern und andererseits die Leute dazu ermächtigen, sich auf Augenhöhe zu begegnen. Beides dient der Potenzialentfaltung, die eine Kernidee von Beta ist. Potenzialentfaltung wird als Garant für Unternehmenserfolg angesehen. Sie wird als Arbeitsform verstanden, die sich dadurch auszeichnet, dass Menschen Themenfelder und Tätigkeiten aufgrund ihrer individuellen Interessen und Neigungen wählen und sich darin entfalten können, das heißt sich intrinsisch motiviert einer Sache widmen und dabei einen Zuwachs an Kompetenzen erfahren. Potenzialentfaltung ist kein Single-Task, sondern bedarf der Unterstützung – durch Teammitglieder oder Führungspersonen. Sie muss organisiert resp. ermöglicht werden. Das Eimerprinzip ist dafür eine einfache und nachhaltige Methode.

7.3.4 Kontinuität

Die Beta-Gemeinschaft ist eingeschworen. Lange arbeiteten ausschließlich die Gründer:innen als festangestellte Mitarbeitende. Innerhalb dieses festen Kreises waren viele Arbeitsformen möglich. Jede Person konnte selber entscheiden, wie viel, wo und was sie arbeitete. Letztlich sollte das Geleistete zur gemeinsamen Idee, Neues in die Welt zu bringen, beitragen.

Da maximale Flexibilität schwer zu koordinieren und zu planen ist, haben die Gründer:innen einen Planungstag ins Leben gerufen, an dem sie sich jährlich gegenseitig mitteilen, wie viel und wo sie im kommenden Jahr für Beta arbeiten möchten: Von Teilzeit bis Vollzeit und von Berlin bis Bangladesch ist alles möglich. In der Firmensprache ausgedrückt kann so jeder und jede Beta ungebundener Feriengast oder Hausbesitzer:in sein. Sowohl Gäste wie auch Hausbesitzer:innen werden als der Gemeinschaft zugehörig anerkannt. Jede:r Gesellschafter:in kann stetig prüfen, inwieweit sie/er für Beta arbeiten will. Neuorientierungen werden dadurch möglich und bergen nicht das Risiko des Verlusts der Gemeinschaft, wie das oftmals bei Stellenwechseln der Fall ist. Folge davon ist eine tiefgreifende Identifikation mit der Firma und den Menschen, die dort arbeiten. Dem zugrunde liegt die feste Überzeugung, dass Menschen sich weiterentwickeln möchten, eigene Wege gehen möchten und dennoch verbunden bleiben. Es überrascht denn auch nicht, dass ein Großteil der Leute nach Neuorientierungen wieder als aktives Mitglied zu Beta zurückkehren und einen Rucksack voller neuer Erfahrungen und Wissen mitbringen, von denen die Gemeinschaft profitieren kann.

So verständnisvoll und offen die Gründer:innen für Neuausrichtungen von Kolleg:innen sind, so geschlossen zeigen sie sich nach außen. Der feste Kreis der Gründer:innen wurde hier und da projekt- oder auftragsbezogen durch Externe erweitert, diese stammten jedoch zum überwiegenden Teil aus dem erweiterten Umfeld der Betas selbst. Spontanbewerbungen wurden bis zum Zeitpunkt der Datenerhebung in der Regel nicht berücksichtigt, da auch das Personal-Recruiting über Beziehung funktioniert. Das führt dazu, dass Beta ein geschlossener Kosmos bleibt, in dem wenig Platz für Diversität ist.

> Wenn ich jetzt so darüber nachdenke, dann müssen wir nach außen extrem hochnäsig wirken. Keine Ahnung, ich kenne ein Prozent von unseren Bewerbungen, und da sind ja echt Dinge dabei. Und auch so Aktionen, die irgendwie echt Zeit und Liebe kosten, und das wird ja alles abgeschmettert von uns. (…) Bei uns würde es reichen, wenn jemand uns im Anschreiben siezt und so ein richtiges Bewerbungsfoto mit weißem Hemd beilegt. Dann ist er aufgrund dieser beiden Tatsachen eigentlich raus. Und das ist halt ultrahart.

Beta ermöglicht viel Freiheit für die individuelle Entfaltung von Internen; Externen wird der Zutritt jedoch deutlich erschwert. Die daraus resultierende Homogenität und Exklusivität ihrer Gruppe widerspricht der Grundidee der Innovationsoffenheit, also der Offenheit gegenüber Neuem. Das schränkt einerseits die Perspektive auf Projekte, Menschen und sich selbst ein. Andererseits schützt es die Gemeinschaft vor grundlegenden internen Differenzen. Die installierten Entscheidungsstrukturen, die der einzelnen Person viel Freiheit und Entscheidungskompetenz zugestehen, bedingen einen starken Zusammenhalt und eine ausgeprägte Diskussionskultur. Am Ende müssen sich die Betas einen gemeinsamen Nenner erarbeiten können, um handlungs- und entscheidungsfähig zu bleiben.

7.3.5 Kommunikation

Es fällt auf, dass die einzelnen Gründer:innen sowie die Mitarbeitenden von Beta über stark ausgeprägte Kommunikationsfähigkeiten verfügen. Sie beschreiben ihre Beobachtungen, Emotionen und Beweggründe auf eine beeindruckend klare, eloquente und reflektierte Art. Als Personen wirken sie dabei zugänglich und authentisch.

In der Gemeinschaft der Gründer:innen und Mitarbeitenden entsteht der Eindruck, dass sich jede Person einbringen kann und auch soll. Die Kommunikation untereinander ist geprägt von Intimität, Respekt und echtem Interesse. Im Gespräch hören sie aktiv zu und fragen nach. Das dient dem Verständnis füreinander und legt die Basis für stabile Beziehungen.

Beim Versuch, die Organisation Beta zu begreifen, zeigt sich der Beobachterin jedoch zunächst ein erstaunlich diffuses Bild. Die Kommunikationskultur hat stark implizite Anteile und ist geprägt von ungeschriebenen Regeln, diffusen Rollenverständnissen und organischer Entwicklung. Wer von Anfang an dabei ist, verfügt über sensible Antennen für Handlungsspielräume, Stimmungslagen und Sprachgebrauch.

> Ich glaube, dass es bei uns viele Unsicherheiten gibt über das, was man kann und darf, weil es eine Strukturlosigkeit gibt oder einer Regellosigkeit. Also bei uns ist sehr viel informell organisiert. Also vieles ist nicht organisiert und deswegen wird es so im Informellen geregelt. Ja, und ich glaube, dass da große Unsicherheit herrscht. Und dann gibt es wenig Gelegenheit

oder Fähigkeit, darüber zu sprechen, wenn mich etwas stört. Und ich weiß nicht, zu wem ich gehen könnte, wie ich das ansprechen könnte, was mir auf der Seele brennt. Also ich habe da aktuell eine riesige Unsicherheit und merke das auch bei anderen. (Beta-Gründerin 3)

Implizites Wissen verbreitet sich innerhalb der Organisation durch ausgeprägte informelle Kanäle sehr schnell und zuverlässig, dennoch bleibt der Interpretationsraum groß, was intern zu Unsicherheit führen kann.

7.3.6 Geteilter Erlebensraum

Die Betas legen großen Wert auf persönliche Begegnungen, um sich gegenseitig besser oder anders kennenzulernen. Das Raum- und Sitzungskonzept der Organisation ist stark darauf ausgelegt, geteilte Kommunikationsräume zu schaffen. Vor der Pandemie konzentrierte sich das auf das Büro. Dort gibt es diverse Räume, die fokussiertes Arbeiten alleine oder in Gruppen ermöglichen. In den Gruppenräumen ist das Mobiliar zudem leicht verstellbar, so dass kleinere Bereiche abgegrenzt oder ein Setting für Großgruppengestaltet werden kann. Das Herzstück von Beta ist die große Küche mit Bar und Barista-Kaffeemaschine sowie einem grossen Tisch, an dem bequem alle Mitarbeitende Platz nehmen können. In diesem Raum findet „Serendipity" statt, also absichtslose Treffen, informelle Kommunikation und damit Beziehungsgestaltung. Scheinbar nebenbei lernen die Betas sich so stets besser kennen und einschätzen, profitieren gegenseitig von neuen Ansichten und entwickeln dabei Innovationen. So erwachsen nicht nur Projektdurchbrüche aus der Küche, sondern auch ein Großteil der Unternehmenskultur. Die Treffen in den effektiven Arbeitsräumen wurden ergänzt durch regelmäßige Klausuren, wie Betriebsausflüge oder die alljährliche Retraite. Drei Tage lang verbringen sie im Verbund, kümmern sich um strategische Fragen und vor allem um die Freundschaft. Hier werden Konflikte angesprochen und ausgetragen und ganz viel Beziehungsarbeit geleistet. Diese wird gerade dann als hilfreich beschrieben, wenn es anfängt, emotional schwierig zu werden.

> Ich glaube, dass es mir schwerfallen würden, Vertrauen zu Leuten zu fassen oder Freunde zu finden, wenn wir einfach nur oft Kaffee trinken gehen würden. Da passiert so wenig. Ich brauche irgendwie Reibung, um Leute kennenzulernen und zu verstehen, wie die agieren in bestimmten Situationen. Ich könnte mir vorstellen, dass diese Emotionalität und vielleicht auch dieser Stress, der bei einer Retraite herrscht, weil das so komprimiert und kondensiert ist und man nicht in den Feierabend flüchten kann, genau das erzeugt. Das hilft Menschen wie mir dabei, Vertrauen zu bilden. (Beta-Mitarbeiter 1)

Die Betas wissen, dass Vertrauen durch gemeinsam verbrachte Zeit und intensive Auseinandersetzungen gefördert werden kann. Gerade die Tatsache, dass die persönlichen Bedürfnisse genauso hoch gewichtet werden wie die beruflichen, macht die Beziehungsarbeit bei Beta intensiv. Die Beziehungsgestaltung wird von Betas als Schlüsselkompetenz beschrieben, die sie regelmäßig pflegen. In jedem Monat gibt es zwei Teamtage. Hier wird neben anstehenden Traktanden Zeit veranschlagt für Begegnungen. Die Betas kochen und essen gemeinsam, gehen auf Reflexionsspaziergänge und besprechen, was gerade gut läuft und was nicht. Das Ziel ist, den Austausch über die verschiedenen Organisationskreise hinweg zu fördern sowie Sorgen miteinander zu teilen. Hierbei werden Traktanden auch mal verschoben, um den Bedürfnissen von einzelnen Personen Raum zu geben.

7.4   Der Beziehungsballast

Es wird sichtbar, dass die Gründer:innen von Beta einen starken Fokus auf das verbindende Element legen. Am Arbeitsplatz entstehen dadurch echte Freundschaften, was in sich einen unermesslichen Wert hat. Zudem wird durch diese engen Beziehungen Kooperation auf der Basis von Vertrauen möglich. Gleichzeitig kann diese Nähe im professionellen Umfeld dazu führen, dass Konflikte nicht ausgetragen werden aus der Angst heraus, die Beziehungen zu gefährden.

> Inzwischen glaub ich, dass auch viel davon, was man zynisch über Familien sagt, auch bei uns Einzug gehalten hat. Also, dass man so manche Dinge nicht richtig ausspricht, die vielleicht stören. Die Beziehung ist zwar stark ist, sie deckelt aber auch manches. (Beta-Gründerin 3)

Mit der Zeit sammelt sich durch die unausgesprochenen Konflikte „Beziehungsballast" an, der die zielfokussierte Zusammenarbeit überlagern kann. Entscheidungen werden dann nicht mehr sachlich gefällt, sondern auf die emotionale Ebene projiziert.

> Ich glaub, es wäre schöner, wenn wir dieses wahnsinnig enge Beziehungsgeflecht ein bisschen sachlicher hätten. (Beta-Gründerin 3)

Solange Beta ein in sich geschlossenes System blieb, funktionierte die Steuerung der Organisation über die Beziehungsebene gut. Unsere Hypothese ist, dass diese Nähe aus der Anfangszeit der Gründung und den Aufbaujahren stammt. Es war wohl eine Zeit großer Unsicherheit, eine Zeit der Komplizenschaft, in der sie um Akzeptanz auf dem Markt kämpften. Beta war da die sichere Basis, aus der sie Kraft schöpfen konnten. Mit der Etablierung des Unternehmens und den individuellen Entwicklungen verlor die Gemeinschaft allmählich ihre existenzielle Bedeutung. Einige Gründer:innen forderten vom System Beta plötzlich mehr Freiheit als Sicherheit. Die Gemeinschaft erhält damit ein einengendes Moment. In der Analyse der Interviews wird deutlich, dass zum Zeitpunkt der Datenaufnahme im Jahr 2020 die Balance zwischen Zusammengehörigkeit und Selbstentfaltung in Schieflage geraten war die Gründer:innen unterschiedliche Bedürfnisse hatten. Die einen wollten an der Gemeinschaft wie sie früher war festhalten, andere wollten die Organisation professionalisieren und weiterentwickeln.

7.5   Die Wachstumsphase

Beta war nie nur eine Firma. Es ist vielmehr ein produktiver Freundeskreis, der sich eine Marke gegeben hat. Und der Erfolg gibt Beta recht. Die Firma wird bekannter und die Aufträge größer. Gleichzeitig werden die Gründer:innen von damals älter, gründen eigene Fami-

lien oder weitere Unternehmen. Damit haben sich auch soziale Bedürfnisse ins Private verschoben oder auf andere Gemeinschaften verlagert. Bald kamen die aktiven Betas an den
Punkt, an dem sie zu wenig Ressourcen für ihre laufenden Aufträge hatten. Es blieb ihnen
nichts anderes übrig, als neue Leute in ihre eingeschworene Gemeinschaft aufzunehmen. Sie
rekrutierten Leute aus dem erweiterten Beziehungsfeld der Gründer:innen, da sie ein gewisses „kulturelles Matching" als prioritär erachteten und sich dieses aus dem Umfeld erhofften.
Was genau dieses Matching umfasst, bleibt unausgesprochen. Es wird als „Bauchgefühl"
beschrieben. Deutlich wird, dass den Betas wichtig ist, dass neue Mitarbeitende Verantwortung für die Gemeinschaft übernehmen. Der Fokus liegt dabei auf der Arbeitsgruppe, der
Firma, der Gesellschaft. Diese kollektive Sichtweise ist Voraussetzung für das Funktionieren
des soziokratischen Systems. Damit verbunden sind ausgeprägte soziale Kompetenzen wie
Einfühlungsvermögen sowie Reflexions- und Kommunikationsfähigkeit. Es braucht zudem
ein gutes Gespür dafür, wann die eigene Persönlichkeit Raum einnehmen kann und soll, indem Meinungen und Bedürfnisse mitgeteilt werden, und wann Zurückhaltung gefragt ist,
um gemeinschaftlich entscheiden und wachsen zu können. Es mutet an wie ein Orchester,
dessen Imposanz aus abwechselndem, symbiotischem Zusammenspiel von Tutti und Solo
entsteht. Im Fall von Beta gibt es jedoch außerhalb soziokratischer Meinungs- und Entscheidungsrunden kaum Notenblätter, die mitteilen, wann welcher Modus gefragt ist.

In dieser Umbruchszeit, in der Gründer:innen in neue Lebensphasen eintraten und Mitarbeitende dazukamen, geriet das symbiotisch funktionierende System zunehmend aus
dem Takt. Die Eingliederung der Neuen stellte sich als schwierig heraus, da sie zunächst
lernen mussten, die impliziten Regeln und Rollenverteilungen zu lesen. Das erwies sich als
kompliziert, da es bei Beta keinen Onboarding-Prozess gab. Die Leute wurden nicht an die
Gepflogenheiten von Beta herangeführt, sondern mussten sich direkt selber zurechtfinden.
Die Gründer:innen bedachten die Neuen mit Vorschussvertrauen, so dass sie großen Handlungsspielraum hatten und ihre Arbeitsbereiche weitgehend selber definieren konnten. Sie
räumten ihnen damit direkt dieselben Rechte ein, die sie auch für sich selbst beanspruchten.
Dadurch empfanden die Neuen während der Einarbeitungsphase jedoch zum Teil große
Unsicherheit und fühlten sich im System Beta auf sich allein gestellt. Das wiederum führte
dazu, dass sie sich mit ihren Meinungen, Bedürfnissen und ihrer Persönlichkeit zurückhielten. Diese stille Assimilation zu Anfang verzögerte den Eintritt in die Produktivphase.

> Ich bin auf eine Gruppe von Menschen gestoßen, die über Jahre zusammengewachsen ist. Das
> war so wie eine Familie und ich hab mich gefühlt, als wäre ich irgendwie die angeheiratete
> neue Frau, die dann zum großen Familienfest stößt. (…) Ich hab ständig Sachen gemacht, die
> irgendwie falsch waren, also in Anführungszeichen, wo ich in Fettnäpfchen getreten bin. (…)
> Letztendlich war es auch nicht schlimm. Es gab einfach so viele ungeschriebene Gesetze, die
> ich nicht kannte. Das hat dazu geführt, dass ich sehr unsicher wurde in diesen Schritten, die
> ich hier gehen wollte. (Beta-Mitarbeiterin 2)

Neue Mitarbeitende benötigten viel Selbstvertrauen und Ambiguitätstoleranz, um bei Beta
bestehen zu können. Einerseits wurden den Neuen viel Wertschätzung entgegengebracht
und Beziehungsangebote gemacht, andererseits spürten sie Widerstand und Konkurrenzverhalten. Die Neuen wurden wohl in die Gemeinschaft aufgenommen, aber nicht wirk-

lich als vollwertige Mitglieder anerkannt. Konsequenz daraus war, dass die Neuen aufgrund von Unsicherheit ihre Fähigkeiten nicht voll einbringen konnten und zum Teil unglücklich waren.

Die Gründer:innen waren sich in Bezug auf den Umgang mit den neuen Mitarbeitenden jedoch nicht einig. Untereinander verstrickten sie sich über die strategische Weiterentwicklung von Beta vermehrt in Konflikte. Da gleichzeitig niemand die Befugnis dazu hatte, Führung zu übernehmen, also Neue an die Hand zu nehmen, Streit zu schlichten, Themen zu priorisieren und Entscheidungen konsequent herbeizuführen, entstanden in wichtigen Fragen Blockaden. Insbesondere die Frage nach dem weiteren Wachstum spaltete die Gruppe. Die einen wollten eine kleine, familiäre Agentur bleiben, die anderen strebten eine Professionalisierung mit Expansion an.

> Es fühlen sich viele Leute massiv blockiert im Moment. Deshalb haben wir dieses Gründercoaching. Also ganz viele Leute fühlen sich, als könnten sie nichts entwickeln. Es ist so eine Lähmung, es ist ein Nebelzustand. Wir sind im Nebel. Das ist ein Bild, das gerade ganz viele fühlen. (Beta-Gründerin 1)

In ihrer Unsicherheit, Unzufriedenheit und Uneinigkeit beriefen sich die Betas auf ihre Anfänge und wählten den Weg der Selbstentwicklung.

7.6   Die Lösungssuche

Zum Zeitpunkt unserer Gespräche in den Jahren 2020 und 2021 arbeiteten die Gründer:innen daran, sich und ihrer Organisation einen neuen Weg zu bahnen. Sie engagierten einen systemischen Coach, der ihnen in monatelanger Arbeit zunächst dabei half, Beziehungsballast abzubauen. Und die Erkenntnisse aus dem Coaching taten weh: Die Gründer:innen hatten eine Organisation geschaffen, in deren Stärken auch ihre größten Schwächen begründet lagen. Denn gerade die Ideale, die sie so hochhielten, stellten sich auch als Verschärfer der Probleme heraus. Gleichheit, Einstimmigkeit, Offenheit, Führungslosigkeit, Gemeinschaftsfokus oder Freiheit mussten neu diskutiert werden.

7.6.1   Überbetonung der Gemeinschaft

Die Gemeinschaft steht bei Beta stark im Zentrum. Sie soll Sicherheit und Entfaltungsmöglichkeiten zugleich bieten. Dabei wird die Gemeinschaft jedoch überbetont, so dass Individualinteressen nur eingeschränkt Platz finden. Da die Gründer:innen aber sehr initiative Persönlichkeiten sind, liegt die Vermutung nahe, dass sich über die Jahre an der einen oder anderen Stelle am System Frust aufgebaut und mit der Zeit unvorhergesehen an Kolleg:innen entladen hat. Es rührt von einer immensen persönlichen Nähe und Toleranz, dass das System dieser grundlegenden Problematik über so viele Jahre standhielt. Dennoch spürten die Gründer:innen mit der Zeit immer stärker, wie diese ungeklärten Konflikte und unbefriedigten Bedürfnisse im System Risse hinterlassen und sich in der Gemeinschaft Unsicherheit breitgemacht hat. Im Schatten dieser Unsicherheit wachsen Unzufriedenheit und Handlungsunfähigkeit.

> Uns Gründerinnen ist die Gemeinschaft so wahnsinnig wichtig gewesen in diesem Kreis, dass wir häufig nicht so fähig waren, unsere eigenen Standpunkte durchzusetzen, bloß, damit es weiterhin so bleibt. Für uns Gründerinnen ist es ganz wichtig, zu verstehen, was eigentlich meine eigene Haltung ist. Und dabei auch zu bleiben, um daraus ein neues Wir zu formen. (Beta-Gründerin 5)

Aus dieser Erkenntnis heraus entsteht nun ein neues Bewusstsein. Es ist erkennbar, dass die Gründer:innen lernen, stärker zu unterscheiden, was das Bedürfnis des Unternehmens ist und was die Bedürfnisse der einzelnen Menschen sind. Aus dem übergroßen „Wir" wird ein „Ich und wir". Die Differenzierung erlaubt einen gezielteren Umgang mit den Bedürfnissen der Menschen und des Unternehmens. Ein nächster Schritt in diese Richtung ist die Erkenntnis, dass Ich und Wir in ihren Bedürfnissen auch divergieren dürfen. In den Diskrepanzen liegen die Lernfelder des Unternehmens und der Menschen. Hin und wieder heißt eine liebevolle Beziehung zu führen, die andere Person gehen zu lassen.

7.6.2   Fehlende Führung

Die Gründer:innen und Mitarbeiter:innen von Beta sind Menschen mit Gestaltungskompetenzen und -willen, die mit viel Feingefühl, Empathie und Kommunikationsgeschick einen Kosmos erschaffen haben, von dem aus sie die Welt positiv verändern wollen. Viele dieser Menschen verfügen damit über Eigenschaften, die sie als Führungspersonen qualifizieren. Führung jedoch ist im System Beta ein rotes Tuch; sie wird als übergriffig empfunden und abgelehnt. Das wirkt, als würden sie einen Teil von sich selbst abspalten.

> Wir sind Weltverbesserer. Wir müssen in die Führung, wir müssen ran an den Speck. Wir sind alle extrem geeignet, irgendwo in die Führung zu gehen, und haben uns ein Konstrukt gebaut, wo wir uns eigentlich immer so ankuscheln und alles teilen. Und gleichzeitig müssten wir Beta auflösen und in die ganzen DAX-Unternehmen gehen, aber es würde uns auch zerbröseln kulturell, wir würden zermalmt werden, wir würden das hassen. Das ist für mich ein großes Dilemma. Wir wollen in die Führung, weil wir die Welt verbessern wollen und Visionen haben und die Menschen mögen. Gleichzeitig tun wir uns im eigenen Unternehmen schon schwer, einem Kollegen zu sagen, was er tun soll. (Beta-Gründerin 2)

Fehlende Führung ist ein zentrales Dilemma der Betas: Führungspersonen, die allesamt der Führung abschwören, weil Führung in der Vergangenheit als konflikthaft erlebt wurde. Hier zeigt sich, dass die Organisation in ihrer Reaktion zuweilen Grautöne übersieht. Sie problematisiert Führung und reagiert mit Vermeidung. Wird Führung jedoch als Funktion verstanden, eröffnen sich Möglichkeiten. Führung kann fürsorglich, wertschätzend und entlastend sein. Mit der kategorischen Ablehnung von Führung entgehen Beta auch deren positiven Seiten.

Also ich hab den Dazugekommenen gesagt, guckt mal, ihr dürft alles mitgestalten, wir haben hier keine Chefs. Ich habe erst jetzt verstanden, dass wir da eine Verantwortung nicht angenommen haben. Wir haben mal das Bild von einer toten Maus entwickelt: Die Katze kommt und legt dem Herrchen oder Frauchen eine tote Maus vor die Füße und sagt: Guck mal, ich habe dir ein Geschenk gemacht. Und so fühlte es sich für die Neuen wohl an. Wir haben gesagt, alles ist offen, wir sind alle gleich, kommt rein. Los, wir entscheiden jetzt Gehalt und Strukturen gemeinsam. Damit haben wir die Leute überfordert. Und da hätten wir Verantwortung übernehmen sollen, die wir jetzt übernehmen. (Beta-Gründerin 3)

7.6.3   Sicherheit gewinnen und Weiterentwicklung ermöglichen

Die (Über-)Betonung der Gemeinschaft, die implizite Kommunikations- und Arbeitsweise, die fehlende Führung und die vage Zielformulierung mündeten im System Beta in Unsicherheit. Das bewirkte, dass neue Mitarbeitende eher lange Einarbeitungsphasen hatten, sich stark anpassten und ihr Potenzial nicht entfalten konnten. Auch langjährige Mitarbeitende beschreiben einen nebelhaften Zustand der Orientierungslosigkeit.

Es macht den Eindruck, dass bei Beta die Unsicherheit in den Anfangsjahren beflügelnd wirkte, was dazu führte, dass sie sich selbst als Organisation frei erfinden und iterativ weiterentwickeln konnten. Gerade das hat womöglich auch ihren Erfolg am Markt mit ausgemacht. Über die Jahre und mit Einbezug neuer Mitarbeitenden hat die Unsicherheit jedoch ein Ausmaß angenommen, das nicht mehr bewältigbar war und in persönlicher Verunsicherung mündete. Sach- und Beziehungskonflikte erscheinen unter diesem Gesichtspunkt unvermeidlich.

Zum Zeitpunkt der Datenerhebung befand sich Beta gerade im Prozess, diese Dynamik bewusst zu erkennen. Sie beschlossen ihren Werten getreu, sich zunächst um die Beziehungsebene und damit um ihre Freundschaft zu kümmern. In einem Gruppencoaching mit einem externen Berater arbeiteten sie Missverständnisse und Verletzungen der Vergangenheit auf. Auf der Basis von geklärten, vertrauensvollen Beziehungen werden sie wieder in der Lage sein, ihre Organisation iterativ weiterzuentwickeln.

Literatur

Bogner, A., Littig, B., & Menz, W. (2014). *Interviews mit Experten: Eine praxisorientierte Einführung*. Springer.

Döring, N., & Bortz, J. (2016). *Forschungsmethoden und Evaluation in den Sozial- und Humanwissenschaften* (5. Aufl.). Springer Medizin.

Helfferich, C. (2011). *Die Qualität qualitativer Daten: Manual für die Durchführung qualitativer Interviews* (4. Aufl.). Verlag für Sozialwissenschaften.

Kühl, S., Strodtholz, P., & Taffertshofer, A. (2009). Quantitative Methoden der Organisationsforschung – ein Überblick. In S. Kühl, P. Strodtholz & A. Taffertshofer (Hrsg.), *Handbuch Methoden der Organisationsforschung: Quantitiative und qualitative Methoden*. Verlag für Sozialwissenschaften.

Przyborski, A., & Wohlrab-Sahr, M. (2014). *Qualitative Sozialforschung*. de Gruyter. https://doi.org/10.1524/9783486719550

Potenzialentfaltung als Balanceakt der Bedürfnisse von Organisation und Mensch

8

Fallstudie: Die Alpha AG versucht Menschlichkeit mit Höchstleistungen zu verbinden

Vieles, was wir tun, ist im Ideal (lacht), natürlich nicht immer, aber da wollen wir hin, dass wir in einer Okay-okay-Haltung miteinander interagieren. [...] Also, dass man als Mensch im Ganzen da sein darf und okay ist und wunderbar ist. (Alpha-Mitarbeiterin 1)

Zusammenfassung

Als ehemaliges junges und dynamisches Spin-off einer Hochschule lebt die Alpha AG (anonymisiert) ihre Philosophie „Menschlichkeit und Höchstleistung in einer großen Familie" nach einem Verkauf auch im Rahmen eines Großkonzerns. Die Potenzialentfaltung in der Firma folgt dem hohen Anspruch, alle vier Paradigmen der Potenzialentfaltung zu verbinden. Alpha folgt seit drei Jahren dem holakratischen Regelwerk. Wie wird also Führung gestaltet? Wie können sichere Räume geschaffen werden, in denen Mitarbeitende persönlichen Austausch erleben? Wie gestaltet sich eine reflektierte Rollendifferenzierung in den unterschiedlichen Settings? Diese Fragestellungen verlangen einerseits ein hohes Maß an Kooperation und andererseits eine hohe persönliche Verantwortlichkeit. Die Praxis zeigt, dass dies auch Risiken bergen kann. Ein Change macht deutlich, wie sensibel das System ist. Die wahrgenommenen Veränderungen werden auf den Ebenen Organisation, Team und Individuum diskutiert.

8.1 Erhebungsmethode

Die Erhebungsmethode für die folgende Fallstudie ist im Kern dieselbe wie in Kap. 7. An den Interviews in der Organisation Alpha AG (anonymisiert) nahmen 13 Mitarbeitende teil, darunter ein Vorstandsmitglied, 5 Personen mit und 7 Mitarbeitende ohne Führungsfunktion. Die Betriebszugehörigkeit betrug zwischen 1 und 15 Jahren. Die Personen meldeten sich

© Der/die Autor(en), exklusiv lizenziert an Springer Fachmedien Wiesbaden GmbH, ein Teil von Springer Nature 2023
J. Herzog et al., *Soziale Innovationen in der Führung*,
https://doi.org/10.1007/978-3-658-39118-8_8

freiwillig auf einen internen Aufruf nach Studienteilnehmenden. Die Datenerhebung erfolgte im Frühjahr 2020. Die Ergebnisse aus den Interviews werden mit Informationen aus Kommunikationsmitteln, die von der Alpha AG selbst abgesetzt wurden, kontextualisiert. Hierzu gehören Websites, Blogbeiträge oder intern aufbereitete Videoaufnahmen von Events. Die Falldarstellung folgt anonymisiert, weswegen auch auf Quellenangaben verzichtet wird.

8.2   Gründerzeit

Die Alpha AG startete 1999 als Spin-off einer Hochschule mit dem Ziel, eine elektronische Plattform für Finanzdienstleistungen zu programmieren. 2001 wurde die Alpha AG von Omega übernommen. Heute beschäftigt Alpha 220 Mitarbeitende und ist das digitale Herz eines schnell wachsenden Konzerns mit 20 Tochtergesellschaften und 4000 Mitarbeitenden. Alpha ist aufgrund seines Ursprungs als junges, dynamisches Spin-off innerhalb des Konzerns Vorreiter für neue Ansätze und Ideen.

Im Jahr 2018 begann die Organisation mit dem koordinierten Struktur- und Kulturwandel hin zur Holakratie. Schon zuvor hatte es innerhalb der Organisation selbstorganisierte Initiativen in Teams gegeben; eine Abteilung war gar soziokratisch aufgestellt. Die Einführung der Holakratie als organisationsweites Regelwerk war daher mehr die konsequente Fortsetzung einer Bottom-up-Bewegung als ein Top-down-Beschluss. Zwei Abteilungen resp. Kreise starteten die holakratische Transformation, sammelten Erfahrungen und bildeten Coaches aus, die weitere Kreise in der holakratischen Transformation unterstützten, bis die gesamte Organisation umgestellt war. Das Ziel des Wandels war es, die Organisation so aufzustellen, dass sie in einem sich ständig verändernden Umfeld bestehen kann. Dabei spielte für die Alpha insbesondere der Umgang mit Verantwortung eine zentrale Rolle. Entscheidungen sollten dort gefällt werden, wo sich Fragen stellen – und nicht zentralisiert im Management. Alpha verspricht sich davon mehr Agilität und nachhaltigen Erfolg in der Organisation sowie mehr Selbstbestimmung und Inspiration für die Mitarbeitenden. Die Unternehmensphilosophie von Alpha lässt sich auf einen Merksatz reduzieren, wobei wir hier in der Wortwahl des Unternehmens bleiben: „Menschlichkeit und Höchstleistung in einer großen Familie".

In unseren Worten wagt die Alpha AG damit einerseits den Spagat zwischen Selbstbestimmung und Gemeinschaft, indem sie versucht, das humanistische und das soziale Paradigma der Potenzialentfaltung zu vereinen. Andererseits trägt der Anspruch nach Höchstleistung das ökonomische und unternehmerische Paradigma in sich; Letzteres zeigt sich insbesondere in der Verschiebung von Verantwortung in die Peripherie der Organisation. Die Alpha AG streckt sich also in alle vier Richtungen, um ihr individuelles und kollektives Potenzial freizusetzen. Das macht sie zu einem interessanten Fallbeispiel im Rahmen dieses Buches. Wie gelingt es der Alpha AG, den Bedürfnissen der Organisation und der Mitarbeitenden gerecht zu werden? Welche Funktion übernimmt dabei Führung? Wie wird Potenzialentfaltung unterstützt? Und welche Herausforderungen zeigen sich dabei?

8.3   Verteilte Führung

Die Alpha AG hat mit der Holakratie zwar Hierarchien abgeschafft, jedoch keineswegs Führung. Führen und Geführtwerden ist im holakratischen Regelwerk ein zentrales Thema. Jedoch wird Führungsverantwortung nicht mehr an Personen, sondern an Rollen festgemacht. Dadurch wird Führung im Unternehmen breiter verteilt und viele Personen machen die Erfahrung, dass sie in einer Rolle führen und in einer anderen Rolle geführt werden. Das fördert das Verständnis für beide Kontexte und ermöglicht es, sich auf Augenhöhe zu begegnen. Führen heißt in der Alpha AG, Verantwortung für die eigene Rolle zu übernehmen und die holakratischen Vorgaben einzuhalten. Daraus ergeben sich nachgelagerte Führungsfunktionen wie Entscheide zu fällen, Verbindlichkeiten einzuhalten, Kompetenzen zu fördern, Abhängigkeiten zu erkennen und aufzuzeigen sowie die eigene Rolle weiterzuentwickeln. Denn je besser und vollständiger die Informationen auf dem Verhandlungstisch sind, desto besser fallen die einzelnen Entscheidungen aus. Damit diese Art von Führung gelingen kann, braucht es zwingend eine offene Kommunikationskultur. Die Mitarbeitenden müssen bereit sein, eigene Perspektiven, Meinungen, Spannungen und Bedürfnisse anzubieten und anderen dabei zu helfen, es ihnen gleich zu tun. Zurückhaltung und Angst sind in diesem System nicht produktiv, sondern Initiative, Selbstbestimmung und Mut. Damit dies gelingt, ist neben übergeordneten gemeinsamen Zielen ein besonderer kultureller Rahmen erforderlich:

* Sichere Räume anbieten und gestalten
* rollenbasiertes Arbeiten
* Wertschätzung von Diversität

8.4   Sichere Räume anbieten und gestalten

Die Alpha AG verfolgt die Idee, dass sich die Mitarbeitenden mit ihrer ganzen Persönlichkeit am Arbeitsplatz zeigen können und auch sollen. Dafür wurden in der Organisation diverse Gefäße geschaffen, die Raum für persönlichen Austausch ermöglichen.

> Wir haben immer ein Check-in und Check-out. […] Und dafür ist Raum da. Und den Raum habe ich tatsächlich auf der Ebene in allen Bereichen, die ich auch vorher hatte, gefunden. Da war für das Persönliche unglaublich viel Raum, es gab nie einen komischen Spruch. […] Und das fördert auch meine Produktivität, weil ich einfach merke, dass da Vertrauen ist. (Alpha-Mitarbeiterin 2)

Die Gelegenheit und die Einladung zum persönlichen Austausch allein reichen jedoch nicht. Es braucht zudem eine Kultur der Wertschätzung, des empathischen Zuhörens und der Urteilsfreiheit. Vorbilder, die vorangehen und sich öffnen, ermöglichen den anderen, zu erleben, dass persönliche Äußerungen erwünscht und okay sind. Darüber hinaus braucht es Zeit, um Vertrauen zu fassen in die Kultur und darin eigene Erfahrungen zu sammeln.

Ich finde das auch gut, dass man Raum hat. Aber für mich wirkt es im Moment noch total unangebracht, dass ich jetzt meine Gefühle hier reinbringe und mich als Person integriere. Bei anderen beobachte ich das total fasziniert, weil sie einfach mal sagen, was sie bedrückt. Wenn man zum Beispiel zuhause jetzt durch Corona Schwierigkeiten hat mit den Kindern, da komme ich mir noch so ein bisschen verhalten vor. Okay, sollte man das jetzt sagen? Oder ist da vielleicht irgendwann der Arbeitgeber, der sagt „Oh Mensch, arbeitet der dann noch wirklich acht Stunden, wenn da die Kinder sind". Und, dass das mit so einer Selbstverständlichkeit hingenommen wird. In unserem großen Meeting hatte jemand grad seine Kinder auf dem Schoß, was mich persönlich so nicht stört, aber ich habe mir gedacht: „Oh, ob der Arbeitgeber vielleicht da was sagt?" Und dann, versuchte die eine Kollegin ihr Kind zu beruhigen, damit es jetzt nicht redet, weil sie gerade einen Beitrag bringen musste. Da sagt sie: „Moment, ich muss mal kurz das Kind versorgen." Und der Vorstand sagt: „Ja, wenn du weißt, wie das funktioniert, kannst du mir einen Tipp geben." Das spricht für mich Bände. Das habe ich vorher so nicht erlebt. Und ich muss aber für mich noch lernen, da erstmal mich auch zu öffnen und das auch so reinzubringen. Und das ist, glaube ich, für jemanden, der neu kommt, schon besonders. (Alpha-Mitarbeiterin 3)

Wichtig ist in diesem Zusammenhang, dass es in sicheren Räumen keine Toleranz gegenüber grenzwertigen oder klar abwertenden Äußerungen geben darf. Sichere Räume sind sensible Gefäße.

Dann hatten wir auch mal kurzzeitig so eine Sache. Da ging es um eine Aussage, die in Richtung Rassismus ging. Wo dann gesagt wurde „Oha, also jetzt müssen wir aber mal ein bisschen genauer hingucken", und dann wurden intensive Personalgespräche geführt. Und das war auf jeden Fall total wichtig, weil auch sowas darf man nicht einfach im Raum stehenlassen. (Alpha-Führungsperson 1)

Der Zweck dieses persönlichen Austauschs, dieser Selbstöffnung ist es einerseits, Verständnis für die individuellen Situationen und Bedürfnisse der Arbeitskolleg:innen zu schaffen, was dabei hilft, deren Reaktionen besser deuten zu können, was wiederum die Basis für interpersonelles Vertrauen ist. Andererseits erzeugt es ein Gefühl von Wärme und Verbundenheit, sich über persönliche Anliegen austauschen zu können. Es dient also zugleich dem Bedürfnis nach Einzigartigkeit, weil jede Person gehört wird, und dem Bedürfnis nach Zusammengehörigkeit, weil man Teil einer vertrauensvollen Gemeinschaft sein kann. In diesem Zustand des Gehörtwerdens und Verbundenseins stellt sich Sicherheit ein.

In diesen sicheren Räumen ist es möglich, Spannungen anzusprechen, Perspektiven zu diskutieren, gemeinsam zu lernen und Antworten auf organisationale Fragestellungen zu finden. Die holakratischen Rahmenbedingungen mit den festgelegten Drehbüchern für Meetings legen in der Alpha AG die Basis für eine explizite und proaktive Kommunikation. Darin ist beispielsweise festgeschrieben, dass Entscheidungen stets Meinungsrunden vorangehen, im Zuge derer jede betroffene Person ihre Meinung mitteilen kann. Es geht darum, anderen Raum zu geben oder selbst Raum einzunehmen. Am Anfang dieses Prozesses steht die Selbstreflexion darüber, wie ich selbst wirke. Wie viel Raum nehme ich ein? In welchen Situationen? Wann könnte ich mehr Raum einnehmen oder zur Verfügung stellen?

> Wenn ich da auf mich schaue, hat es ganz viel damit zu tun, sich selber dann auch mal zurück-
> zunehmen und mal zu beobachten und mal zuzuhören, was der andere oder die andere da
> denkt oder macht, und dann zu merken, „Okay, da reibt es ganz schön stark in mir durch
> Dinge, die ich da beobachten kann". Und das dann aber mal mitzuerleben, wie dadurch Dinge
> anders passieren können. Dann auf das Ergebnis zu schauen und zu sehen: „Ah, es funktio-
> niert, auch wenn das nicht meine präferierte Vorgehensweise oder meine Perspektive ist."
> Also das kann ich tatsächlich im Alltag leben und erleben. Ich würde schon sagen, dass ge-
> rade die Führungsrollen, also die Menschen, die mehr gestalten, Räume zur Verfügung stellen
> können. (Alpha-Führungsperson 2)

Eine Aufgabe von Führungspersonen ist es, anderen in Feedbacks zu spiegeln, wie viel
Raum sie geben respektive einnehmen, und sie darin zu unterstützen, sich dessen bewusst
zu werden und damit gezielt und rollenadäquat arbeiten zu können. Klassische Muster wie
die Macht der Erfahrenen oder die Macht der Extrovertierten sollen dadurch möglichst
abgemildert werden. In Führungsweiterbildungen hat das Thema „Raum geben" seinen
festen Platz. Zudem unterstützen agile Coaches die Teams darin, einen Umgang damit zu
finden. Das holakratische Regelwerk sieht weiter Settings vor, die den Raum fürs gemeinsame Reflektieren öffnen. In der *Teamretrospektive* wird beispielsweise darüber reflektiert, wie das Team zusammenarbeitet, was gut klappt und wo optimiert werden kann.
Liegen zwischenmenschliche Spannungen in der Luft, setzen die Teams in der Alpha AG
gelegentlich die Methode *Clear-the-Air* ein. Im Kern geht es darum, dass die an einem
Konflikt oder einer Spannung beteiligten Personen ihre zugrundeliegenden Bedürfnisse
erkunden und mitteilen. Auf Basis der Bedürfnisse, die oft ähnlich sind, lässt sich Verständnis füreinander herstellen, was Lösungen generiert, welche Beziehungen stärken,
anstatt sie zu schwächen.

Clear-the-Air

David und Anne arbeiten zusammen an einem Projekt und David ist mit irgendetwas
überhaupt nicht einverstanden: „Es wurmt mich, es blockiert mich vielleicht sogar in
der Kommunikation mit Anne, und ich kann es ihr aber irgendwie nicht mitteilen. Ich
schaffe es nicht, ihr ein Feedback zu geben."

Das Team hält regelmäßig Clear-the-Air-Meetings, in denen Spannungen thematisiert werden können. Zunächst wird gefragt, wer eine Spannung mitbringt. „Okay, ich
habe eine Spannung, die hat eine Stärke von sechs", sagt David, der die Gelegenheit
nutzt, sein Anliegen einzubringen. Die Stärke der Spannungen reicht von eins bis zehn,
sie werden der Intensität nach thematisiert. Stufe sechs ist also schon ziemlich hoch.

Als David an die Reihe kommt, erhält er Gelegenheit, die Situation zu beschreiben.
Die anderen hören aufmerksam und wertschätzend zu. David wird vom Facilitator (Mo-
derator) gefragt, wer konkret an der Spannung beteiligt ist. Anschließend folgt eine geführte Reflexion. Das heißt, David beschreibt erstmal nur, wie er was wahrgenommen
hat: „Ich beobachte, Anne ist sehr in ihre Arbeit vertieft, hat wenig Zeit, um mit mir zu
sprechen. Die Ergebnisse scheinen immer schon da zu sein und ich kann nicht mehr teilhaben." Dann fragt der Facilitator David, wie es ihm damit geht, um zu den Emotionen
vorzudringen. „Na, ich bin verwirrt und enttäuscht." Danach wendet sich das Gespräch

den Bedürfnissen zu. „Ich will ein Ziel erreichen, also Ergebnisorientierung ist mein Bedürfnis. Zudem will ich kooperieren, also mit Anne zusammenarbeiten oder mit dem Team und Anne als Teil davon." Davids Hauptbedürfnisse sind also Kooperation oder Kollaboration und Zielerreichung.

Anschließend beschreibt Anne die Situation aus ihrer Sicht, wie sie sie wahrgenommen hat, welches ihre Emotionen und ihre Bedürfnisse sind. „Ich fühle mich von David gestresst, weil er ständig nachfragt und ich eigentlich nur meine Arbeit machen will." Es ist sehr wahrscheinlich, dass sie versucht, ähnliche Bedürfnisse zu befriedigen wie David, nämlich das Ziel zu erreichen. Sie nutzt aber eine andere Strategie. Hier führen die beiden Perspektiven zusammen. David und Anne erkennen, dass sie unterschiedliche Strategien anwenden, um dasselbe Ziel zu erreichen.

Zum Schluss stellt sich die Frage, was nun helfen würde. Wie können David und Anne miteinander arbeiten, so dass ihre Strategien besser zum gemeinsamen Ziel beitragen? Da geht es nicht darum, dass sich David oder Anne verändern müssen, sondern jetzt versteht David, wie Anne arbeitet. Und Anne versteht, was David braucht. Sie finden schließlich eine Übereinkunft, wie sie künftig damit umgehen können. Anne könnte David signalisieren, wann sie ihm Bescheid gibt, und sich daran halten. Dadurch bekommt David, was er braucht, und Anne kann weiterhin konzentriert arbeiten. ◄

Meetings wie das Clear-the-Air, Retrospektiven oder auch Check-ins und -outs brauchen Zeit und verschlingen Ressourcen. Die Teilnahme an diesen unterschiedlichen Settings wird jedoch als hilfreich beschrieben, weil dadurch die Zusammenarbeit angenehmer und effektiver wird.

> Haben wir überhaupt die Zeit dafür, es nicht zu tun? Also ich finde es, glaube ich, viel schlimmer, wenn man diese Themen nicht anspricht, weil sich da unglaublich viel aufbaut. Und da Konflikte sind, die dann einen viel größeren Schaden anrichten, als wenn wir Spannungen direkt aussprechen. (Alpha-Mitarbeiterin 4)

Wer Raum erhält, muss sich einbringen und damit Verantwortung übernehmen. Verantwortung dafür, den Raum zu gestalten und ihn für andere zu öffnen. Verantwortung aber auch für die Themen, die aufgebracht werden. Unterschiedliche Meinungen und Spannungen bergen Konflikt- oder damit eben auch Entwicklungspotenzial. Ist der Konflikt bewältigt, wird (gemeinsames) Lernen möglich. Konfliktbehaftete Themen anzusprechen, birgt das Risiko einer Emotionseskalation, aber auch das Potenzial, Emotionsregulation zu lernen.

> Dass wir halt sozusagen gemeinsam das Interesse haben, dass es uns hier gut geht. Das hat vielleicht auch manchmal Schattenseiten und führt zu Glaubenssätze wie: „Ein Meeting war nur gut, wenn danach alle happy rausgehen." Ich beobachte hier und da auch so eine gewisse Harmoniesucht. Da werden durchaus mal andere Meinungen nicht eingebracht, weil dann würde ja Reibung entstehen. Und das ist ja vielleicht dann auch nicht so schön. Lieber kuschelig. An diesem Punkt haben wir noch Potenzial, weil wir dadurch Dinge verpassen. Weil sie eben nicht reingebracht werden. Und in der Holakratie ist ja eigentlich der Gedanke, dass jeder seine Spannungen auch wirklich verarbeitet. Ich glaube, da geht bei uns auch noch eine Menge. (Alpha-Mitarbeiterin 1)

Wer eine Spannung einbringt, erzeugt zunächst Reibung. Spannungen einzubringen und Reibung auszuhalten erfordert Fähigkeiten wie das Wahrnehmen und Formulieren von eigenen Emotionen, das (An-)Erkennen von eigenen Bedürfnissen, empathisches Zuhören, Abstraktionsfähigkeiten, Lösungsfähigkeiten sowie Auftrittskompetenzen und Selbstbewusstsein. Das sind hohe Anforderungen, die kaum alle Mitarbeitenden der Alpha AG erfüllen. Die Folge ist, dass sie schweigen, anstatt sich einzubringen. Die Alpha AG scheint sich dessen bewusst zu sein, denn sie bietet beispielsweise alternative Kommunikationswege an. Neben den üblichen Meetings vor Ort gibt es die Option, sich auf Online-Kommunikationsplattformen beispielsweise zu strategischen Themen zu äußern, sogar anonym. Die Vermittlung von Perspektiven ins System soll damit möglichst losgekoppelt werden von der Selbstpräsentation, die in analogen Meetings einen großen Stellenwert einnehmen kann. Die Hürde, sich zu äußern, soll damit insbesondere für introvertierte, schüchterne Personen verringert werden. Zudem helfen in Meetings Facilitator dabei, Spannungen, Gefühle und Bedürfnisse in Worte zu fassen. Wer mag, kann seine Fähigkeiten diesbezüglich auch in einem internen Coaching vertiefen.

Die Alpha AG vermag den Anspruch an die eigene Kultur, dass jede Person ihre Perspektiven, Meinungen, Bedürfnisse und Spannungen einbringen kann, (noch) nicht zu erfüllen. Die Ursachenforschung ist hier komplex. Die Organisation bietet bereits unterschiedliche Kommunikationswege an und hat ein Bewusstsein dafür geschaffen, sichere Räume zu gestalten. Vermutlich braucht es keine weiteren Kommunikationsgefäße. In vielen Teams scheinen die Räume auch als sicher eingeschätzt zu werden. Eine mögliche Ursache könnte im raschen Wachstum des Unternehmens liegen. Kommen immer wieder neue Mitarbeitende hinzu, verändert sich das Teamgefüge und die Räume müssen neu erprobt werden. Es ist auch wahrscheinlich, dass nicht alle Mitarbeitenden bereit sind, Verantwortung für ihre Spannungen zu übernehmen. Spannungen zu thematisieren bedeutet, sich der Diskussion oder zumindest der Ursachenforschung auszusetzen. Dann gibt es womöglich auch Mitarbeitende, die intuitiv spüren, dass das System (noch) nicht bereit ist, ihre Spannungen oder Bedürfnisse aufzunehmen und zu integrieren. Sie halten sich zurück, um ihre Zugehörigkeit nicht zu gefährden. Eine Organisation hat ihre Grenzen. Diese Grenzen verlaufen in der Regel parallel zum Entwicklungsstand oder eben zu der Reife ihrer Führungspersonen.

8.5 Rollenbasiertes Arbeiten

Eine Rolle bezeichnet eine bestimmte Funktion mit dazugehörigen Aufgaben, Kompetenzen und Verantwortlichkeiten. Eine Person nimmt eine oder mehrere Rollen ein, verschmilzt jedoch nicht mit diesen. Diese Trennung ermöglicht es, sachliche Kritik an einer Rolle zu äußern, ohne den Menschen dahinter zu verletzen oder zu verunsichern. Gerade auch zurückhaltenden Menschen kann die Unterscheidung helfen, ihre fachlichen Perspektiven einzubringen und gleichzeitig ihre Person zu schützen. Die Idee basiert auf der Überzeugung, dass Menschen am besten lernen und sich entwickeln, wenn sie sich sicher und wertgeschätzt fühlen. Aus der Rolle heraus ist es einfacher, Fehler einzugestehen, Verbesserungspotenzial zu erkennen und dieses auch auszuschöpfen. Unsichere und ängstliche Mitarbeitende hingegen versuchen, ihren Selbstwert zu schützen und Fehler von sich zu weisen oder zu vertuschen.

> Was uns als Mensch auszeichnet, einzigartig macht, unsere Stärken, Kompetenzen können wir in Rollen einbringen. Also ich bin nicht die Rolle, aber ich fülle eine gewisse Rolle aus und da bringe ich mich ein. Und ich könnte mir vorstellen, dass dieser Perspektiven-Shift dadurch auch vieles wieder erlaubt, was uns halt hilft, die Einzigartigkeit zu feiern, die wir haben. […] Wenn ich jetzt zum Beispiel Feedback kriege, dass irgendwas in meiner Rolle vielleicht besser hätte laufen können, dann kann ich es dadurch nicht persönlich nehmen, weil es geht ja um die Rolle. […] Ich als Mensch bin jetzt immer noch okay. Aber ich habe was gelernt. (Alpha-Mitarbeiterin 1)

Die Unterteilung in Rolle und Person ermöglicht nicht nur Lernräume, sondern auch Gestaltungsspielraum. Wenn ich nicht meine Rolle bin, dann kann ich diese definieren und gestalten, ohne mein Selbstkonzept zu gefährden.

> Es wird auf jeden Fall ganz viel Wert darauf gelegt, dass jeder selbst definiert, wie er arbeitet, was genau er arbeitet, mit wem. Also es kommt keiner und sagt: „Du machst jetzt hier dieses Projekt mit dem." Also alleine, wie man zu Aufgaben kommt, ist immer schon sehr individuell. Und man ist auch aufgefordert, wirklich sich selbst einzubringen und sich selbst zu kümmern, selbst zu gestalten die eigene Rolle und den eigenen Aufgabenbereich im Prinzip. (Alpha-Mitarbeiterin 5)

Das fördert einerseits das kreative Potenzial im Problemlösungsprozess, andererseits bringt diese Zusammenarbeit aber auch einen erhöhten Koordinationsaufwand mit sich. Dieser soll gemildert werden, indem eine gemeinsame Richtung vorgegeben wird, um sicherzustellen, dass die Mitarbeitenden aus ihren unterschiedlichen Rollen heraus dasselbe, übergeordnete Ziel verfolgen.

> Also es kann halt nicht jeder machen, was er will. Ist klar. Weil es gibt ja trotzdem noch eine Richtung und eine Strategie. Und es gibt auch Accountabilities, die an meiner Rolle hängen, die ich natürlich erfüllen muss. (Alpha-Mitarbeiterin 4)

Die Unterscheidung zwischen Person und Rolle ist nicht intuitiv und muss geübt werden. Die Kommunikationskultur kann dabei helfen: In den Fokusgruppen beziehen sich Alpha-Mitarbeitende wiederholt explizit auf die Rolle oder den Menschen: „Und in der Rolle hat er mich angesprochen", oder „Für mich persönlich ist es wichtig, dass …". Das lässt darauf schließen, dass die Personen auch im Arbeitsalltag aktiv unterscheiden zwischen Rolle und Person. Hier lässt sich die Idee von „Menschlichkeit und Höchstleistung" besonders gut nachvollziehen: Menschlichkeit zählt im Umgang mit Personen, von den Rollen hingegen wird Höchstleistung erwartet.

Vieles, was wir tun, ist im Ideal. Das gelingt uns natürlich nicht immer, aber da wollen wir hin. Wir wollen in einer Okay-okay-Haltung miteinander interagieren. […] Also, dass man als Mensch im Ganzen da sein darf und okay ist und wunderbar ist. Und das passt auch so ein bisschen in dieses, den Purpose, den Alpha ja auch hochhält: Menschlichkeit mit Höchstleistung verbinden. Weil nur gemeinsam können wir wirklich großartig sein. Weil jeder allein ist großartig, aber gemeinsam sind wir mehr als die Summe der Einzelnen. (Alpha-Mitarbeiterin 1)

Es wird hier deutlich, wie anspruchsvoll diese Art der Kooperation ist. Das ist den Mitarbeitenden der Alpha AG bewusst, das Ideal erscheint ihnen jedoch attraktiv genug, um im Arbeitsalltag danach zu streben. Damit ist schon viel erreicht, da Menschen, Teams und Organisationen an Idealen wachsen.

8.6 Fehlende Diversität und Grenzen der Inklusion

Ich bin okay, du bist okay – diese Einstellung erfordert eine inklusive Haltung. Ihr liegt der Gedanke zugrunde, dass die Perspektiven und Meinungen des Gegenübers nicht besser oder schlechter als die eigenen sind, sondern einfach anders. Je ähnlicher sich die Menschen sind, desto einfacher fällt ihnen diese Haltung. Hier stimmt das Sprichwort: Gleich und gleich gesellt sich gern. Und es gesellt sich eben auch leichter, weil es weniger Reibungsfläche aufgrund unterschiedlicher Perspektiven, Meinungen und Bedürfnisse gibt. Dafür besteht jedoch die Gefahr der Reproduktion von Ideen, weil aus Gleichem schwerlich Neues entstehen kann.

Ein Blick auf die Struktur der Belegschaft der Alpha AG zeigt, dass sich eine solche Tendenz abzeichnet. Die Mitarbeitenden sind hinsichtlich klassischer Diversitätsmerkmale wie Alter, Kulturkreis, (Dis-)Ability, Geschlecht, sexueller Orientierung, Bildung ziemlich homogen. Der durchschnittliche Alpha-Mitarbeiter ist deutsch, männlich, weiß, Akademiker, rund 40 Jahre alt, nicht behindert und Familienvater. Im Bereich der Gender- und Altersverteilung besteht bereits eine gewisse Sensibilität, die in den Rekrutierungsprozess einfließt. In der Vorauswahl wird an zentraler Stelle darauf geachtet, Jüngere und Frauen zu priorisieren, wobei das als Gratwanderung angesehen wird, da nun nicht primär junge Frauen angestellt werden sollen. Nach der Vorauswahl der Bewerbenden geht die Verantwortung für die Rekrutierung an das Team, das Verstärkung braucht. Es entscheidet, wen es zu Gesprächen einladen möchte und wer die Stelle erhält.

Also, ich habe schon beobachtet, dass wir uns bei der Rekrutierung auf bestimmte Sachen einigen. Also sprich, ein gewisses Wertesystem muss irgendwie vorhanden sein. Und wenn da einer querschlägt, dann passt das nicht. Also das bemerkt man dann schon. Und das habe ich auch schon beobachtet, wenn es darum ging, bestimmte Teams zu staffen, dass es dann da richtig am Rumoren war. Richtig Aufruhr. Und dann auch Leute das Unternehmen verlassen haben, weil es einfach nicht gepasst hat. […] Auf jeden Fall merke ich das schon, dass man da manchmal eben nicht alles inkludieren kann, was da so an Meinungen vorhanden ist. (Alpha-Führungsperson 1)

Gemeinsame Werte im engeren Sinne setzen den Rahmen für die Rekrutierung neuer Mitarbeitenden in die Alpha AG. Unterm Strich ergibt das eine stark homogene Gruppe. Es gibt weder Menschen mit anderen kulturellen Hintergründen als dem christlich-abendländischen Raum, noch gibt es körperlich beeinträchtigte Mitarbeitende. Dieser Zusammensetzung waren sich viele Studienteilnehmende gar nicht bewusst. Die Erkenntnis führte zu Betroffenheit und Handlungsbereitschaft.

> Die arme Sau, die als Erstes kommt und divers ist, trägt das aus. Weil sie die Hindernisse überwindet. Und wir eben nicht […] Ich will jetzt nicht sagen, dass wir nicht open-minded sind. Aber an dem Punkt [hier: Organisationssprache Englisch] sind wir nicht offen für Integration. (Alpha-Vorstand)

Das Zitat greift eine Episode auf, während der versucht wurde, Englisch als zweite Unternehmenssprache zu etablieren, um einzelnen englischsprachigen Mitarbeitenden die Teilnahme an der Firmenkommunikation zu ermöglichen. Der Versuch scheiterte letztlich an der fehlenden Bereitschaft der kritischen Masse, aus alten Mustern auszubrechen. Das zeigt, dass es gewisse Limitierungen in puncto Diversität gibt. Mit Hinweis auf eine soziale Verantwortung zeigt sich die Alpha AG offen für Inklusion. Die Chancen, die Diversität für die eigene Entwicklungs- und Innovationsfähigkeit bedeuten könnte, werden in den Interviews nicht benannt und vielleicht noch zu wenig gesehen. Womöglich lässt das System Alpha zum Zeitpunkt der Befragung auch nicht mehr Varianz zu, weil die netzwerkartige, eigenverantwortliche Kooperation auf ein starkes Zusammengehörigkeitsgefühl angewiesen ist. Je weniger diese Nähe durch geteilte Erfahrungen innerhalb eines geteilten Identifikationsraumes wie Kultur, Geschlecht, Bildung oder Ähnliches gegeben ist, desto mehr Anstrengung muss in verbindende Elemente wie gemeinsame Ziele, Werte oder Räume investiert werden. Damit kann auch erklärt werden, warum die Alpha AG viel Wert auf die Passung zwischen Menschen und Teams sowie zwischen Menschen und der Organisation legt. Jeder Mensch hat Bedürfnisse, die erfüllt sein müssen, damit er sich in einer Organisation wohlfühlt. Gleichzeitig hat auch die Organisation Bedürfnisse, die erfüllt werden müssen.

> Und ich glaube, das ist das Erste, wo wir mit Inklusion auch anfangen müssen, eben zu gucken, wie können wir denn die Bedürfnisse, die jeder hat, irgendwie wenigstens bis zu einem gewissen Grad erfüllen? […] Die Organisation selbst hat auch Bedürfnisse, und die müssen ja auch erfüllt sein […] bis zu einem gewissen Grad. Und so muss man wie in einer Beziehung, wie in einer Freundschaft auch gucken, kann ich das irgendwie hinbekommen? Funktioniert das für uns beide? Wenn's für einen nicht funktioniert, geht es halt nicht. Und dann kommt es, wie im Leben auch, zur Trennung. (Alpha-Mitarbeiterin 6)

Sind die Grenzen der Diversität respektive der Inklusion demnach erreicht, wenn die Bedürfnisse des Menschen unvereinbar sind mit den Bedürfnissen der Organisation? Die Selbstentfaltung der einzelnen Menschen wird an kulturelle Rahmenbedingungen und Werte der Alpha AG geknüpft: Inklusion ist keine Einbahnstraße. Die Organisation kann wohl einerseits Verantwortung übertragen, Räume anbieten und Menschen hinter Rollen schützen, damit Mitarbeitende ihre Einzigartigkeit und Persönlichkeit einbringen können.

Andererseits kann sie über Vertrauen, Werte, Ziele und geteilte Erfahrungen das Entstehen von Zugehörigkeit und Verbundenheit fördern. Jedoch müssen auch die Menschen auf die Organisation zugehen. Beide Seiten müssen sich mit den Bedingungen ihres Zusammenlebens auseinandersetzen.

8.7   Ein sensibles System

In der Alpha AG verfügen Mitarbeitende über weitreichende Gestaltungsfreiräume, die sie interdependent mit Blick auf die Organisationsziele bespielen. Dafür strebt die Alpha AG eine psychologisch sichere Kultur an, in der sich jede Person in ihrer Einzigartigkeit wertgeschätzt, angehört und zur Gemeinschaft zugehörig fühlt. Psychologische Sicherheit baut auf einer inklusiven Haltung auf, was gleichzeitig zu Zufriedenheit und Leistungsbereitschaft bei den Mitarbeitenden führt. Während die Organisation die Bedürfnisse der Mitarbeitenden nach Selbstentfaltung und Gemeinschaft berücksichtigt, erfüllen die Mitarbeitenden die Bedürfnisse der Organisation nach Wertschöpfung und Wachstum. In dieser Balance kann individuelle und kollektive Potenzialentfaltung stattfinden. Die Alpha AG verfügt über dieses Wissen und gestaltet den organisationalen Rahmen mit einer entsprechenden Struktur, Kultur und mit Kommunikationsräumen.

Wie sensibel jedoch diese reziproke Beziehung ist, lässt sich in der Alpha AG anhand einer eingreifenden Transformation aufzeigen, welche wenige Wochen vor der Datenerhebung initiiert wurde. Das Ziel, Höchstleistung mit Menschlichkeit zu verbinden, wurde per Vorstandsentscheid ersetzt durch „Product first". Der Fokus des Systems und damit auch die Prozesse wurden konsequent auf das Produkt, also die Wertschöpfung ausgerichtet. Die Gestaltungsfreiräume der Mitarbeitenden erhalten dadurch einen expliziten Rahmen, nämlich die Frage nach dem Nutzen der Kundinnen und Kunden. Der Fokus des Systems verschiebt sich damit von innen nach außen, vom Mitarbeitenden zum Kunden.

In der Wahrnehmung einiger Mitarbeitenden erhält damit die achtsam gestaltete Kultur Risse. Beim Thema Transformation ist in den Fokusgruppen plötzlich die Rede von Unsicherheit, zurückbehaltenen Meinungen und Unzufriedenheit. Was ist hier aus dem Gleichgewicht geraten? Eine Erklärungssuche auf drei Ebenen:

8.7.1   Die Organisation

Zum Zeitpunkt der Fokusgruppen wurde in der Alpha AG seit drei Jahren in holakratischen Strukturen gearbeitet. Das bedeutet nicht nur eine grundlegende Umstellung des Aufbaus der Organisation, sondern forderte von den einzelnen Mitarbeitenden die Bereitschaft, eingespielte Abläufe zu verändern, mehr Verantwortung in den Rollen zu übernehmen sowie Beziehungen und damit auch die Kultur neu zu definieren. Diese Auseinandersetzung der Organisation mit dem neuen Selbst und dem damit einhergehenden Lernprozess braucht Zeit und bindet Ressourcen. Es ist anzunehmen, dass ein starker Fokus der Mitarbeitenden über die vergangenen drei Jahre der inneren Auseinandersetzung mit der Selbstorganisation gegolten hat. Sie erhielten Gestaltungsfreiräume und die Möglichkeit, die eigene Rolle im Unternehmen neu zu definieren. Dabei knüpfte der Entscheid zur Transformation in die Selbstorganisation bei der Alpha AG an frühere Erfahrungen an, hatten sie als Spin-off einer Hochschule doch bereits sehr dynamisch und selbstorganisiert gearbeitet.

> [Das] Bedürfnis nach Autonomie ist bei Alpha stark verankert. Das kommt aus der Gründerzeit. Wir haben davon zum Teil womöglich auch zu viel. Da geht es darum, ein Alignment hinzukriegen. (Alpha-Führungsperson 3)

Eine Organisation lebt jedoch nicht vom Selbstzweck allein. Sie ist ein System, in dem Menschen auf ein Ziel hin kollaborieren, um Wertschöpfung am Markt zu erzeugen und damit das Bestehen der Organisation zu sichern. Nach drei Jahren Transition, in der viel Energie in den Aufbau der neuen Strategie und Kultur geflossen ist, scheint es nachvollziehbar, dass die Bedürfnisse der Organisation dominanter werden. Die Organisation verlangt von den Mitarbeitenden, den Fokus wieder stärker nach außen, also auf den Markt zu richten. Die Bedürfnisse der Organisation sind in diesem Sinne die natürlichen Grenzen der Selbstbestimmung für die Mitarbeitenden.

> Es gibt immer Grenzen. Es gibt keine Grenzenlosigkeit, das ist einfach Quatsch. Und jetzt geht es darum, wie kann das Ganze auch wirksam und wirtschaftlich sein. Und dadurch hat sich das auf jeden Fall verändert. Weg vom Freiraum in der Selbstorganisation und hin zur selbstorganisierten Wahrnehmung, wie ich meinen Beitrag am Unternehmen leisten und meinem Arbeitsvertrag gerecht werden kann. (Alpha-Führungsperson 2)

Es ist verständlich, dass in einer Kultur mit ausgeprägter Selbstbestimmung die nun stärker betonten Bedürfnisse der Organisation bei den Mitarbeitenden zunächst Verlustängste auslösen. Die Organisation setzt mit „Product first" einen engeren Rahmen für die Selbstbestimmung. Damit wird das Wirken der einzelnen Menschen in der Organisation zielfokussierter, was in einem dynamischen und freien Umfeld auch Entlastung sein kann. Rahmenbedingungen setzen Grenzen, die Sicherheit und Orientierung bieten.

> Product first ist ja jetzt da. Und das mit der Menschlichkeit zu verbinden heißt dann aber auch: Okay, ich kann gestalten, aber es muss auch zum Produkt passen. Ja, ich kann mich dahin entwickeln, wo meine Stärken und das Produkt zusammenpassen. (Alpha-Führungsperson 2)

Die Organisation verlangt danach, dass die Menschen sich innerhalb der gesteckten Rahmenbedingungen verhalten. Das war wohl vor dem Wandel zu „Product first" aus der Sicht des Vorstands zu wenig der Fall. Aufgrund der Datenanalyse gehen wir nicht davon aus, dass es Missstände in der Organisation gab, wie sie entstehen können, wenn etwa Mitarbeitende den Fokus auf die übergeordneten Ziele verlieren und sich verselbstständigen. Vielmehr nehmen wir an, dass die Top-Leads des Großkonzerns, zu dem die Alpha AG gehört, die Wachstumsstrategie expliziert haben, was eine Straffung der organisationalen Strukturen erforderte. Die Organisation rückte also ihre Bedürfnisse stärker in den Fokus und forderte mehr Exploitation Abschn. 4.1. Die Herausforderung besteht folglich darin, den Beitrag des individuellen Potenzials der Mitarbeitenden im Produkt zu finden. Das wird nicht in jedem Fall gelingen. Die Frage ist dann, ob sich die Mitarbeitenden konsequent in den Dienst der Organisation stellen (wollen) und bereit sind, die eigene Selbstentfaltung aufzuschieben. Das kann durch Belohnungsstrategien unterstützt werden, jedenfalls geht dabei zumindest teilweise die intrinsische Motivation verloren, was dazu führt, dass die Mitarbeitenden immer weniger bereit sind, sich einzubringen. Die Alpha AG muss hier darauf achten, die Balance zwischen den Bedürfnissen der Organisation und denen der Mitarbeitenden zu finden.

> Es braucht immer beide Seiten, die aufeinander zugehen. Also der Mensch kann nicht nur so bleiben, wie er ist, er muss auch den Schritt ins Unternehmen gehen. (Alpha-Führungsperson 3)

8.7.2 Das Team

In den Fokusgruppen berichten die Teilnehmenden, dass der Wandel hin zu „Product first" als zentral gesteuert wahrgenommen wurde. Seit der Transformation zur Selbstorganisation scheint dies vonseiten der Mitarbeitenden in strategischen Rollen (früher die Spitze der hierarchischen Pyramide) ein erster einschneidender Eingriff ins System zu sein. Viele äußern wohl Verständnis dafür, dass nicht alle 220 Mitarbeitenden in einem so umfangreichen Change direkt mitwirken können. Dennoch berichten sie von Frust und einem Gefühl der Exklusion. Die Situation sei angespannt, und die Leute würden sich immer mehr zurückziehen, was zu einem fehlenden Miteinander führe.

> Und dann kommen Vorgaben, die dann für uns aber wenig greifbar sind, die dann sehr pauschal formuliert werden. […] Wo du denkst, na ja, okay, ich will ja mitspielen, aber ihr müsst mir schon die Spielregeln sagen. […] Das ist so schwierig. […] Und das heißt, du steckst sehr viel Energie rein, dockst halt nicht an. Und wenn du dann noch zu hören bekommst, „Ihr seid alle unmotiviert", huh, das trifft dann halt auch ein bisschen hart. (Alpha-Mitarbeiterin 2)

Es zeigt sich hier ein frappanter Unterschied in der Wahrnehmung der Mitarbeitenden und des Change-Teams aus dem Strategiekreis. Während sich Mitarbeitende und zum Teil Führungspersonen ausgeschlossen, ja zum Teil gar übergangen fühlen, ist das Change-Team bemüht, Partizipation zu ermöglichen, indem es regelmäßig Gesprächsangebote macht und einen Kanal auf dem Online-Kommunikationstool zum Thema Change pflegt:

> *Change-Ebene:* Und da merkst du schon, da wird offen und kontrovers diskutiert. Und da wird auch wenig Power-over gemacht, sondern da werden Punkte integriert. Und wir sind sehr dankbar, wenn die Spannungen eben auch an die Oberfläche kommen. (Alpha-Vorstand)

> *Mitarbeitenden-Ebene:* Das ist alles total strange. Methodisch ist das alles richtig, es werden Echokammern angeboten, aber kulturell zeigt sich gerade etwas anderes, so dass die Leute das Gefühl haben, nicht alles sagen und fragen zu können. Ich persönlich sage auch nicht mehr alles, was ich denke. (Alpha-Führungsperson 4)

Das Change-Team nimmt wahr, dass die Partizipationsangebote nicht oder nur selten genutzt werden, und interpretiert dies dahingehend, dass ein Netzwerk der Größe von Alpha sich durchschnittlich verhält und eine gewisse Trägheit aufweist. Es wünscht sich mehr Beteiligung, mehr Diskussionen und mehr Input von den Mitarbeitenden, um möglichst viele wichtige Facetten in den Change integrieren zu können.

Der Schluss liegt nahe, dass es im Rahmen der Transformation unausgesprochene implizite Erwartungen gibt. Die Mitarbeitenden wünschen sich ein Change-Team, das wertschätzend und geduldig auf ihre Fragen und Anliegen eingeht. Das Change-Team wünscht sich konkrete, hilfreiche Hinweise von den Mitarbeitenden. Wird dann der Wunsch nach emotionaler Resonanz mit sachlichen, knappen Informationen beantwortet, entsteht Verunsicherung und Unzufriedenheit. Das gilt umgekehrt genauso. Wünscht sich das Change-Team Input, erhält aber primär Emotionen, kann das zu Ungeduld und Frust führen. Wer aus Unzufriedenheit oder Frust heraus reagiert und antwortet, wird andere womöglich vor den Kopf stoßen.

8.7.3 Das Individuum

In einer Schleife von unerfüllten Erwartungen auf beiden Seiten sinkt die Bereitschaft, dem anderen den sogenannten „benefit of the doubt" zu geben Abschn. 6.2. Unklare Äußerungen, eine Frage, ein Spruch oder ein Blick werden nicht mehr wohlwollend ausgelegt, sondern als ablehnend oder angriffig interpretiert. Die Antworten fallen dann entsprechend verunsichert, irritiert oder genervt aus, was wiederum auf der anderen Seite Frust, Verunsicherung oder Ärger auslöst. Dadurch multiplizieren sich implizite Erwartungen, was ein Klima der Unsicherheit und Unzufriedenheit fördert. Einzelaussagen, gerade von Führungspersonen, werden zuweilen so sehr mit Bedeutung aufgeladen, dass die Auswirkungen auf die Beziehungen zu den Mitarbeitenden gravierend sein können.

> Und ich MUSS, damit ich produktiv arbeiten kann, darauf hinweisen, dass ich etwas sehe, was ich grad nicht gut finde. […] Aber du musst dich das halt trauen auszusprechen, und du musst es aussprechen dürfen. […] Oder noch schlimmer: Wenn du eigentlich einen Raum hast, ein Format, das dafür da ist, um Probleme auszusprechen, und dir dann im Nachhinein gesagt wird, „Hör bitte auf, negative Sachen anzusprechen". Das ist für mich ein No-Go. […] Und wenn dann noch Entscheidungen getroffen oder verkündet werden und du das Gefühl hast, puh, fühlt sich nicht gut an. Und du bist auch nicht die Einzige, und man aber nicht das Gefühl hat, man kann das jetzt auch wirklich noch mal kommunizieren, weil dann ist man wieder der Blockierer. (Alpha-Mitarbeiterin 2)

> Dann gibt es Sessions, innerhalb derer man alle möglichen Fragen stellen kann. Aber wenn die Leute dann Fragen stellen, dann wirken die Antworten auf andere so, dass sie keine Lust mehr haben, Fragen zu stellen. (Alpha-Führungsperson 4)

Unachtsame Einzelaussagen können dazu führen, dass in einem System Risse entstehen und die psychologische Sicherheit im Unternehmen sowie die vertrauensvollen Beziehungen leiden.

8.8   Orientierung an gemeinsamen Grundwerten

Alpha hat sich in den vergangenen drei Jahren, seit der Umstellung von Hierarchie zu Holakratie, die Fähigkeiten erarbeitet, Verantwortung zu verteilen, sichere Räume zu gestalten sowie Rollen von Personen zu unterscheiden. Der neuerliche Change hin zu „Product first" verdeutlicht und priorisiert die gemeinsamen Ziele, was zu klarer abgesteckten Entfaltungsräumen, klareren Rollen und einem stärkeren Gefühl der Zugehörigkeit führen kann. Entscheidend dabei ist, dass die Mitarbeitenden immer noch genügend Freiräume für sich finden, um ihrer Persönlichkeit Ausdruck zu verleihen und ihre Potenziale auszuschöpfen.

Für Alpha ist es zentral, im Rahmen des Change ein angemessenes Maß an Selbstentfaltung und Zugehörigkeit zu finden Kap. 4. Auf eine Zeit, in der womöglich zu viel Selbstentfaltung möglich war, folgt nun eine Phase der Betonung und Stärkung von Zugehörigkeit. Wichtig ist, dass dieses Abwägen und Suchen im gemeinsamen, wertschätzenden Dialog erfolgt. Gegenseitige Erwartungen müssen dabei thematisiert werden, um Missverständnisse und Misstöne zu vermeiden.

Fazit

9

Dieses Buch wirft im Kern die Frage nach der Bedeutung von Arbeit auf. Geht es dabei ausschließlich um einen Tausch von Leistung gegen Geld? Oder steckt da mehr dahinter? Wir verstehen Arbeit als einen Ort der Wertschöpfung und als einen Ort an dem Menschen Erfüllung, Zufriedenheit und Zugehörigkeit erleben können. Unsere zunehmend dynamische Leistungsgesellschaft birgt das Risiko, dass der Fokus allzu stark auf den Zahlen liegt und das Erleben in den Hintergrund rückt. Wir finden dann buchstäblich in der getriebenen operativen Hektik des Alltags die Möglichkeiten nicht mehr, uns füreinander zu interessieren und uns gegenseitig Raum zu lassen.

Menschen wollen Wirksamkeit erleben, einen sinnvollen Beitrag zu einem Ganzen leisten, als Persönlichkeiten wahrgenommen werden und gleichwohl in eine Gemeinschaft eingebettet sein. Wir sind darauf angewiesen eine Heimat im sozialen Gefüge zu finden, von der aus wir unsere Talente und Potenziale entfalten können. Der Arbeitsplatz kann und soll ein solcher Ort sein.

Soziale Innovationen in der Führung, wie wir sie vorschlagen, unterstützen Organisationen dabei, sich auf einen Entwicklungspfad zu begeben. Sie zeigen auf, wie Führung einen Rahmen für sinnorientiertes, wertschätzendes, vertrauensvolles und inklusives Miteinander spannen kann. Dies kommt auch den Interessen der Organisation entgegen. Denn eine kooperative, vertrauensvolle Kultur mit dem Anspruch auf wirksame Realisierung gemeinsamer Ziele, führt auch zu unternehmerischen und ökonomischen Erfolgen. Motivation, Loyalität und Kreativität werden genährt durch Sinnhaftigkeit und Vertrauen. In vielen Organisationen liegen diese Potenziale jedoch brach oder werden zumindest nicht voll ausgeschöpft. Potenzial verstehen wir definitionsgemäss als einen (noch) nicht realisierten Unterschied zwischen einem aktuellen und einem prinzipiell möglichen Zustand. Potenzialentfaltung ist damit ein Entwicklungsprozess, der sich im Individuum ebenso vollziehen kann wie im Team und der Organisation.

J. Herzog et al., *Soziale Innovationen in der Führung*, https://doi.org/10.1007/978-3-658-39118-8_9

Die Erkenntnisse unserer Forschungsarbeiten und Erfahrungen aus der Praxis führen uns zur Überzeugung, dass in einer zunehmend dynamischen Arbeitswelt insbesondere aus zwei Gründen soziale Innovationen in der Führung notwendig sind: einerseits aus funktionaler, andererseits aus sozialer Perspektive.

Aus funktionaler Perspektive zeigen sich jederzeit Entwicklungsmöglichkeiten bestehender Organisations- und Führungspraktiken. So sehr traditionelle Organisationsmodelle Komplexität scheinbar reduzieren können, so sehr schränken sie die tatsächlichen Entfaltungsmöglichkeiten von individuellen und kollektiven Potenzialen ein. Das drückt sich in der Praxis im vielfach artikulierten Wunsch aus, Zusammenarbeit zu fördern, Bereichsgrenzen zu überwinden oder eben „Silos" aufzubrechen. Dafür sind inklusive, partizipative und auf Sinn ausgelegte Führungspraktiken erforderlich. Das scheint zunächst so riskant wie aussichtsreich zu sein und erfordert den Mut aller Beteiligten, in Bezug auf Führungsherausforderungen neue Wege zu gehen.

Aus sozialer Perspektive bietet das gemeinsame Arbeiten einen bedeutsamen Rahmen für Zugehörigkeit. Denn mit unserer täglichen Arbeit leisten wir nicht nur einen Beitrag zur Herstellung von Produkten oder Bereitstellung von Dienstleistungen. Wenn Menschen miteinander arbeiten, entsteht mehr als betriebswirtschaftliche Wertschöpfung. Die gemeinsamen Anstrengungen bei der Leistungserbringung ermöglichen einzelnen Beteiligten und Gruppen ebenso ein Wirksamkeitserleben. Das bringt sozialen Mehrwert. Findet die Arbeit in einem vertrauensvollen und sicheren Umfeld statt, schweißt das zusammen, energetisiert und macht Freude.

Wir sehen hier bereits viele gute Ansätze und Entwicklungen. Allerdings bleibt noch sehr viel zu tun. Wenn es nicht gelingt, die Potenziale der Menschen deutlich besser in die Wertschöpfungs- und Lösungsanforderungen auf Team- und Organisationsebene zu integrieren, wie soll uns das bei aktuell größeren gesellschaftlichen Herausforderungen wie Ernährungssicherheit, Wasser- und Energieversorgung, Bevölkerungsentwicklung, Klimawandel gelingen?

Die Art und Weise, wie Führung auch heute noch vielfach gelebt und verstanden wird, muss sich entwickeln. In weniger dynamischen Zeiten standen Aspekte des Managens, also des Verwaltens, im Vordergrund und damit einhergehend der Fokus auf Aufgaben und Prozesse. Dementsprechend stand die Vorgabe von Zielen, das Kontrollieren und Beurteilen von Ergebnissen und die Perspektive auf Effizienz im Fokus. Dies wird auch künftig ein wichtiger Bestandteil organisierten ökonomischen Handelns sein. Doch wird es bei weitem nicht mehr ausreichen. Und hier liegt das Potenzial für soziale Innovationen. Denn die Herausforderungen dynamischer Arbeitskontexte erfordern einen neuen Typus von Führung, der den Fokus auf die Menschen und ihre Kooperationsbeziehungen, auf Sinnvermittlung und Wirksamkeit legt. Damit zieht eine neue Form von Klarheit, Achtsamkeit und Bewusstheit in Organisationen ein. Das zeigt sich in der Formulierung von Zielen, Qualitäts- respektive Wirksamkeitsmessungen sowie in der Vielfalt und dem Miteinander der Menschen.

Der erste Schritt in Richtung sozialer Innovationen in der Führung ist, die Interessen der Organisation und der Menschen als gleichberechtigt anzuerkennen und nicht gegeneinander auszuspielen oder zu instrumentalisieren. Gleichzeitig bieten sie Optionen, um dynamikrobuste Kooperation zu fördern. Solche Ansätze sind in der Praxis bereits beobachtbar, mehr und andere Innovationen werden aber folgen müssen. Anhand der im Buch geschilderten Fallstudien wird deutlich, dass ein sinnstiftendes Ziel, gemeinsame Werte, hilfreiche Rahmenbedingungen und emotionale Kompetenzen zentral sind für beziehungs- und entwicklungsorientiertes Arbeiten. Es wird anerkannt, dass Veränderung kontinuierlich stattfindet und somit ein ständiges Ausbalancieren der unterschiedlichen Bedürfnisse von Mensch und Organisation erfolgen kann und muss. Dabei geht es keinesfalls darum, Kontroversen, Konflikte oder Anstrengung zu vermeiden. Vielmehr geht es darum, einen konstruktiven Umgang damit zu finden, um im Rahmen des gemeinsamen Ziels Wirkung zu entfalten.

All dies findet, wie gesagt, bereits statt. Jedoch nach unserem Eindruck noch zu sporadisch, vereinzelt und zu wenig konsequent. Insofern wollen wir dazu ermutigen, die bestehenden Entwicklungen kraftvoll weiterzutreiben und neue innovative Konzepte von Führung und Kooperation zu entwickeln, zu erproben und schließlich anderen zur Verfügung zu stellen.

Es stellt sich also die Frage: Wie können Arbeitskontexte gestaltet werden, damit sie nicht nur funktionale Wirkstätten für Interessen der Organisationen sind, sondern auch als soziale Begegnungs- und Entfaltungsräume für Menschen dienen? Es gilt, Organisationen so zu formen, dass Freude und Leistung erwünscht und möglich sind. Das erfordert einen wertschätzenden Dialog über Bedürfnisse und Ziele sowie Beziehungen und Strukturen. Dadurch unterstützen Organisationen gleichermaßen ihre eigene Entwicklung und die der Menschen, so dass sich individuelle und kollektive Potenziale entfalten können.

Mit dem potenzialfokussierten Diagnose- und Entwicklungsmodell machen wir einen Vorschlag, wie Organisationen Entwicklung bewusst anstoßen und fördern können. Das Modell ermöglicht es, den aktuellen Zustand der Organisation zu beschreiben und darauf aufbauend, mögliche Maßnahmen zu identifizieren. Dabei werden in regelmäßigen Abständen organisationale Rahmenbedingungen und kulturelle Vitalität hinterfragt. Über die Antworten und aufgedeckten Muster wird eine Diskussion darüber angeregt, was bereits gut funktioniert und wo Veränderungen notwendig sind. Menschen und Organisationen treten so in einen kontinuierlichen Entwicklungsprozess ein.

Soziale Innovationen in der Führung verweisen auf neue Wege, wie Organisationen gestaltet und Kooperation gelebt werden kann. Führungspersonen an der Spitze einer Hierarchiepyramide werden ergänzt durch netzwerkartige Kooperationsbeziehungen. Innerhalb dieser Netzwerke ergibt sich eine Verteilung von Führung, die entlang der jeweiligen Expertise und Rolle stattfindet. Führen und Folgen sind so insbesondere in dynamischen Kontexten nicht mehr eindimensionale Wege, sondern sie stehen in ständiger Wechselbeziehung. Innerhalb dieser Wechselbeziehungen geht es mehr denn je darum, einander zuzuhören und einander zu verstehen – sich immer wieder abzugleichen und einander Feedback zu geben, ohne wesentliche Informationen zurückhalten zu müssen. Ein vertrauensvolles und psychologisch sicheres Umfeld ist Ausgangspunkt für kollektive Wirksamkeit, Entscheidungsfindung und Reflexion.

Diese Art des Arbeitens ist anspruchsvoll. Dafür braucht es auf allen Ebenen der Organisation reflektierte Persönlichkeiten, die jeden Tag von neuem entscheiden, wie sie ihre Rolle am Arbeitsplatz ausfüllen und wie sie auf Kolleg:innen zugehen. Jede:r einzelne kann sich entwickeln, jede:r einzelne kann die eigene Innovation starten und die eigenen Potenziale entfalten.

Weiter braucht es organisationale Rahmenbedingungen sowie entsprechende Kulturen, welche es ermöglichen, Vorhandenes zu hinterfragen und anzupassen. Aufbau und Förderung derartiger Kulturen durch grundlegende emotionale Kompetenzen wie Selbstreflexion, Resilienz, Kommunikation, Konfliktfähigkeit und Empathie sollten integraler Bestandteil von Bildungsprogrammen auf allen Stufen werden. Denn diese Kompetenzen sind Basis für gelingende Beziehungsgestaltung, Kooperation und Innovationskraft. Interne wie externe Unterstützungsfunktionen werden hierbei in Zukunft an Bedeutung gewinnen.

Am Ende steht die Frage, wer in der Lage ist, die nötigen Schritte einzuleiten, um Transformationen zu initialisieren, wie wir sie für notwendig halten. Eine zentrale Rolle spielen dabei beziehungs- und entwicklungsorientierte Führungspersonen, die über die Position und die Kompetenzen verfügen, gemeinsame Visionen zu formulieren, den Raum für Veränderungen öffnen und die nötigen Ressourcen zur Verfügung stellen, die es braucht, um den Raum tatsächlich zu nutzen. Eine große Verantwortung. Entsprechend gilt es, Menschen und Gemeinschaften systematisch in ihrer Potenzialentfaltung zu unterstützen, denn wir alle sind auf innovative Führung angewiesen.

Printed by Printforce, the Netherlands